COLEÇÃO

PORTUGUÊS NA PRÁTICA

Claudio Cezar Henriques

Léxico e Semântica

Estudos produtivos sobre palavra e significação

CB142879

ALTA BOOKS
EDITORA
Rio de Janeiro, 2018

Léxico e Semântica — Estudos produtivos sobre palavra e significação
Copyright © 2018 da Starlin Alta Editora e Consultoria Eireli. ISBN: 978-85-508-0281-7

Todos os direitos estão reservados e protegidos por Lei. Nenhuma parte deste livro, sem autorização prévia por escrito da editora, poderá ser reproduzida ou transmitida. A violação dos Direitos Autorais é crime estabelecido na Lei nº 9.610/98 e com punição de acordo com o artigo 184 do Código Penal.

A editora não se responsabiliza pelo conteúdo da obra, formulada exclusivamente pelo(s) autor(es).

Marcas Registradas: Todos os termos mencionados e reconhecidos como Marca Registrada e/ou Comercial são de responsabilidade de seus proprietários. A editora informa não estar associada a nenhum produto e/ou fornecedor apresentado no livro.

Impresso no Brasil.

Obra disponível para venda corporativa e/ou personalizada. Para mais informações, fale com projetos@altabooks.com.br

---

Editoração Eletrônica
Estúdio Castellani

Revisão
Jussara Bivar

Ilustração
Leandro Henriques

Produção Editorial
LTC Livros Tec. Cientif. Editora Ltda – CNPJ: 33.829.698/0007-05

Erratas e arquivos de apoio: No site da editora relatamos, com a devida correção, qualquer erro encontrado em nossos livros, bem como disponibilizamos arquivos de apoio se aplicáveis à obra em questão.

Acesse o site www.altabooks.com.br e procure pelo título do livro desejado para ter acesso às erratas, aos arquivos de apoio e/ou a outros conteúdos aplicáveis à obra.

Suporte Técnico: A obra é comercializada na forma em que está, sem direito a suporte técnico ou orientação pessoal/ exclusiva ao leitor.

A editora não se responsabiliza pela manutenção, atualização e idioma dos sites referidos pelos autores nesta obra.

CIP-BRASIL. CATALOGAÇÃO-NA-FONTE
SINDICATO NACIONAL DOS EDITORES DE LIVROS, RJ

H449L Henriques, Claudio Cezar, 1951-
Léxico e semântica : estudos produtivos sobre
palavra e significação / Claudio Cezar Henriques. –
Rio de Janeiro : Alta Books, 2018.
il. – (Português na prática)

Apêndice
Inclui bibliografia e índice
ISBN 978-85-508-0281-7

1. Língua portuguesa – Semântica. 2. Língua
portuguesa – Lexicografia. I. Título. II. Série.

11-0496. CDD: 469.5
CDU: 811.134.3'36

ALTA BOOKS
EDITORA

Rua Viúva Cláudio, 291 — Bairro Industrial do Jacaré
CEP: 20970-031 — Rio de Janeiro - RJ
Tels.: (21) 3278-8069 / 3278-8419
www.altabooks.com.br — altabooks@altabooks.com.br
www.facebook.com/altabooks

Este livro é dedicado a
Evanildo Bechara.

A primeira palavra irrompeu como um relâmpago dos lábios do primeiro homem. Mal acabara de articular um breve conjunto de sons, quando a imagem de um objeto lhe surgiu nítida e viva, como se o tivesse diante dos olhos. Deslumbrado, experimentou repetir a mesma série de sons e eis que de novo o mesmo objeto vem até ele e fica ao alcance da sua mão.

(*Antonino Pagliaro*)

Sumário

Apresentação

por Rodolfo Ilari

Este *"Léxico e Semântica: estudos produtivos sobre palavra e significação"* é o quarto volume de uma série em que o professor Claudio Cezar Henriques já tratou de Morfologia, de Sintaxe e das disciplinas que estudam os sons linguísticos e sua representação: a Fonética, a Fonologia e a Ortografia. No seu conjunto, a série vale por um balanço dos conhecimentos que o autor, respeitado como filólogo, linguista e escritor, vem trabalhando há anos como professor de uma das mais renomadas universidades do país.

É sempre um privilégio falar de um bom livro; e, dadas as características deste, eu poderia ocupar as próximas linhas apenas com elogios. Mas, na apresentação de um livro, quem precisa ser lembrado em primeiro lugar é o leitor; e o autor da apresentação fica então responsável por traçar uma espécie de mapa da mina, antecipando o que será encontrado no livro, e esclarecendo que expectativas devem orientar a leitura, para que seja ao mesmo tempo agradável e proveitosa. Imagino o leitor deste livro como um indivíduo em formação, que se interessa pela língua de nosso país e que tem os conhecimentos habitualmente trabalhados na escola média e nos primeiros anos de um curso de humanidades. É para esse leitor que estou escrevendo aqui. Minha apresentação seria outra se seu destinatário fosse um linguista profissional, ou um teórico da semântica interessado nos problemas que preocupam apenas os especialistas.

"Léxico e Semântica: estudos produtivos sobre palavra e significação" é diferente da maioria dos livros publicados sobre os mesmos assuntos nos últimos tempos. Folheando-o, vemos imediatamente que a uma primeira parte de natureza mais "teórica" se segue uma segunda, inteiramente ocupada por exercícios. Quando pensaríamos que tudo terminou, começa uma terceira parte composta por cinco ensaios de pesquisadores que dispensam apresentação. E no final, como uma espécie de *bonus*, aparece uma seleção de questões sobre semântica e léxico que constaram das provas do Exame Nacional dos Cursos de Letras. Não é difícil ver que o livro tem matéria para todos os gostos e para todos os temperamentos, e que pode ser utilizado de formas diferentes e por diferentes tipos de leitores. Mas vejamos mais de perto cada um dos painéis da coleção.

A parte "teórica" do livro começa com um breve capítulo que recupera alguns conceitos básicos da linguística geral, imediatamente seguido por um segundo capítulo, cujo tema são os dicionários do português brasileiro e sua história. Surpreende, num primeiro momento, encontrarmos aqui um capítulo dedicado aos dicionários, porque, nas universidades, os dicionários sempre foram vistos com preconceito, dado o seu lado prático. O livro reverte esse preconceito à medida que nos faz reviver o projeto de vida de um punhado de estudiosos do passado que, animados por um profundo amor à língua portuguesa, e à variedade de português que se fala no Brasil, produziram dicionários cada vez mais completos, e cada vez mais brasileiros. Um tema que nasceu com a Independência e se instalou definitivamente no ideário nacional com o Romantismo é o da autonomia da língua falada no Brasil. Preocupação de muitos linguistas contemporâneos, a autonomia linguística do português brasileiro tem sido reafirmada, recentemente, com base em argumentos sintáticos, mas o léxico é um argumento muito mais forte. O segundo capítulo recupera com riqueza de informações o processo histórico pelo qual o português brasileiro foi dicionarizado, desde as tentativas do século XVIII até os grandes dicionários de que dispomos hoje, e mostra que é possível traçar uma imagem fiel da mentalidade brasileira olhando para as palavras que usamos. Lido nessa perspectiva, o estudo histórico dos dicionários encontrado nessas páginas do livro revela-se infinitamente mais rico do que poderia sugerir o tom despretensioso com que foi escrito, pois vale por uma história possível de nossa identidade cultural.

O capítulo "Traçados sobre a significação" trata da significação enquanto campo de estudos. O autor dá uma atenção especial ao momento em que esse campo de estudos se configurou como disciplina autônoma, identificando-o com a publicação do livro em que o linguista francês Michel Bréal, contrariando a mentalidade da época, afirmou sem reticências que muitos desenvolvimentos históricos das línguas só podem ser explicados por mudanças na significação das palavras (em oposição à fonética). Nesse momento do final do século XIX, Bréal não só criou um nome para a nova disciplina, mas ainda definiu para ela uma pauta de temas a estudar que continua atual; por isso, essa pauta de estudos é explicada e exemplificada. Ficamos sabendo, em seguida, que ela foi enriquecida, no século XX, por autores do porte de A. Meillet, B. Pottier, S. Ullmann e J. Lyons. Um outro período estudado com carinho é o da implantação dos estudos semânticos no Brasil. Essa implantação se deu quando o Estruturalismo estava no auge, e a semântica estava prestes a enveredar pela linha conhecida como Semântica Argumentativa. Esse período deixou marcas que continuam presentes até hoje no modo como nossos linguistas lidam com a significação. Entende-se assim que as referências e preocupações que então se destacaram sejam também evocadas, junto com as contribuições dos autores brasileiros que, declarando-se ou não semanticistas, consolidaram os estudos semânticos em nosso país.

Posteriormente a esse período, no Brasil e no mundo, a semântica passou por uma diversificação extrema, aparecendo inúmeras teorias que se constituíram em áreas inicialmente entendidas como interdisciplinares, como a análise do discurso, a linguística cognitiva, ou a semântica formal, para citar apenas algumas. Em cada uma dessas disciplinas trabalham várias correntes em conflito entre si, de modo que as controvérsias e os diálogos de surdos são infinitos. Claudio Cezar Henriques conhece bem tudo isso. Se tivesse decidido prolongar o esboço histórico do terceiro capítulo entrando nessas controvérsias, cairia sem salvação em um cipoal enorme de nomes, títulos e orientações cujas diferenças desnorteariam qualquer leitor. Ele evita cair nesse cipoal, tomando, no quarto capítulo ("Significação em foco"), o caminho da apresentação e discussão dos principais fenômenos semânticos das línguas historicamente dadas. São 30 páginas densas, em que o leitor se defronta com conceitos como referenciação, foricidade, predicação, inferência, pressuposição, implicatura, metaforismo, metonimismo, para usar os mesmos termos que o autor preferiu empregar. O uso de termos como metaforismo ou metonimismo – e não metáfora ou metonímia – não é gratuito. Explica-se por razões teóricas, lembra-nos que, por trás de uma exposição sempre agradável e fácil de ler, há uma reflexão teórica própria e sólida.

Uma das ideias mais fortemente arraigadas nos falantes de qualquer língua é que a significação tem a ver com palavras. O quinto capítulo ("Léxico em foco") toma essa ideia como fundamento e tira dela o máximo proveito. A ideia saussuriana de que, na língua, qualquer unidade tem um valor definido pela posição que ocupa no sistema é então tomada como ponto de partida para explorar as principais relações em que uma palavra pode entrar com outras palavras. Uma relação possível entre palavras é a semelhança de sentido. É quase sempre possível tentar dizer as mesmas coisas (ou coisas muito parecidas) usando palavras diferentes. Trata-se do bem conhecido fenômeno da sinonímia, que sempre nos deixa em dúvida quanto à possibilidade de duas palavras diferentes terem uma significação absolutamente idêntica. É um mérito do livro evocar esta questão, e a resposta que o autor dá é ao mesmo tempo a mais honesta e produtiva que se poderia dar: a sinonímia nunca é total; mas isso não deve ser motivo para frustrações, porque a comparação sempre nos leva a uma compreensão mais profunda das palavras em questão, e amplia nossa capacidade expressiva. Mas a sinonímia é apenas uma entre várias relações possíveis que se podem estabelecer entre palavras: quando está em jogo a semelhança de forma, temos os fenômenos da homonímia e da paronímia, esta última uma inesgotável fonte de equívocos hilariantes, como mostra o exemplo fantástico e real do uso da palavra *glúteo* pela palavra *glúten*, na descrição dos conteúdos de um alimento. Estudando outras tantas relações de sentido que estabelecemos intuitivamente entre as palavras, descobrimos fenômenos como a hiponímia e a hiperonímia, e, por outros caminhos, chegamos à tautologia, à ambiguidade e à polissemia.

Mencionei, a propósito do terceiro capítulo, a complexa reflexão teórica que está por trás de uma exposição sempre clara e agradável. Essa característica, é bom que se diga, está presente em todos os capítulos, e não apenas no terceiro. Outro traço que caracteriza o livro como um todo é a qualidade do material linguístico que foi usado. Claudio Cezar Henriques trabalha o tempo todo com textos, e a grande fonte em que os busca não são os manuais semânticos traduzidos nem os dicionários de termos linguísticos, e sim sua vasta experiência da língua portuguesa, alimentada pela leitura dos gêneros mais variados, por uma sólida formação literária, por sua sensibilidade de escritor e por uma curiosidade intelectual insaciável. Vem daí a riqueza das amostras de linguagem que encontramos no livro, buscadas em espaços como as manchetes dos jornais, os cartazes de rua, as anedotas que circulam de boca em boca, as letras musicais, ou várias passagens célebres e menos célebres de nossa literatura antiga e recente. O principal aprendizado a fazer com essa escolha diversificada é que a semântica não é um palavreado científico que interessa mobilizar apenas em ocasiões solenes, mas é ao contrário uma prática em que nos envolvemos toda vez que nos expressamos com a intenção de sermos entendidos, ou quando observamos o que dizem nossos semelhantes. Ou seja, na prática, fazemos semântica o tempo todo.

Marcante nos capítulos "teóricos" da primeira parte, essa riqueza do material linguístico é ainda mais evidente na segunda parte do livro, dedicada aos exercícios. Há, em qualquer disciplina, várias maneiras de planejar exercícios. Muitos manuais propõem como exercício a análise de exemplos linguísticos fabricados com o objetivo de apresentar os fenômenos que foram previamente objeto de alguma teorização. O máximo que se consegue nesse caso é a assimilação correta de uma nomenclatura. Bem diferente é o desafio que se propõe nos exercícios deste livro, que consiste em trabalhar com fatos de língua reais, situados num texto e num contexto, levantando a propósito deles um ou mais problemas de interpretação que o conhecimento teórico ajuda a solucionar, provocando a inteligência do aprendiz. Este tipo de exercício é marcante, porque se propõe inicialmente como um desafio; é gratificante, porque muitas vezes o desafio é vencido, e é instrutivo, porque acaba confirmando a quem nele se envolve que, na vida real, entre o que sabemos e o que fazemos há uma dialética constante. Daí, a recomendação que faço ao leitor deste livro, de que encare cada exercício não como um ritual a cumprir, mas como um desafio a vencer alegremente.

A terceira parte traz no título a palavra "aplicações". Se entendo bem, essa palavra foi usada para significar que os conhecimentos léxico-semânticos elaborados na primeira e segunda partes se revelam úteis em outros campos, mais ou menos específicos, mais ou menos distantes. Os textos desta parte falam de comunicação midiática, de linguagem da publicidade, de discurso poético e, por que não, dessa espécie de sublíngua que o brasileiro criou ao longo dos tempos para falar da cachaça. No passado, veríamos talvez nisso temas diferentes. Hoje, dispomos da noção de gênero textual para entender o que há de diferente em cada uma dessas "aplicações". Podemos então dizer que esse capítulo trata de diferentes gêneros textuais, mostrando que a significação é trabalhada em cada um deles de modo próprio e singular. Mas cada gênero é um mundo. Compreende-se assim que essa parte do livro tenha sido escrita a várias mãos, responsabilizando-se cada autor convidado por analisar um gênero com que tem uma antiga familiaridade. Vale assinalar que os autores da terceira parte são intelectuais importantes e respeitados e que, associando-se ao projeto do Prof. Claudio Cezar Henriques, eles o recomendam e avalizam.

Minha apresentação está prestes a terminar. Embora eu tenha prometido oferecer ao leitor uma espécie de "mapa da mina" para a leitura do livro, é possível que eu tenha ficado longe disso, ressaltando aspectos que me haviam impressionado, ou dando apenas amostras superficiais de desenvolvimentos que são na verdade mais ricos e mais articulados do que seria possível dizer em poucas linhas. Concluo, falando do livro em termos um pouco mais gerais. Temos aqui uma obra sobre semântica e léxico, na qual a reflexão teórica não está nunca alienada da prática, e na qual o grande protagonista não é este ou aquele autor, mas sim a língua portuguesa, em sua enorme riqueza. Propondo ao leitor uma reflexão instigante e ilustrada por fatos reais, este livro nos aproxima da vida, pelos conteúdos de que trata. Um livro para a vida, e não apenas para a escola, se quisermos parafrasear o velho ditado latino.

Parece impossível que um jovem em formação, interessado em viver praticamente sua língua, continue sendo o mesmo depois de ler este *Léxico e Semântica: estudos produtivos sobre palavra e significação*. Seria difícil dizer mais, para desejar uma boa leitura desse livro.

Prefácio

Não me parece fora de propósito começar este Prefácio dizendo que vivemos numa nação de lexicófilos (amantes das palavras). Além das manchetes da imprensa, chamadas publicitárias, piadas, às vezes até certos trabalhos acadêmicos costumam apresentar interessantes jogos de palavras, desafiando-nos a reconhecer verdadeiros quebra-cabeças.

Dois dos mais conhecidos passatempos de nossa sociedade são os jogos de palavras cruzadas e de forca, que incluem como sabemos uma série de variantes, em muitas ocasiões levados para as salas de aula como um produtivo trabalho didático e pedagógico. Lembro-me de muitas aulas que ministrei nas quais propunha aos alunos o "jogo do dicionário". Organizava a turma em grupos e lhes dava como tarefa escolher uma palavra qualquer no dicionário e apresentá-la para os adversários vinculada a quatro significados para que eles descobrissem qual era o verdadeiro. A "brincadeira", além de estimular a expressão oral e a competição saudável entre os "jogadores", contribuía para que eles aprendessem a manusear o dicionário, enriquecessem seu vocabulário e praticassem um tipo especial de produção de texto, a redação de verbetes.

Essa característica de nossa gente talvez explique a profusão de obras lexicográficas e lexicológicas que têm sido colocadas à disposição do público em geral e que tratam de modo mais específico do vocabulário de algum campo de conhecimento, como as gírias, os regionalismos, a linguagem da publicidade, a língua dos marginais, os palavrões, os termos médicos ou jurídicos... e tantos outros dicionários e glossários que podemos facilmente ver quando percorremos as estantes de uma livraria, seja real, seja virtual.

A SEMÂNTICA LEXICAL não fica, porém, restrita apenas aos itens léxicos. Nenhum assunto é uma ilha. As conexões dependem de nosso conhecimento de mundo e de nossos estudos da linguagem humana. A significação está na gramática e na vida. Está na gramática da vida (se me permitem experimentar e propor outras conexões).

"Então, este é um livro de SEMÂNTICA LEXICAL?" Assim poderia prosseguir este Prefácio, mas prefiro usar uma adjetivação diferente e dizer que este é um livro de SEMÂNTICA LINGUÍSTICA e que não é um livro de semântica filosófica ou de semântica psicológica, a não ser muito tangencialmente. Mas é também um livro de SEMÂNTICA FORMAL e de SEMÂNTICA GRAMATICAL. Ao falar em tantas semânticas, parece que estamos pisando na grama ou que o assunto é minado? Nada disso: a semântica é essencialmente duas coisas: metalinguística e interdisciplinar, o que remete aos "limites movediços da semântica" de que falam Ilari e Geraldi (1995, p. 5). O que está nas páginas adiante é uma abordagem pessoal da semântica e, por causa disso, é um ato de escolha. Para dar conta desta tarefa, reuni e renovei ou busquei leituras de obras antigas e recentes, sem me preocupar com as possíveis diferenças entre várias correntes dos estudos semânticos, muitas delas mais aparentes do que concretas. Apropriando-me delas ou reinterpretando-as a meu modo, fica desde já a advertência de que este livro é resultado de uma prática docente em turmas de ensino fundamental, médio e superior, que começaram nos idos de 1972.

O professor de Língua Portuguesa é um provocador nas salas de aula. Ele descreve a língua, explica usos e desvios, orienta, desorganiza e reorganiza a norma, traz a vida real para dentro da sala de aula, mostra a serventia da gramática para o aluno. A análise etimológica é semântica. A análise sintática é semântica. A análise morfológica é semântica. A análise fonológica é semântica. A análise do discurso é semântica. Até a lição ortográfica é semântica. Placas, avisos, letras de música, o carro do pão (ou da pamonha), a prescrição médica ou o triste formulário do Imposto de Renda... Tudo depende de um "estalo", uma chave. Ela está nas entrelinhas de conhecido poema de Carlos Drummond de Andrade (1902-1987), "Procura da Poesia" (2002, p. 117-8). O poeta nos convida a penetrar surdamente no reino das palavras, pois é lá que estão os poemas que esperam ser escritos (e aqui podemos expandir "poemas" para "textos que esperam ser escritos"). "Estão paralisados, mas não há desespero, há calma e frescura na superfície intata. Ei-los sós e mudos, em estado de dicionário." Drummond nos aconselha a conviver com os poemas (aqui, conviver com os textos), antes de escrevê-los: "Tem paciência, se obscuros. Calma, se te provocam. Espera que cada um se realize e consume com seu poder de palavra e seu poder de silêncio."

Quase ao final do poema, lemos:

> Chega mais perto e contempla as palavras.
> Cada uma
> tem mil faces secretas sob a face neutra
> e te pergunta, sem interesse pela resposta,
> pobre ou terrível, que lhe deres:
> Trouxeste a chave?

Está na gramática de Evanildo Bechara (2009, p. 29): "na linguagem tudo significa, tudo é semântico". E está no livro *Introdução à Semântica*, de Rodolfo Ilari (2001, p. 11): nós "realizamos operações semânticas o tempo todo, sem nos preocuparmos em teorizar, quando usamos a língua no dia a dia". É verdade. E já que a linguagem tem horário integral em nosso cotidiano, pergunto: por que não pensar mais nesse assunto, a significação?

Por esse motivo eis aqui um livro inevitavelmente voltado para o uso em sala de aula (mas não só). Daí a pretensão de escrever seu texto de maneira leve, acrescentando notas e indicações de leitura que poderão proporcionar ao leitor outros caminhos de estudo e de aprofundamento. Mesmo na primeira parte, que é sobretudo teórica e a que chamei "A Ciência das Significações", fui em busca sempre que possível de ilustrações e exemplificações mais dinâmicas. Segue-se a parte do livro que propõe uma série de exercícios, muitos dos quais caracterizados por atividades lúdicas apropriadas para leitores lexicófilos, bom número delas apoiado nos inspiradores subtítulos de dois livros de Rodolfo Ilari (*brincando com a gramática & brincando com as palavras*). Na terceira parte, as "Aplicações Léxico-Semânticas" devem servir para mostrar relações expressivas entre os dois temas em variados *corpora*, tendo como resultado a elaboração de comentários e interpretações do léxico à luz dos estudos semânticos. Por fim, no Apêndice, reproduzimos as questões do ENADE que tratam dos assuntos pertinentes à semântica e ao léxico.

Quero agradecer a meus alunos da disciplina *Léxico e Semântica* da UERJ que me deram a oportunidade de "experimentar" atividades, leituras e tarefas em torno do assunto que aqui aparece mais ordenado e referenciado (pelo menos foi essa a intenção). E, muito especial e afetuosamente, aos colegas André Valente, Flávio Barbosa, José Carlos Azeredo, Nelly Carvalho e Rosane Monnerat, pelos artigos que me encaminharam para inclusão na terceira parte do livro. Seus textos com aplicações léxico-semânticas certamente oferecerão aos leitores deste livro a melhor parte do trabalho.

Rio de Janeiro, janeiro de 2011.

O Autor

Endereço para correspondência:
Rua São Francisco Xavier, 524 / 11º andar / sala 11.139 / Bloco F
Maracanã – Rio de Janeiro – RJ – CEP: 20550-900
E-mail: claudioch@uol.com.br

Parte I

A Ciência das Significações

A palavra SEMÂNTICA tem uso na língua portuguesa desde 1899 e é procedente do francês SÉMANTIQUE, que o tomou do grego "semantiké", feminino substantivado de "semantikós": *que indica, que significa*.

A SEMÂNTICA se preocupa com "mecanismos e operações relativos ao sentido, através do funcionamento das línguas naturais [...]", tentando "explicitar os elos que existem entre os comportamentos discursivos num dado envolvimento, constantemente renovado, e as representações mentais que parecem ser partilhadas pelos usuários das línguas naturais". Essa reflexão traça um "percurso entre o individual e o universal, através do cultural" e procura conciliar "a extensão e a variedade das manifestações linguísticas e a necessidade de uma apresentação relativamente simples dos funcionamentos profundos da língua". Eis, em síntese, o que explica Bernard Pottier (1992, p. 11).

No livro *The Grammar of Meaning* (1997, p. 302), Mark Lance e John O'Leary-Hawthorne expõem um argumento curioso a respeito do "trio *individual-universal-cultural*". Dizem eles que "algumas pessoas são mais observadoras, argutas ou coerentes do que outras" ou têm mais habilidade num domínio do que outras. Há pessoas que "participam do jogo da linguagem ou de uma parte dele com mais qualidade do que outras". Os autores dizem que, em alguns desses casos, podemos achar "que uma pessoa mais bem preparada é capaz de entender certos itens lexicais que muitos membros de sua comunidade não seriam capazes de entender", embora nem sempre possamos caracterizar objetivamente o que as distingue. Os exemplos dados por eles falam de pessoas que "organizam melhor seu vocabulário" e por isso podem ser "mais eficientes do que outras na construção de teorias ou na descrição do que viram ou em persuadir seus interlocutores a fazer isto ou aquilo, ou em fazer perguntas pertinentes". E concluem que, geralmente, essa é uma maneira prática quando se quer "distinguir os bons jogadores dos maus jogadores ou dos não jogadores do jogo da linguagem, como um todo ou em um de seus segmentos".

O bom jogador Gilberto Gil, na canção "Refazenda", gravada em 1975 no disco homônimo, escolheu aleatoriamente palavras que rimassem e obteve um resultado expressivo. A letra da canção começa com os seguintes versos:

> Abacateiro, acataremos teu ato
> Nós também somos do mato, como o pato e o leão
> Aguardaremos, brincaremos no regato
> Até que nos tragam frutos, teu amor, teu coração
> Abacateiro, teu recolhimento
> É justamente o significado da palavra temporão
> Enquanto o tempo não trouxer teu abacate
> Amanhecerá tomate, e anoitecerá mamão

Sobre o que ele pretendeu com o primeiro verso, é interessante conhecer o seu depoimento a Carlos Rennó (2003, p. 196):

> Abacateiro, acataremos o teu ato – Na época pensaram que eu me referia à ditadura militar (o verde da farda) e ao ato institucional, o que nem me passou pela cabeça. O que me veio mesmo foi a natureza em seu contexto doméstico, amansada, a serviço da fruição – daí a ideia de pomar e das estações. "Refazenda" é rememoração do interior, do convívio com a natureza; reiteração do diálogo com ela e do aprendizado do seu ritmo.

Para entendermos o significado do primeiro verso, temos a explicação do próprio autor. Se não a tivéssemos, certamente alguém poderia encontrar muitos motivos para justificar uma interpretação que explicitasse os possíveis elos entre o abacate e o verde oliva das fardas militares ou entre o ato (do amadurecimento?) do abacate e o ato institucional: metáforas e metonímias a serviço da significação.

Mas a letra também fala que "o recolhimento (do abacateiro) é justamente o significado da palavra temporão". Observe-se que os itens lexicais estão combinados para nos propor um entendimento: mais explícito, menos explícito, nem tão explícito assim...

Pergunta-se:

(1) O recolhimento é "o ato praticado por alguém de recolher o abacate" ou "o comedimento ou recato semimetafórico do abacate"?
(2) O trecho usa o possessivo "teu" em "teu recolhimento" para indicar "agente" ou para indicar "paciente" da ação de recolher?
(3) Ao equiparar o "recolhimento do abacateiro" ao "significado da palavra temporão", confirma-se a ideia do "ato de recolher-se do abacateiro" ou do "ato de alguém recolher o abacate"? Ou nenhum dos dois?

Gil diz que o período em que compôs a canção era permeado pelo *nonsense* ou por aquilo que o tangenciava, uma fase ligada à multiplicidade de sentidos e de não sentidos. Diante dessas palavras, fica a conclusão de que a interpretação semântica que se possa dar à letra de "Refazenda" só precisa ser coerente e mostrar os vínculos lexicais que a justifiquem, seja pelo viés mais contemplativo da natureza, seja pelo viés mais engajado, seja por um outro viés, o do próprio *nonsense* de que o compositor fala.

Essa rápida aplicação nos traz de volta a uma reflexão teórica sobre a semântica. Herculano de Carvalho (1974, v. II, p. 499) a define como uma "disciplina que se aplica ao estudo da significação objetiva". Diz que, através da semântica, procura-se "determinar o modo pelo qual a realidade extralinguística se encontra analisada e conformada em sistemas de significantes-significados (signos)" a fim de que se possam estabelecer "as relações que aí existem entre os significantes e os respectivos significados objetivos, e entre estes e a realidade mesma". Carvalho resume que a finalidade da semântica deve ser "o estudo da estruturação interna do sistema de significações objetivas e da relação deste com o mundo real que aí está representado".

Todos os dias, nas situações mais comuns de nossas vidas, "praticamos" a semântica, pois sempre estamos buscando entender o significado de palavras e de frases: a manchete de um jornal, a fala de um personagem na novela, o trecho de uma música, a gíria ou o xingamento que alguém disse perto de nós... Definições para a palavra SEMÂNTICA não faltam na literatura linguística.

Para ficarmos com uma explicação bem objetiva, escrita por Gennaro Chierchia (2003, p. vii), vamos entender a SEMÂNTICA como o estudo do significado das expressões das línguas naturais.

SEMÂNTICA: estudo do significado das expressões das línguas naturais.

1

Língua, Lógica e Linguagem

O estudo científico da linguagem humana é tarefa de uma disciplina chamada LINGUÍSTICA. Se considerarmos que um estudo só é científico quando toma por base a observação dos fatos e quando se recusa a fazer qualquer tipo de julgamento ou prescrição a respeito deles, será importante enfatizar que a linguística se constrói a partir de uma observação que se pretende imparcial diante do seu objeto de estudo – em última análise, uma atividade humana.

O ramo de estudos que se dedica à mesma observação feita pela linguística, mas que diferentemente desta tem o intuito específico de reconhecer (e recomendar) modelos de usos é a GRAMÁTICA NORMATIVA. Nesse tipo de tarefa, fazem-se prescrições, escolhem-se determinadas formas em detrimento de outras, censura-se (ou atenua-se) alguma escolha ou prática que se detecta na comunidade idiomática analisada.

Ambas as disciplinas, por um bom período da história recente, travaram uma queda de braço acadêmica, cujos malefícios são sobejamente conhecidos. Ainda se veem resquícios do contraproducente embate entre liberais e conservadores em questões de língua: defensores do vale-tudo contra os guardiães do purismo... Nessa contenda, todos perdem.

Habituamo-nos a dizer que a linguagem é uma das instituições humanas pois resulta da vida em sociedade. O lembrete é para reforçar que, assim como as instituições humanas são passíveis de mudanças, também a linguagem – inegavelmente seu instrumento de comunicação – varia conforme os hábitos, as tendências, as pressões e os momentos em que se insere.

Costumo afirmar para aqueles que buscam a todo custo uma lógica simbólica para a língua ou para a linguagem que seria realmente extraordinário imaginar o ser humano, com todas as suas inseguranças, fragilidades, humores e temperamentos, construindo uma comunicação (por meio da linguagem) sempre linear, coerente, regular e fixa.

Tomemos um simples exemplo a partir da pronúncia prestigiada brasileira de palavras terminadas em R precedido de vogal tônica. Verifica-se o apagamento desse R, por exemplo, em todas as formas verbais (estiver > estivé; fazer > fazê; construir > construí) e em muitos nomes (pomar > pomá; colher > colhé; senhor > senhô). No entanto, contrariando a lógica, não é prestigiado dizer "pá" em vez de "par", "lá" em vez de "lar". O motivo da restrição seria o fator paronímico (pá = ferramenta; lá = advérbio) ou o fator fonológico (os exemplos são de monossílabos tônicos)? Não parece que seja, pois paronímia também existe em "pô" (verbo "por" ou interjeição?) ou em "tê" (verbo "ter" ou substantivo?). E o fator fonológico também não é procedente: ele "qué" (por "quer") ou se eu "fô" (por "for") o inviabilizam. O exemplo é elementar, mas demonstra que, se o falante do português brasileiro seguisse uma lógica rigorosa, faria com todas as palavras terminadas em R a mesma mudança.

Esses exemplos, transpostos para a modalidade lusitana, mostrariam que a "lógica" europeia, em vez de suprimir o R, prefere abrir nova sílaba, com o R em posição pré-vocálica – tanto nos verbos como nos nomes: *estivere, *fazere, *construíre, *pomare, *colhere, *senhore, *pare, *lare, *pore, *tere, *quere e *fore (repito os exemplos do parágrafo anterior, na ordem). Isso significa que, normalmente, onde os portugueses fazem uma paragoge (acréscimo de fonema no final do vocábulo), nós fazemos uma apócope (supressão de fonema no final do vocábulo). Caberia perguntar se, nos hábitos prestigiados lusitanos, é possível encontrar algum caso em que a regra da paragoge falha. De todo modo, conclui-se que a lógica não é da língua, nem é do falante. Não há lógica simbólica; há mudança linguística, há tendências de uso – termos que não podem ser confundidos com princípios filosóficos lógicos.

Essa afirmação não deve ser entendida como uma restrição ao que alguns chamam de tradição lógica do estudo da significação. Trata-se, nesse caso, de uma outra acepção dada à palavra "lógica". É claro que nos interessa examinar os elos entre a linguagem e o mundo, algo que se estabelece a partir do sentido dos enunciados e dos conceitos de confiança ou de desconfiança, por exemplo. Mas o erro logicista fundamental, como explica Coseriu (1987, p. 176), é considerar a linguagem como um objeto de natureza lógica, ou melhor, como produto do pensamento lógico. Podemos relembrar a advertência de Émile Benveniste (1991, v. I, p. 14-5) quanto a essas relações entre a linguística e a lógica simbólica:

> O lógico perscruta as condições de verdade às quais devem satisfazer os enunciados nos quais a ciência se fundamenta. Recusa a linguagem "ordinária" como equívoca, incerta, flutuante, e quer forjar para si uma língua inteiramente simbólica. Mas o objeto do linguista é precisamente esta "linguagem ordinária" que ele toma como dado e cuja estrutura inteira explora. Ele teria interesse em utilizar experimentalmente, na análise das classes linguísticas de todas as ordens que ele determina, os instrumentos elaborados pela lógica dos conjuntos, para ver se entre essas classes se podem estabelecer

relações tais que respondam perante a simbolização lógica. Ter-se-ia, então, ao menos, alguma ideia do tipo de lógica que subentende a organização de uma língua (.....)

Dizia Mário Barreto (1980, p. 317) que, quando se estuda a semântica segundo um bom método, nós nos purgamos "de preconceitos e vãos critérios", descobrindo "não ser a lógica geral outra coisa senão uma espécie de geometria que de mais não serve que de falsear o espírito".

Refinando mais um pouco esse raciocínio, teremos de concordar que a "lógica natural" que levamos em conta nas descrições linguísticas não é necessariamente igual à lógica formal que se desenvolve na filosofia. Cabe frisar que o fenômeno linguístico não tem sua natureza devidamente apresentada se o considerarmos como uma instituição. As línguas acumulam dois modos de expressão relacional: um recorre a indicadores com conteúdo semântico constante e explícito; o outro explora as relações semânticas dos termos postos em contato num enunciado (cf. Tamba-Mecz, 1998, p. 60). Sabemos que a língua é uma ferramenta que se distingue por sua função essencial, a comunicação entre os falantes de um grupo. No entanto, além de desempenhar esse papel, que permite a compreensão mútua entre as pessoas, ela serve de suporte ao pensamento (apesar dos riscos de se usar essa palavra fora do campo da psicologia) e permite que o homem se exprima – supondo-se então toda a dimensão que se possa dar à ideia do que significa "expressão humana" por meio de palavras.

Se acrescentarmos a isso o papel estético que se pode atribuir à linguagem, completaremos o tripé que nos interessa discutir aqui: a FUNÇÃO COMUNICATIVA, a FUNÇÃO EXPRESSIVA e a FUNÇÃO ESTÉTICA, algo que está representado na imagem usada por Geoffrey Leech quando criticava a busca de uma explicação dos fenômenos linguísticos apoiando-se no que não é linguagem. "É algo tão inútil quanto a tentativa de sair de uma casa que não tenha portas ou janelas" (1985, p. 21). Para examinar um pouco mais essas relações, tomemos o seguinte cruzamento: de um lado, o que se produz histórica e socialmente com os sistemas de referência a fim de que os recursos expressivos se tornem significativos; de outro, o que se opera discursivamente e remete aos sistemas de referência, a fim de proporcionar o que podemos chamar de "intercompreensão interlocutiva". As ações que se praticam, tanto no tripé mencionado anteriormente como no cruzamento citado neste parágrafo, envolvem de um modo geral as possibilidades, separadas ou combinadas, de que o emissor de uma mensagem se vale, **com** e **sobre** a linguagem.

AÇÕES **COM** A LINGUAGEM / AÇÕES **SOBRE** A LINGUAGEM

2

Signo Linguístico

Na construção da linguagem, falamos de ações que se tornam concretas e que se relacionam. O resultado dessas ações é o DISCURSO, entendido como "qualquer fragmento conexo de escrita ou fala" (Trask: 2004, p. 84). O discurso se constrói a partir da combinação e da organização dos SIGNOS LINGUÍSTICOS, responsáveis pela produção de frases, períodos e textos.

A expressão "signo linguístico" poderia ser apresentada por meio de um substantivo muito comum na língua: PALAVRA. Ocorre que, do ponto de vista técnico, esse termo poderia nos levar a algumas discussões pouco proveitosas para nossos objetivos. No livro *Morfologia: estudos lexicais em perspectiva sincrônica*, trato desse e de outros temas correlatos no capítulo intitulado "Sintagma, Palavra, Morfema". Vou insistir na expressão "signo linguístico" para destacar a conhecida dicotomia saussuriana entre SIGNIFICANTE e SIGNIFICADO.

O significante é o dado concreto do signo, a sua realidade material, tanto do ponto de vista sonoro quanto gráfico. Já o significado é o dado imaterial, conceitual do signo, algo que remete a uma representação mental provocada pelo signo.

Vejamos na manchete reproduzida ao lado o que ocorre com o significante "rabos de cavalos".

> **Rabos de cavalos são roubados**
>
> **Uma onda de roubos bizarros tomou conta da cidade de Montana, nos Estados Unidos. Curiosamente, ladrões estão cortando e roubando rabos de cavalos.**
>
> Jornal MAIS Vencer: 03/11/2010

Nem mesmo lendo o texto da notícia conseguimos ter certeza de qual o significado desse significante. Afinal, os "roubos bizarros" a que se refere o jornal tanto podem ser os roubos da "cauda dos equinos" como os roubos dos "cabelos atados que se deixam pender à semelhança do rabo de um equino". Esse significante tem ainda um terceiro significado, menos corriqueiro: "espécie de planta da família das equissetáceas, nativa da

Europa, de folhas verticiladas rudimentares, cujos brotos eram comidos como aspargos pelos romanos". A notícia também poderia estar falando do roubo de plantas...

É certo que o significante "rabos de cavalo", conforme a convenção ortográfica em vigor, pode ser escrito com hífen. Dos três significados que mencionamos, apenas o terceiro (planta) determina que o significante seja grafado com hifens; o segundo (penteado) levava à grafia com esse sinal gráfico, modificada na reforma de 2008; o primeiro (cauda) continua representado por significante escrito sem hifens.

O significante tem uma face acústica (para nosso exemplo, é sempre a mesma) e tem uma face gráfica (variável conforme a convenção). O significado não tem face nem acústica nem gráfica. Como dissemos, ele é imaterial, ou seja, precisa ser explicado. Sem o significado, o significante parece uma palavra fantasma, vazia, perdida. Sem o significante, o significado parece uma sombra em busca de um corpo.

Ferdinand de Saussure fala que o signo é sempre arbitrário. Os significantes "rabo" e "cavalo" não têm nenhuma relação direta com os significados "cauda" e "equino". O que produz essa relação é um conhecimento de mundo compartilhado pelos usuários da língua. Reparemos que a combinação dos dois significantes (dois substantivos: rabo + cavalo) cria um significante maior (o sintagma ou locução "rabo de cavalo"). Continua não havendo a relação direta, pois esse significante locucional tanto pode remeter para a "cauda do equino" como para os "cabelos pendurados". E é por ter o signo linguístico a ARBITRARIEDADE de que fala Saussure que o terceiro significado (planta), provavelmente o menos compartilhado pelos usuários da língua, só se torna possível quando se recebe a informação botânica.

As ideias sobre o signo linguístico nos levam também a concluir que, apesar da arbitrariedade, são fatores não arbitrários que permitem reconhecer o significante "rabo de cavalo" (cauda de equino) como primário em relação ao significante "rabo de cavalo" (cabelos atados), pois a explicação do segundo significado se refere à explicação do primeiro, que é a motivadora da extensão de sentido, a que chamamos de metafórica.

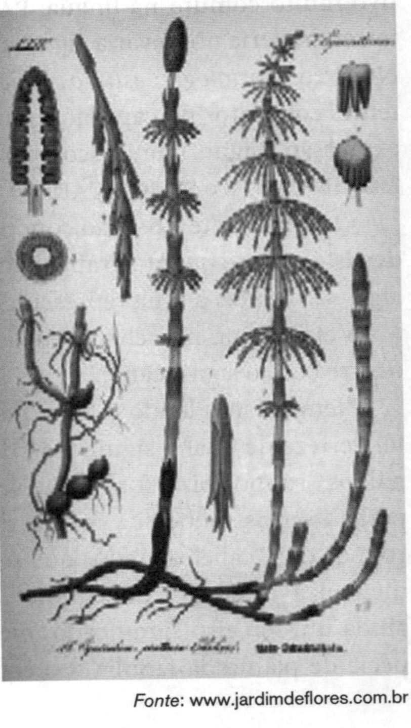

Fonte: www.jardimdeflores.com.br

Em relação ao significante "rabo-de-cavalo" (substantivo composto) que significa um tipo de planta (por isso com hífen), saber apenas isso é pouco para confirmar que também existe a extensão metafórica. Por representar um conhecimento de mundo menos difundido, será preciso investigar a origem da expressão para confirmar a suspeita.

Feita a busca mais específica a respeito do significado, veremos que os significantes "rabo-de-cavalo" (nome da planta) e "equissetáceas" (nome da família da planta) remetem ao mesmo significado, pois o termo científico é composto de "equi" (cavalo) e "setum" (cauda"), ou seja, rabo de cavalo.

A foto da página ao lado mostra algumas espécies dessa planta, que também é conhecida como "cavalinha", e nos faz concluir que o significante a ela atribuído também explora a extensão metafórica. Embora se possa estranhar que exista um vegetal (que cresce para cima) com o nome "rabo-de-cavalo", os desenhos permitem compreender a associação entre as duas ideias.

Falamos pois de arbitrariedade, mas a relativizamos já que significados podem gerar novos significados ou novos significantes. É o que Benveniste chama de relações de NECESSIDADE. Portanto, além de surgirem fortuitamente, os signos linguísticos também surgem pela necessidade que existe de se designar alguma coisa.

Caso inventássemos agora um aparelho capaz de transformar gelo em chocolate, certamente o batizaríamos. O significado seria exatamente o que está na frase anterior (aparelho que transforma gelo em chocolate). Arbitrariamente, escolheríamos um significante para representá-lo, mas só o faríamos porque existe a real necessidade de se designar seu significante. Por enquanto, no campo da imaginação do invento, temos só o significado... Alguém precisa se habilitar a criar o significante – e aí teremos o que se chama de NEOLOGISMO[1].

Essa dicotomia entre SIGNIFICANTE e SIGNIFICADO está ilustrada nas quatro tabelas seguintes[2]. Veremos que a tarefa de completar as tabelas depende da construção dos elos significativos entre as duas colunas.

Grupo I: ➡ ⬅

SIGNIFICANTE	*é um...*	SIGNIFICADO
(1) Alexandre Pato		(2) cantor de MPB
(2) Caetano Veloso		(4) filólogo brasileiro
(3) Dalton Trevisan		(1) jogador de futebol
(4) Evanildo Bechara		(3) romancista brasileiro

Grupo II: ➡??⬅

SIGNIFICANTE	*é um...*	SIGNIFICADO
(1) Estela Gerrard		(?) aluna da turma 301
(2) Jupira Mocotó		(?) candidata ao emprego
(3) Mikaela Lampard		(?) filha da professora
(4) Tainá Cristian		(?) moradora da cobertura

[1] No livro *Morfologia: estudos lexicais em perspectiva sincrônica* faço minuciosa análise e interpretação do fenômeno da neologização pela eponímia no português (2011, p. 138-54).

[2] Três dessas tabelas e mais algumas passagens deste capítulo são adaptações e acréscimos do que tratei no livro *Semântica e Estilística* (2009, p. 137-47).

Grupo III: ➡ ??

SIGNIFICANTE	é um...	SIGNIFICADO
(1) Antenor Gomes Sá		(?) ??????????
(2) Jordânio Limeira		(?) ??????????
(3) Rosecler de Resedá		(?) ??????????
(4) Temístocles Leme		(?) ??????????

Grupo IV: ?? ⬅

SIGNIFICANTE	é um...	SIGNIFICADO
(?) ??????????		(1) jóquei premiado
(?) ??????????		(2) político angolano
(?) ??????????		(3) dono do jornal da cidade
(?) ??????????		(4) atual secretário da ABL

Se não soubermos qual o SIGNIFICADO ou se não reconhecermos qual o SIGNIFICANTE, não poderemos compreender o SIGNO LINGUÍSTICO. Quando isso acontece (Grupos III e IV), não temos os instrumentos para participar do processo de comunicação, pois não sabemos de que ou de quem se está falando. Mas, se as informações sobre o significante e o significado foram extremamente superficiais (Grupo II), participaremos muito precariamente do processo de comunicação. Afinal, que mais poderemos dizer sobre Jupira Mocotó além de apontá-la como moradora da cobertura?

Observa-se então que a relação entre significante e significado pode caminhar da esquerda para a direita (Grupos I, II e III), como na maioria das vezes pensamos: os dicionários que se organizam dessa maneira apresentam os itens lexicais (os significantes) geralmente em ordem alfabética e nos informam seus significados. No entanto, também se pode fazer o caminho invertido (Grupo IV). Assim como no caso da incrível máquina que transforma gelo em chocolate, também podemos ter a necessidade de encontrar o significante desconhecido ou esquecido para um conceito do qual somos possuidores. Para esse tipo de busca, de nada adianta consultar um dicionário organizado da esquerda para a direita (do significante para o significado), pois somente uma obra que se organize da direita para a esquerda (do significado para o significante) poderá oferecer a solução.

Essas explicações nos levam então a falar de modo mais específico a respeito dos estudos do léxico.

2.1. LEXICOLOGIA, FRASEOLOGIA E LEXICOGRAFIA

Os dicionários nos fornecem uma imagem do léxico. Numa explicação bem simples, podemos dizer que há dois tipos de léxico: um deles se refere a um determinado estado de língua, composto pelas palavras que são compartilhadas por todos os usuários, parecendo uma espécie de interseção dos usos individuais cotidianos (é o LÉXICO COMUM); o outro comporta todas as palavras empregadas pelos usuários de determinada língua, independentemente de serem compartilhadas entre eles (é o LÉXICO TOTAL).

Dentre as ciências que lidam com o léxico de modo sistemático e científico, três nos importam neste ponto, a LEXICOLOGIA, a FRASEOLOGIA e a LEXICOGRAFIA[3]. Vamos examiná-las a partir de perguntas e respostas disponíveis na página do GTLex[4] (Grupo de Trabalho de Lexicografia, Lexicologia e Terminologia da ANPOLL, Associação Nacional de Pós-Graduação em Letras e Linguística).

Selecionamos alguns trechos, adaptados segundo nossos objetivos neste capítulo.

O que é LÉXICO?

LÉXICO é o conjunto das palavras de uma língua, também chamadas de LEXIAS. As LEXIAS são unidades de características complexas cuja organização enunciativa é interdependente, ou seja, a sua textualização no tempo e no espaço obedece a certas combinações. Embora possa parecer um conjunto finito, o léxico de cada uma das línguas é tão rico e dinâmico que mesmo o melhor dos lexicólogos não seria capaz de enumerá-lo. Isto ocorre porque dele faz parte a totalidade das palavras, desde as preposições, conjunções ou interjeições, até os neologismos, regionalismos, passando pelas terminologias, pelas gírias, expressões idiomáticas e palavrões.

O que é LEXICOLOGIA?

LEXICOLOGIA é uma disciplina que estuda o LÉXICO e a sua organização a partir de pontos de vista diversos. Cada palavra remete a particularidades diversas relacionadas ao período histórico ou à região geográfica em que ocorre, à sua realização fonética, aos morfemas que a compõem, à sua distribuição sintagmática, ao seu uso social e cultural, político e institucional. Desse modo, cabe à LEXICOLOGIA dizer cientificamente em seus variados níveis o que diz o LÉXICO, ou seja, a sua significação. Ao lexicólogo, especialista da área, incumbe levar a termo essa tarefa tão complexa sobre uma ou mais línguas.

O que é FRASEOLOGIA?

FRASEOLOGIA é a parte da LEXICOLOGIA que se ocupa das combinações estáveis de unidades léxicas constituídas, no mínimo, por duas palavras gráficas e, no máximo, por uma frase completa. Por um ponto de vista mais amplo, compõem o sistema fraseológico as locuções (exs.: *de dar pena / à medida que*), as colocações (exs.: *branca nuvem / abrir um inquérito / redondamente enganado*) e os enunciados fraseológicos, que se subdividem em provérbios (exs.: *Devagar se vai ao longe / Casa de ferreiro, espeto de pau*), alegorias (exs.: *Tudo vale a pena quando a alma não é pequena / Transporta um punhado de terra todos os dias e farás uma montanha*) e fórmulas de rotina (exs.: *Desculpe a demora / Durma bem / No momento não podemos atendê-lo*).

[3] A TERMINOLOGIA e a TERMINOGRAFIA são as outras duas ciências que se dedicam ao estudo do léxico.

[4] As respostas, exceto a que se refere à FRASEOLOGIA, são dos colegas de GT Adriana Zavaglia, Herbert Welker, Magali Duran e Patrícia Chittoni Reuillard, O acesso ao GTLex está em: http://www.mel.ileel.ufu.br/gtlex/ (para os links de lexicografia e lexicologia).

DICIONÁRIO Houaiss
Física
Dicionário do Brasil Central
Bariani Ortencio
DICIONÁRIO DE FERNANDO PESSOA E DO MODERNISMO PORTUGUÊS
FERNANDO CABRAL MARTINS
DICIONÁRIO HOUAISS ILUSTRADO MÚSICA POPULAR BRASILEIRA
RICARDO CRAVO ALBIN
criação e supervisão geral
DICIONÁRIO de PROVÉRBIOS
inglês-português | português-inglês
Carlos Alberto Rabaça
Gustavo Guimarães Barbosa
Dicionário de Comunicação
Nova Edição
Revista e Atualizada
HANS BIEDERMANN
DICIONÁRIO ILUSTRADO DE SÍMBOLOS
COM MAIS DE 700 ILUSTRAÇÕES
PORTO EDITORA
Dicionário de termos médicos
DICIONÁRIO de TERMOS ERÓTICOS e afins
2.ª edição
Horacio de Almeida
DICIONÁRIO POPULAR DE FUTEBOL
O ABC das arquibancadas
LEONAM PENNA
Dicionário de GÍRIA
Modismo Lingüístico, O Equipamento Falado do Brasileiro
7ª Edição
J. B. Serra e Gurgel
ELECÊ TIBIRIÇA
PEQUENO DICIONÁRIO HUMORÍSTICO
OBELISCO
DICIONÁRIO FILOSOFIA EDUCAÇÃO
DICIONÁRIOS DOMINGOS BARREIRA
db
DICIONÁRIO DE ESTRANGEIRISMOS
Hélio de Miranda Arteiro
DICIONÁRIO PRÁTICO DE PALAVRAS CRUZADAS
Dicionário do SURF
A língua das ondas
Fernando Alexandre
Ilustrações Andrea Ramos
Pe Carlos Spitzer, S.J.
DICIONÁRIO ANALÓGICO DA LÍNGUA PORTUGUÊSA
Luiz A. P. Victoria
DICIONÁRIO IDEOLÓGICO
dicionário de têrmos próprios e relativos
anselmo mazurkiewicz
Lexikon
FRANCISCO FERREIRA DOS SANTOS AZEVEDO
dicionário analógico da língua portuguesa
ideias afins / thesaurus

O que é LEXICOGRAFIA?

LEXICOGRAFIA é uma disciplina intimamente ligada à LEXICOLOGIA. Ela se ocupa da descrição do LÉXICO de uma ou mais línguas, a fim de produzir obras de referência, principalmente dicionários (em formato impresso ou eletrônico) e bases de dados lexicológicas. Dessa LEXICOGRAFIA PRÁTICA distingue-se a LEXICOGRAFIA TEÓRICA, ou METALEXICOGRAFIA, que estuda todas as questões ligadas aos dicionários (história, problemas de elaboração, análise, uso).

Para falar de dicionários, é preciso primeiro lembrar que chamamos de VERBETE o conjunto de itens que nos dão informações sobre uma palavra, ou seja, sua MICROESTRUTURA. Outro termo importante no manuseio de um dicionário é o que se chama de ENTRADA, ou seja, a própria palavra que é incluída na abertura de um VERBETE. O conjunto de verbetes recebe o nome de NOMINATA[5] (ou NOMENCLATURA ou MACROESTRUTURA).

Há dicionários de todos os tipos, desde os que chegam às nossas mãos nos primeiros momentos de nossa vida de leitores (geralmente os encontramos em casa e nas escolas sob a forma de minidicionários ou pequenos dicionários) até os mais sofisticados (muitos se assemelham a enciclopédias).

As imagens da página ao lado ilustram minimamente a diversidade de trabalhos lexicográficos que podemos encontrar. Dicionários variam muito quanto ao número de verbetes e quanto às finalidades. Também variam quanto à temática ou ao modo de apresentar o léxico. Há os dicionários gerais, assim denominados porque seu objetivo é apresentar as palavras sem qualquer distinção quanto ao campo semântico (são monolíngues, bilíngues, trilíngues ou multilíngues) e os específicos, que podem tratar de qualquer assunto em particular (sinônimos, termos jurídicos, publicidade, palavras cruzadas, filosofia, verbos, gírias, etc.). Alguns são verdadeiros tesouros lexicais (às vezes com mais de cem mil entradas); outros prestam apoio didático (dicionários pedagógicos) e cultural (dicionários enciclopédicos, normalmente ilustrados).

A maioria dos dicionários se estrutura no modelo "palavra por palavra" (como vimos nos Grupos I, II e III do item anterior): chamam-se SEMASIOLÓGICOS ou ALFABÉTICOS. Mas há também os que são organizados no modelo "ideia por ideia" (cf. Grupo IV anterior): chamam-se ANALÓGICOS ou ONOMASIOLÓGICOS. Os quatro últimos dicionários da página 14 são onomasiológicos. Os demais são dicionários semasiológicos temáticos.

Como o hábito das pessoas é saber qual o significado de uma palavra, a prática comum é consultar os dicionários alfabéticos, ou seja, partir do significante (modelo: esquerda para direita). Já os dicionários de ideias têm como principal diferença o fato de que o consulente pode recorrer a eles quando está à procura de uma palavra que não sabe qual é (modelo: direita para esquerda).

[5] Maria Tereza Biderman (1998, p. 131-41) afirma: "De um modo geral, os lexicólogos e lexicógrafos sabem que uma macroestrutura de 50.000 verbetes é mais do que suficiente para o grande público."

DICIONÁRIO SEMASIOLÓGICO (sema/semasía + logo = significação + tratado): obra lexicográfica organizada geralmente em ordem alfabética por significante.
Exemplos:

SIGNIFICANTES	SIGNIFICADOS
– chilrear......................	*emitir chilros (o canto dos pássaros).*
– coaxar......................	*soltar a voz (sapos e rãs).*
– crocitar......................	*grasnar (som produzido por corvos, gralhas, corujas).*

DICIONÁRIO ONOMASIOLÓGICO (onoma/onomasía + logo = nome + tratado): obra lexicográfica organizada a partir dos significados [conceitos].
Exemplo:

CONCEITO [SIGNIFICADO]	SIGNIFICANTES
– "vozes de animais"..............	*chilrear, coaxar, crocitar...*

N. do Autor:
A bibliografia de dicionários fraseológicos monolíngues em português é escassa. Citem-se o *Dicionário de Provérbios, adágios, ditados, máximas, aforismos e frases feitas* (Porto Edit., 2009 – a 1ª ed. é de 2000), o *Tesouro da Fraseologia Brasileira*, de Antenor Nascentes (Nova Fronteira, 1986 – a 1ª ed. é de 1945), o *Dicionário de Locuções da Língua Portuguesa*, de Euclides Carneiro da Silva (Bloch Ed., 1975 – 1ª ed.), o *Adagiário Brasileiro*, de Leonardo Mota (José Olympio, 1982), o *Dicionário Brasileiro de Provérbios, Locuções e Ditos Curiosos*, de Raimundo Magalhães Jr. (Ed. Borges e Damasceno, 1974 – a 1ª ed. é de 1960), e *Frases Feitas*, de João Ribeiro (ABL, 2009 – a 1ª ed. é de 1908-9, em dois volumes).
Também podem ser organizados em ordem alfabética ou a partir de conceitos/temas.

2.2. METALEXICOGRAFIA: UM PERCURSO

As denominações mais usuais para os estudos que fazem a análise crítica dos dicionários são LEXICOGRAFIA TEÓRICA ou METALEXICOGRAFIA, termos que servem para distinguir uma dimensão teórica nos estudos lexicográficos, tendo como foco as questões que envolvem a confecção de dicionários. Com isso, amplia-se a possibilidade de análise crítica dos dicionários e se aprofunda a compreensão em torno de sua diversidade e de suas características – inclusive ideológicas.

O primeiro dicionário de que se tem notícia foi feito há mais de 4 mil anos, como conta Mauro Villar (2002, p. 195-6). Isso aconteceu

> no tempo em que os amoritas dominavam a Babilônia e a Mesopotâmia, e no Egito o Médio Império florescia. A biblioteca em que foi encontrado pertencia aos reis de Ebla, cidade bíblica cujo fastígio se deu na Idade do Bronze, e que, destruída pelos hititas em 1600 a.C., só em 1968 seria redescoberta no Norte da Síria. A biblioteca é formada por cerca de 17 mil tabletes de argila e fragmentos, e o dicionário, bilíngue, eblaíta-sumeriano, foi compilado entre 2350 e 2300 a.C.

Os gregos, a partir do século I de nossa era, fizeram dicionários, assim como houve lexicógrafos escolásticos durante a Idade Média. Mas qual a afinidade dos primitivos dicionários com os atuais? Como nasceram os dicionários modernos?

Sua gênese está ligada a dois fenômenos. Em primeiro lugar, ao estabelecimento dos romanços como línguas nacionais, processo que se inicia seguramente já no fim do século IV, com a fixação posterior de sua gramática e seu levantamento lexical em relação ao latim. Em segundo lugar, com a prática das chamadas anotações interlineares (*glosae*) nos cimélios medievais (a partir do século VII), glosas essas que acabaram por grupar-se no final dos livros e posteriormente tornaram-se livros autônomos (*glosarii*). Os primeiros dicionários dessa nova fase, assim como acontecia com a maior parte dos da Antiguidade, eram bilíngues, geralmente confrontando o latim com as línguas vernáculas. Seu público-alvo eram não só os estudantes, mas viajantes, comerciantes, evangelizadores, diplomatas etc.

O primeiro dicionário do português é considerado o do bacharel formado em Cânones e poeta Jerônimo Cardoso – uma obra bilíngue: *Hieronymi Cardosi Lamacensis Dictionarium ex Lusitanico in latinum sermonem. Ulissipone: Ex offic. Joannis Alvari* 1562. Houve antes do seu aparecimento alguns glossários, mas obras pequenas, pouco importantes. Cardoso foi professor de Humanidades na Universidade, quando esta tinha sede em Lisboa e morreu nessa cidade em 1569. Este seu famoso dicionário teve diversas edições, até 1694.

Para seguirmos com essa história até chegarmos aos dicionários gerais brasileiros dos dias de hoje, precisamos antes dizer que, no século XVIII, foi publicado em Portugal um trabalho monumental, em dez volumes (dois eram suplementos), o *Vocabulário Português e Latino*, do padre Rafael Bluteau (1638-1734): primeiro tomo no ano de 1712, e o décimo tomo em 1728. Embora seja um dicionário bilíngue, a parte relativa à nossa língua é praticamente uma descrição do léxico português daquela época.

Essa referência é importante porque é a obra de Bluteau que dá origem ao mais conhecido dicionário brasileiro do século XIX, o *Dicionário de Morais*, de Antônio de Morais Silva , natural do Rio de Janeiro (onde nasceu em 1757). O livro foi publicado (com a autoria principal atribuída a Bluteau) em Portugal em 1789 e, por esse motivo, muitos não o consideram o primeiro dicionário brasileiro. A segunda edição (de 1813, em dois volumes) já estava inteiramente sob a responsabilidade de Morais. Essa foi a edição que serviu de base para a publicação fac-similada de Laudelino Freire em 1922 e que gozou de grande prestígio ao longo de boa parte do século XX.

Morais, que faleceu em Pernambuco em 1825, também é o autor das edições de 1823, ampliada por José de Figueira, e de 1831 (póstuma), enriquecida de uma grande seleção lexical, acrescentada e corrigida por José de Oliveira Velho, que se guiou pelos apontamentos de Morais. É considerada por alguns estudiosos a melhor, superior à edição fac-similada por Laudelino, baseada na de 1813 – mas não é exatamente a obra do autor.

É na edição de 1831 que encontramos um argumento para defender a ideia de que Antônio de Morais Silva é sim o autor do primeiro dicionário geral brasileiro, como explica Gladstone Chaves de Melo (1947, p. 14):

> Entretanto, o velho Morais prosseguia na sua penosíssima faina de vocabularista, "no sertão de Pernambuco", como nos informam os referidos editores, e, ali, "em horas furtadas à vida rústica, tornava a ler e conferir os autores capitais da Língua Portuguesa

e ainda achava que recopilar deles artigos que não vêm nos dicionários mais amplos" (Prólogo dos editores da 4ª edição).

O *Morais*, como ficou conhecido, teve depois disso sucessivas reedições, as quais foram sendo desvirtuadas por seus editores e reorganizadores. A 5ª é de 1884: continua a não ser Morais e foi calcada em numerosos verbetes do Padre Pedro António de Castro, sob a direção do Dr. Dámaso Monteiro. Outras se seguiram: a última delas (a 10ª), publicada entre 1949 e 1959, tem 12 volumes e foi aumentada e atualizada em Portugal por Augusto Moreno, Cardoso Júnior e J. Pedro Machado.

Durante muito tempo as palavras "morais" e "dicionário" foram sinônimas na sociedade de luso-brasileira, pois a obra, como dissemos, constituiu-se fonte obrigatória de consulta da sociedade letrada. É o que se constata no trecho de uma crônica de Machado de Assis, em que o escritor discorre sobre uma palavra cujo uso ele defendia sob a alegação de que "lá a pôs no seu dicionário o nosso velho patrício Morais" (Bons Dias!, 22/03/1889).

Nosso percurso pela história dos dicionários gerais brasileiros não pode deixar de citar a obra que o goiano Luís Maria da Silva Pinto (1775-1869) publicou em 1832 em Ouro Preto pela Tipografia Silva (de sua propriedade). É o *Dicionário da Língua Brasileira*, que se destaca não apenas por ter sido o primeiro dicionário monolíngue publicado no Brasil, mas também por empregar em seu título a expressão "língua brasileira".

Sua pretensão era registrar a língua adotada no Brasil e por isso o autor fazia a ressalva de que não fizera um dicionário da língua "que proferem os índios", como se lê na seguinte passagem:

> Temos uma língua em que devemos escrever de preferência a todas as existentes, embora nos fosse legada pelos conquistadores portugueses, nem vejo obstáculo ou impropriedade em chamá-la brasileira. Tomar-se-á sempre, não há dúvida, por língua portuguesa, mas modificada em sua índole pela influência do clima e do caráter dos nacionais e enriquecida pela introdução de grande cópia de vocábulos que são peculiares, e que sem eles não nos saberíamos exprimir a respeito de muitas coisas, os quais não só passaram às línguas da Europa como à linguagem científica (...) pois por língua brasileira se não pode tomar a língua primeira de nossos indígenas, que já não é língua vernácula do Brasil.

Como explica Olga F. Coelho (cf. *link* abaixo), a obra "não reivindica, explicitamente, autonomia para o português falado na América" e não contém "menção direta a qualquer nível de emancipação *do nosso idioma* em relação ao português europeu". Sua nominata não é formada apenas por palavras em uso no Brasil, no entanto,

> apesar de estar aparentemente afastado dos projetos literários e linguísticos que animaram o século XIX, o DLB oferece rico registro de variantes do português que se usava àquela época no país. Curiosamente, parece ter sido decisivo para esse registro o fato de o autor ocupar-se da tipografia: das soluções gráficas e de organização de seu texto é que emergem dados sobre a diversificação da língua portuguesa no Brasil.
>
> (Fonte: http://www.brasiliana.usp.br/node/392)

Portanto, caso se aceite a alegação de que o *Morais*, por ter sido publicado em Portugal, não é o primeiro dicionário brasileiro da língua portuguesa, pode-se aceitar que o dicionário de Silva Pinto (reeditado em 1996 em edição fac-similar pelo Centro de Cultura Goiânia, da Sociedade Goiana de Cultura) é o pioneiro da lexicografia geral no Brasil.

Não era propriamente um dicionário de brasileirismos e teve uma única edição. Na prática, então, o dicionário que servia aos brasileiros como fonte de consulta era mesmo o *Morais*.

N. do Autor:
No Brasil, rivalizava com o *Morais* o *Dicionário Caldas Aulete*, cuja segunda edição (de 1925) mereceu de Gladstone Chaves de Melo o seguinte elogio: "O grande valor do *Aulete* reside nas definições. Definições magistrais, exatas, concisas, suficientes e esplendidamente redigidas. É, sem favor, o dicionário que melhor define." (1947, p. 45). Embora tenha tido ampla circulação no Brasil, o *Dicionário Caldas Aulete* faz parte da história da lexicografia de Portugal e, por isso, não figura no nosso pequeno inventário. Apenas em 1958, na 4ª edição, o *Aulete* saiu por uma editora brasileira (Delta, do Rio de Janeiro). Também não incluímos um outro dicionário lusitano que fez sucesso em nossa terra ao longo da maior parte do século XX: o *Novo Dicionário da Língua Portuguesa*, de Cândido de Figueiredo – cuja 7ª edição foi publicada no Rio de Janeiro em 1939 pela editora Jackson.

Pelos motivos apresentados, a história da lexicografia geral no Brasil, para muitos pesquisadores, começa de fato apenas em 1938, ano em que a editora Civilização Brasileira publica o *Pequeno Dicionário Brasileiro da Língua Portuguesa*, assim apresentado por Maria Teresa Biderman em artigo publicado em 2003:

> Somente em 1938 o português brasileiro passou a contar com um dicionário que registrou seu patrimônio lexical: o *Pequeno dicionário brasileiro da língua portuguesa* (PDBLP), obra modesta e de porte reduzido. (...) Esse dicionário teve um sucesso extraordinário para a época, constituindo-se num *best-seller* no Brasil atrasado e rural de então. Até a 3ª edição de 1942 vendeu 100.000 exemplares. Nessa edição Aurélio Buarque de Hollanda Ferreira aparece como colaborador e redator. A partir da 6ª edição do *PDBLP*, Aurélio Buarque de Hollanda Ferreira passou a ser o principal editor, tendo trabalhado intensamente em todas as edições sucessivas. O *PDBLP* teve onze edições, sendo a última de 1967.

A produção de dicionários no Brasil ganhava então impulso. Enquanto a Academia Brasileira de Letras se arrastava nos planos de publicação de seu dicionário, um de seus membros, Laudelino Freire, lançava em 1939 o primeiro dos cinco volumes de seu *Grande e Novíssimo Dicionário da Língua Portuguesa*.

Biderman (2003) assim comenta essa obra:

> Desde a fundação da Academia Brasileira de Letras (ABL), Machado de Assis programara a elaboração de um vocabulário de brasileirismos. Em 1926-27 a ABL começou a imprimir e rever a primeira parte desse trabalho, que não chegou a ser publicado. Posteriormente houve tentativas frustradas de retomar o empreendimento. Laudelino Freire apresentou um projeto de dicionário à Academia (...). Como o projeto da ABL se desenvolvia lenta e precariamente, Laudelino decidiu elaborar um dicionário do

> português e montou sua equipe para tal fim. O *Grande e novíssimo dicionário da língua portuguesa*, organizado por Laudelino Freire, foi publicado no Rio de Janeiro de 1939 a 1944. O dicionário (...) prima pela riqueza vocabular, com a inclusão de muitas locuções e expressões, neologismos e termos técnicos, além de outras qualidades como numerar as acepções das palavras-entrada. Entre outros problemas apresenta o de não ter cuidado com a inclusão de vocábulos meramente virtuais e não documentados na língua. (...) Não obteve grande sucesso e não chegou a uma segunda edição.[6]

Na sessão de 17 de outubro de 1908, a Academia Brasileira de Letras travou as primeiras discussões que visavam à publicação de um dicionário da língua portuguesa. O projeto se arrastou durante décadas, e a obra só foi publicada depois de Afrânio Peixoto ter conseguido que a Academia aprovasse (na sessão de 4 de abril de 1940) a contratação do filólogo Antenor Nascentes para executar a tarefa e aceitasse sua sugestão de tomar como "modelo para a obra o *Dicionário da Real Academia Espanhola*, que tem séculos de consagração".

O trabalho ficou pronto e foi aprovado em 1943. Dezesseis anos depois, a Imprensa Nacional publicou o primeiro de seus quatro tomos, completando a série apenas em 1967. A obra, em versão ilustrada e em fascículos, voltaria a ser publicada em 1972 pela editora Bloch, desta vez compondo seis volumes. A nominata do dicionário de Nascentes totaliza aproximadamente 100.000 verbetes, os quais só têm alguma abonação elucidativa quando o autor julgou necessário fazê-lo. Como Biderman (2003, p. 58) comenta, "apesar das muitas qualidades", a obra não foi muito bem sucedida: "primeiro, porque foi publicada muitos anos depois de concluída e não há nada que envelheça mais do que o léxico; segundo, porque resultou em obra volumosa e o público comprovadamente prefere compulsar uma obra lexicográfica em apenas um volume e que lhe custe menos."

O dicionário geral de Nascentes, que seria o terceiro (ou quarto, conforme o ponto de vista), ficou para trás na fila cronológica. Em 1946, José Mesquita de Carvalho publica o *Dicionário Prático da Língua Nacional*, obra em dois volumes que teve doze edições, a última (com quatro volumes) em 1968. Em 1953, sai o *Dicionário Brasileiro Contemporâneo*, organizado por Francisco Fernandes e Marques Guimarães, dezoito vezes republicado até 1991, também com o nome de *Dicionário Brasileiro Globo* e com a colaboração de Celso Pedro Luft.

Na linha do tempo, aparecem então (de 1959[7] a 1967) o *Dicionário da Língua Portuguesa*, de Antenor Nascentes, e depois os cinco volumes do *Novo Dicionário Brasileiro Melhoramentos*, lançado em 1962, organizado por Adalberto Prado e Silva.

A lista de dicionários, a partir de então, aumenta consideravelmente e por isso damos um pequeno salto para chegar às referências principais dos dias de hoje e citar como os mais representativos dicionários gerais brasileiros da atualidade: o *Dicionário Houaiss* (1ª edição em 2001; mais recente edição: 3ª em 2009), o *Novo Dicionário Aurélio* (1ª edição em 1976; mais recente edição: 5ª em 2010), o *Moderno Dicionário da Língua Portuguesa Michaelis* (1ª edição em 1998, incorporando o antigo *Grande Dicionário Brasileiro*

[6] O dicionário de Laudelino Freire teve duas reimpressões: 1954 e 1957.

[7] "A obra foi impressa e o primeiro tomo saiu em 1959 a lume", como informa o texto de Austregésilo de Athayde no Prefácio da edição de 1988, publicada por Bloch Editores.

Melhoramentos; mais recente edição: 2007) e o *Dicionário de Usos do Português do Brasil*, de Francisco da Silva Borba (1ª edição em 2002). Para outras leituras mais pormenorizadas a respeito dos dicionários de nossa língua, acrescentamos algumas indicações de leitura que poderão ajudar a aprofundar um painel sobre o tema.

PARA CONHECER MAIS A METALEXICOGRAFIA[8]

(1) *Apostilas aos Dicionários Portugueses*, de Gonçalves Viana. Lisboa: Livraria Clássica (a 1ª edição é de 1906):

Obra em dois volumes, contém adendos e observações que remetem para defeitos e deficiências encontrados nos verbetes de dicionários publicados até então. O autor dá relevo a questões de etimologia, mas também faz reparos sobre algumas definições.

(2) *Insuficiência e Deficiência dos Grandes Dicionários Portugueses*, de Affonso de E. Taunay. Tours: Arrault & Cia. (a 1ª edição é de 1928):

O livro, publicado na França, tem o subtítulo "polêmica com o Sr. Cândido de Figueiredo". No entanto, a despeito da curiosidade que possa despertar o litígio com o lexicógrafo português, importa observar nas palavras sarcásticas do autor várias referências a outros dicionários do português e sua grande preocupação em pelo menos seis de seus dezoito capítulos quanto à "deficiência dos grandes dicionários da língua em matéria de brasileirismos".

(3) *Dicionários Portugueses*, de Gladstone Chaves de Melo. Rio de Janeiro: Ministério da Educação e Saúde (a 1ª edição é de 1947):

O livro reúne em 77 páginas uma alentada descrição e análise dos dicionários do português, desde o de Jerônimo Cardoso (de 1570) até o de Laudelino Freire (de 1939), passando por obras como o *Elucidário de Viterbo* (sobre o português arcaico, lançado em 1798), o *Dicionário de Constâncio* (de 1836, que peca em matéria de etimologia, mas que se destaca pelo "rigor técnico e exatidão nas definições": teve pelo menos doze edições), o *Dicionário de Eduardo Faria* (de 1840, rebatizado em 1858 como *Dicionário de Correia de Lacerda*: ambos "sem valor"), o *Dicionário de Roquette* (de 1850), o *Dicionário do Frei Domingos Vieira* (de 1871, que tem uma introdução de 199 páginas sobre a língua portuguesa escrita por Adolfo Coelho), o *Aulete* (de 1881, com 2ª edição em 1925), o de Cândido de Figueiredo (de 1899), o *Dicionário Etimológico*, de Antenor Nascentes (de 1932: "obra de valor", mas que "deve ser manuseado com bastante cautela") e o *pequeno Dicionário Brasileiro da Língua Portuguesa* (de 1938, publicado pela editora Civilização Brasileira, então na 6ª edição: "dicionário escolar por excelência", que contava com a destacada atuação de Aurélio Buarque de Holanda).

(4) *Dicionários: parentes e aderentes*, de Átila Almeida. João Pessoa: FUNAPE (a 1ª edição é de 1988):

Contém a bibliografia de dicionários, enciclopédias, glossários e vocabulários e livros afins em que entra a língua portuguesa. Organizada alfabeticamente pelo sobrenome de cada autor, o livro inclui dois índices bastante elucidativos: um com os assuntos tratados nas obras citadas; outro com a cronologia das obras – a primeira, de 1569, é o *Dictionarum ex-lusitanico in latinicum sermonem*, de Jerônimo Cardoso, que Serafim da Silva Neto (1988, p. 249) informa ter tido uma edição em 1562.

[8] A lista é apenas de títulos em português. Acrescento duas indicações em língua inglesa: *Dictionaries: the art and craft of lexicography*, de Sidney Landau (Cambridge: CUP – a 1ª ed. é de 1989) e *Teaching and Researching Lexicography*, de R. K. Hartmann (London: Longman, 2001).

(5) *Organização de Dicionários: uma introdução à lexicografia*, de Francisco da Silva Borba. São Paulo: UNESP (a 1ª edição é de 2003):

Livro que apresenta uma "seleção de elementos teóricos que podem ou devem nortear a montagem de um dicionário de língua", nele considerado como "um guia de uso" (p. 15). Trata detidamente do léxico (cap. 2) e das alterações semânticas (cap. 3) para ao final explicar como se dá a montagem de dicionários de língua.

(6) *Dicionários: uma pequena introdução à lexicografia*, de Herbert Andreas Welker. Brasília: Thesaurus (a 1ª edição é de 2004):

Além de apresentar uma visão cronológica sobre os dicionários de diversos países e de tratar de sua tipologia, o livro se dedica sobretudo ao estudo e descrição de dicionários monolíngues e bilíngues, com propostas para sua composição e organização.

(7) *Dicionários Eletrônicos Aurélio e Houaiss: recursos informáticos de que dispõem, semelhanças e diferenças*, de Lidia Almeida Barros. São Paulo: Annablume, Fapesp (a 1ª edição é de 2005):

O livro descreve o funcionamento da versão eletrônica dos dicionários Aurélio e Houaiss, colocando em evidência as diferenças existentes entre eles e explicando os tipos de informação que cada um coloca em evidência.

2.3. METALEXICOGRAFIA: CASOS SELECIONADOS

Como dissemos no início deste capítulo, os dicionários nos fornecem uma imagem do léxico.

A organização dos verbetes de um dicionário alfabético engloba informações importantes sobre cada significante. Um bom dicionário semasiológico não informa apenas quais os significados daquela palavra. Vejamos a seguir como se organizam normalmente os verbetes dos dicionários alfabéticos. Para isso, comecemos reproduzindo a imagem do verbete "talvez", da edição eletrônica do *Dicionário Houaiss* (vrs. 2009):

talvez *Datação:* 1789 *Ortoépia:* ê

Acepções | Locuções

■ advérbio
1 indica possibilidade, mas não certeza (empr. freq. com o verbo no subjuntivo e, raras as vezes, com o verbo no indicativo); acaso, quiçá, porventura
Ex.: *um dia t. venhamos a saber da verdade*
estes são, t., os únicos exemplares da espécie que sobreviveram
2 Uso: formal.
ocasionalmente, eventualmente; alguma vez
Ex.: *plantas não aguadas t. medram nesse terreno turfoso*
3 Uso: formal.
às vezes; por vezes
Ex.: *t. ele, num bom repasto, começa a beber demais*

Acepções | Locuções

***t. (...) t.**
Estatística: pouco usado.
ora... ora; umas vezes... outras vezes
Ex.: t. chora, t. ri

Etimologia

tal + vez;
orign. 'alguma vez, certa vez', daí a noção de dúvida

Na primeira linha, temos a ENTRADA do VERBETE, em negrito, seguida da sua datação (informação sobre o mais antigo registro escrito dessa palavra) e sua correta pronúncia (ortoépia é a parte da gramática que estuda a correta pronúncia das palavras).

Na ficha que se abre, vemos duas abas, a das acepções e a das locuções. Na reprodução, transpusemos o conteúdo da segunda aba para abaixo da primeira. A primeira informação na aba das acepções é a classe gramatical de "talvez" (advérbio); seguem-se as explicações sobre as três acepções dessa palavra, indicando-se ainda que as duas últimas têm uso formal. Na aba das locuções, há uma informação sobre a área de saber que costuma empregá-la e sobre sua pouca utilização. Nas duas abas, cada significado é concluído com um exemplo de frase que atesta aquele valor semântico.

Ao final, uma outra aba mostra a etimologia da palavra "talvez", formada pela combinação dos verbetes "tal" e "vez".

O segundo exemplo, extraído do *Dicionário Aurélio* (vrs. 2010), mostra o verbete "credo":

credo

[Subst. do lat. credo, 1ª pess. do sing. do pres. ind. de credere, 'crer'.]

Substantivo masculino
1. Rel. **Oração cristã iniciada, em latim, pela palavra credo (creiol) e que encerra os artigos fundamentais da fé católica.** [Sin., *creio em deus padre e creio em deus pai.*]
2. Lit. Parte da missa (1) 1ue se inicia con essa oração, recidada ou cantada. [V. *liturgia da missa.*]
3. Profissão de fé.
4. Fé religiosa.
5. Preceitos ou normas por que se rege uma pessoa, um partido, uma seita etc.
6. Programa ou doutrina de um partido.

Interjeição.
7. Exprime espanto e aversão; credo em cruz, creio em deus padre, creio em deus pai, cruz-credo, cruzes.

- **Antes de um credo.** Num átimo; em menos de um credo:
"O ladrão, porém, pôs as unhas de fora antes de um credo." (Miguel Torga, Bichos, p. 50.)
- **Com o credo na boca.** 1. Em grande perigo. 2. Com muito medo.
- **Em menos de um credo.** V. *antes de um credo*:
"as três lâmpadas que lá estavam se sumiram pelo mesmo caminho em menos de um credo."
(José Saramago, Memorial do Convento, [8ª ed.] p. 21).
- **(Estar) como Pilatos no credo.** Ver-se envolvido numa questão sem por ela ser responsável.
- **Num credo.** V. *em menos de um credo.*

A ficha lexicográfica começa, como de praxe, com a ENTRADA do VERBETE, seguida da informação sobre sua etimologia. A palavra é apresentada em suas duas categorias gramaticais: a principal é "substantivo masculino", que tem seis acepções; a segunda é "interjeição". As abreviaturas indicam as áreas de saber a que se referem as acepções 1 e 2 (religião e liturgia). Há também indicações sobre sinonímia e uso familiar (em 1) e uma remissão para outro verbete (em 2). Ao final da ficha, são listadas cinco locuções, duas delas abonadas com exemplos literários.

Vejamos agora uma das maneiras como se pode organizar um dicionário analógico. O primeiro exemplo que escolhemos é do *Dicionário Mais: da ideia às palavras*. Escaneamos uma ilustração da página 372, onde destacamos o verbete "moinho". Num dicionário alfabético comum, encontraríamos os significados desse substantivo. Aqui, o que se encontra são as ideias do campo semântico de "moinho" e a identificação da palavra a que cada uma remete, incluindo imagens que ajudam a identificar o vocabulário específico desse tipo de construção.

Após a entrada do verbete, o dicionário nos dá estas indicações semântico-lexicais:

MOINHO → desenho
– Num moinho, cilindro de pedra que esmaga o grão: MÓ
– Num moinho, peça por onde passa o grão para moer: TREMONHA
– Canal que conduz a água até a roda do moinho: LEVADA
– Palhetas da roda de um moinho de água: PENAS, PÁS
– Dono de um moinho: MOLEIRO
– Simbologia do moinho: JUSTIÇA DO DESTINO; JUÍZO DIVINO; FORÇA DA PALAVRA
– Antigamente, moinhos acionados pelo homem A SANGUE
– Na Roma antiga, sacerdotisas virgens que coroavam de fitas os moinhos, em honra de Vesta: VESTAIS
– Moinho da época romana, acionado por animais: ATAFONA
– Moinho rústico tibetano que une os dois cosmos: DE ORAÇÃO
– Moinho movido a água e com roda vertical: AZENHA
– Moinho que aproveita as marés para se movimentar: DE MARÉ
– Moinho movido pelo vento: EÓLICO

Moinhos de vento e moinhos de água

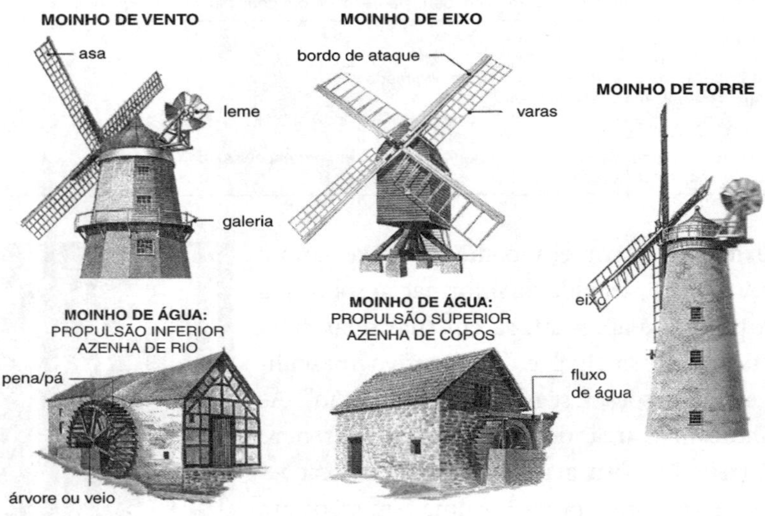

O segundo exemplo foi colhido no *Dicionário Analógico da Língua Portuguesa*, de Francisco Azevedo. Vamos para a classe de ideias a que o autor chama de "afeições pessoais". As entradas dos verbetes são numeradas para facilitar a consulta cruzada. Escolhemos o verbete 833:

833. Saudade, lembrança, tristeza suave, pesar, mágoa, nuvem, soledade, lembrança suave e triste, "gosto amargo de infelizes, delicioso pungir de acerbo espinho", suspiros, queixume, gemido, lamento 839; soluço, singulto, nostalgia, *mal du pays*, *maladie du pays*, recordo, recordação, a doçura suave e fugace de uma recordação, *laudator temporis acti* (*descontentamento*) 832; soledade
V. lamentar, deplorar, chorar 839; recordar-se, ter um peso no coração, volver com enternecimento os olhos para o passado, levar num cantinho como uma relíquia a recordação simpática de; ter, carpir, amargurar, suspirar, sentir saudades; ter ainda dentro d'alma a saudade de, gemer saudoso, suspirar, levar alguém atravessado, morrer de saudades por, ter saudades de, levar no espírito um tesouro de recordações, deixar um vácuo impreenchível, dar rebates de saudades a alguém.
Adj. Lamentador; nostálgico, saudoso, suspiroso, que inspira saudades, magoado, terno, comovente; fremente, torturado, morto, ralado de saudade; recordativo, recordatório.

A lista é vasta, contém palavras isoladas (substantivos, verbos e adjetivos), contém locuções que parafraseiam a "afeição pessoal", reproduz enunciados parafraseadores quase completos e indica "pontes semânticas" com outros verbetes (indicados por números), propondo entrelaçamentos que podem não ter fim. Um deles tem o número 839 (LAMENTO), palavra que ocupa quase duas páginas inteiras do dicionário e remete a muitos outros verbetes (como MERENCÓRIO 828, CONSTERNAÇÃO 837, CLAMOR 411, CONDOLÊNCIAS 915).

*

Para concluir estas pequenas considerações sobre características dos dicionários, voltemos aos dicionários semasiológicos ou alfabéticos. Os próximos exemplos não são de dicionários gerais, mas de obras temáticas. Comecemos com o *Glossário de Termos da Moda*, de Emilia Peixoto Farias, que dispõe os verbetes em ordem alfabética, mas primeiro os distribui em quatro grandes campos (tecido, padrão, vestuário e estilo). Isso nos permite dizer que é um procedimento comum fazer na MICROESTRUTURA dos dicionários temáticos algum tipo de cruzamento entre os dois modelos.

Portanto, um trabalho como o *Glossário de Termos da Moda*, publicado em 2003, pode ser visto como um produto lexicográfico específico sobre um tema, devendo ser entendido como um livro que tem por objetivo sanar dúvidas que seus leitores tenham a respeito de um termo técnico dessa área de saber. Por outro lado, é também um produto das reflexões da autora sobre essa mesma área e resulta de uma metodologia fundamentada. No caso do *GTM*, as bases teóricas resultaram em seis objetivos para o livro:

(a) sistematizar o conhecimento nessa área;
(b) difundir esse conhecimento;
(c) elaborar informações especializadas;
(d) registrar, arquivar e recuperar essas informações;
(e) contribuir para a normalização terminológica da área;
(f) oferecer base terminológica para glossários bilíngues e/ou multilíngues fortalecendo o binômio língua portuguesa/língua estrangeira.

É bem provável que esses objetivos possam ser tomados como primeiras referências para qualquer dicionário ou glossário temático de uma área de conhecimento. Por isso, outro ponto que interessa para nossas reflexões é a eventual interpenetração entre a LEXICOGRAFIA, a LEXICOLOGIA, a TERMINOLOGIA e a TERMINOGRAFIA[9].

Vamos então completar aquele quadro das ciências do léxico que vimos algumas páginas atrás, repetindo o modelo "perguntas e respostas".

O que é TERMINOLOGIA?

A palavra TERMINOLOGIA pode ter duas acepções distintas. A primeira refere-se ao conjunto vocabular próprio de uma ciência, técnica, arte ou atividade profissional, como por exemplo a terminologia da Informática, da Biotecnologia, do Direito, da Música, etc. A segunda acepção designa não só o conjunto de práticas e métodos utilizados na compilação, descrição, gestão e apresentação dos termos de uma determinada linguagem de especialidade (= terminologia enquanto atividade), como também o conjunto de postulados teóricos necessários para dar suporte à análise de fenômenos linguísticos concernentes à comunicação especializada, incluídos aí os termos, evidentemente (= terminologia enquanto teoria).

O que é TERMINOGRAFIA?

A TERMINOGRAFIA é uma disciplina intimamente ligada à TERMINOLOGIA e compreende o registro, tratamento e apresentação de dados terminológicos obtidos em pesquisa terminológica. Difere, mas não se distancia, da LEXICOGRAFIA por apresentar as informações apenas da área de conhecimento de que trata, de modo muito mais recortado ou delimitado, normalmente vinculado a um conjunto textual de referência reconhecido pelo consulente da obra, tal como se tivesse sido elaborado especialmente para um determinado segmento de usuários. Assim, muitas informações não precisam ser explicitadas no verbete, pois o terminógrafo parte da pressuposição, empiricamente fundamentada, de que não são necessárias. Um princípio teórico básico da TERMINOGRAFIA é que para cada conceito diferente deve corresponder uma entrada diferente, devidamente sinalizada. Nesse sentido, definições diferentes pressupõem conceitos diferentes, individualizados, válidos em determinadas situações e não em outras. Numa concepção de TERMINOLOGIA de viés comunicativo e textual, segundo a qual a apresentação da informação é dirigida e modelada para o usuário, o estatuto terminológico de uma unidade é dado por sua pertinência a um determinado tipo de texto. Isto é, nenhuma unidade lexical é *a priori* um termo, e só se torna um termo à medida que essa condição é ativada em um ambiente textual e discursivo.

Como lembram Beviláqua & Finatto (2006, p. 53) os "desvendamentos" da lexicografia e da terminografia não são antagônicos, mas complementares. Como também são complementares os "desvendamentos" da lexicologia e da terminologia. Está então formado um "quarteto mágico" nos estudos do léxico, assim ilustrado:

[9] A primeira resposta, de novo, adapta material disponível na página do GTLex da ANPOLL, originalmente escrito por Gladis Maria de Barcellos Almeida e Margarita Correia (http://www.mel.ileel.ufu.br/gtlex). A segunda resposta é uma adaptação livre do que dizem Cleci Regina Bevilacqua e Maria José Bocorny Finatto, no artigo "Lexicografia e Terminografia: alguns contrapontos fundamentais", publicado no nº 50 da revista *Alfa*, p. 49-51. As quatro colegas são membros efetivos do GTLex da ANPOLL.

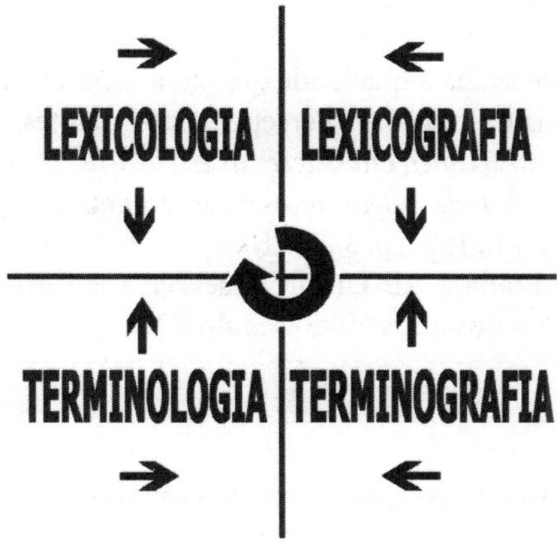

No *GTM* vamos buscar duas entradas, uma do subdomínio "tecido" (o verbete "tafetá"), outra do subdomínio "vestuário" (o verbete "*jeans destroyed*").

tafetá s. m. s.
Tecido irisado, opaco, sedoso, usado na confecção de roupas de festa.
"A noite pede mais requinte. Vestidos longos, justos ou rodados, véus curtos ou longos, obedecendo sempre o seu estilo próprio. Os tecidos podem ser mais nobres como <tafetá>, zibeline, chantung, rendas bordadas, etc." (*Noivas e Noivos*, 1997, p. 146)
Nota: Forma adaptada do persa *tãftah*, particípio passado de *tãften* "tecer", pelo francês *taffetas*.

jeans destroyed sin. nom. m. s.
Jeans com aspecto acabado, muito usado, velho, "destruído".
"A sensualidade aparece nas peças curtíssimas, nos algodões suaves, laises e cambraias. O <jeans destroyed> em diferentes lavagens é mais agressivo, mas não menos sexy. Pontos fortes: shirt-dress de cambraia, os microshorts, calcinhas e bodies de jeans e estampas de flores miúdas." (*Vogue Brasil*, 08/1999, p. 57)
Nota 1: Empréstimo do inglês.
Nota 2: Associa-se ao estilo *grunge* dos anos 90.

As fichas lexicográficas também começam com as ENTRADAS, mas se observa na segunda que, em vez de uma palavra ("tafetá" é substantivo masculino singular), temos um sintagma nominal masculino singular. Seguem-se os dois campos principais: a significação do termo na área e a exemplificação (extraída de *corpus* pertinente). As notas finais podem ser etimológicas, lexicológicas ("tafetá" é o aportuguesamento de um estrangeirismo; "*jeans destroyed*" é um empréstimo), enciclopédicas (sobre o estilo *grunge*), morfológicas, conforme o caso.

Tomemos agora o *Dicionário da Gestão pela Qualidade Total*, de Manoel Messias da Silva, lançado em 2010. A julgar pela obra, nessa área predominam as unidades de conhecimento especializado (UCE) formadas por sintagmas nominais: quase 90% dos verbetes. Nossa seleção de entradas recorta os casos de "qualimetria" e de "empresa de serviços".

qualimetria sf

Conjunto de métodos que avalia a qualidade quanto a aspectos de medição, a parâmetros de longo prazo, a variações na utilização e a percepções dos clientes.

Sem a <qualimetria>, é muito difícil estabelecer as estruturas de preços para os produtos, alocar os investimentos para a qualidade, julgar quais os programas a empreender, e assim por diante. (JURAN, J.M.; GRYNA, F.M., 1991, p. 343, v.I)

Nota: Sua origem é creditada à All-Union Research Institute for Standardization of the Soviet Union desde o final dos anos 60 do século XX..

---

empresa de serviços sf

Fras. **empresa de prestação de serviços; empresas prestadoras de serviços; empresa líder em serviços**

Parte interessada e dedicada à execução de tarefas que objetivam atender a terceiros dentro ou fora de suas estruturas.

O ativo mais importante de uma <empresa de serviços> é o seu quadro de funcionários. A qualidade do resultado depende muito, pois, do recrutamento, da formação e da conservação desse ativo. Investir na prevenção é investir essencialmente no recrutamento e na formação. (TEBOUL, J. 1991, p. 220)

Sin. **indústria de serviços; organização de serviços**

Cf. **organização**

A segunda UCE informa "substantivo feminino", após a ENTRADA (em vez de "sintagma nominal feminino". Os dois campos principais correspondem ao que se pratica em fichas lexicográficas: a significação do termo na área e a exemplificação (extraída de *corpus* pertinente).Há dados fraseológicos, sinonímia e remissiva na ficha 2; na ficha 1 apenas uma nota enciclopédica.

O terceiro exemplo é do dicionário temático *A Gíria do Automóvel*, de Antonio Giannella, publicado em 1976. A palavra escolhida é "chapuletada".

CHAPULETADA ou CHAPOLETADA

Termo não dicionarizado. Formado de chapar (v. chapar). É trombada, "batida" forte. O morfema sufixal **ada** tem aí ideia aumentativa, como ov**ada**, tomat**ada**, paul**ada**. A forma inicial devia ser chapuletada, isto é, uma trombada de pequenas proporções. No sistema se diz: "Dou-lhe uma chapuletada!" = Dou-lhe um tabefe.

A palavra não consta do VOLP, não consta do dicionário Houaiss, mas consta do Dicionário Aurélio (desde a edição de 1999) e do Aulete Digital. Em ambos está grafada com U (chapuletada). Nenhum dos dois indica sua formação, embora o Aulete Digital diga que sua origem é desconhecida. A ficha lexicográfica é bastante simples, tanto na estrutura como na linguagem, ficando evidente o interesse do autor nas questões gramaticais.

Para encerrar, mais um exemplo, agora de um dicionário técnico da área dos estudos linguísticos, o *Dicionário de Linguagem e Linguística*, de R.L. Trask, traduzido e adaptado por Rodolfo Ilari. A entrada não tem identificação gramatical, está acompanhada da correspondência em inglês (do dicionário original), e a explicação do termo remete internamente (e ao final) para outros verbetes.

diacronia (*diachrony*) – A dimensão temporal da linguagem. Foi o linguista suíço Ferdinand de Saussure que, no início do século XX, deu realce pela primeira vez à diferença fundamental entre **sincronia** e ***diacronia*** no estudo da língua. Na perspectiva ***diacrônica***, estudamos as mudanças que a língua sofreu ao longo de um determinado período. A maior parte dos trabalhos em **linguística histórica** tem natureza diacrônica, mas isso não é geral: há linguistas que se interessam, por exemplo, por elaborar uma descrição estritamente sincrônica do português arcaico falado ao tempo de Dom Diniz, ou do latim dos dias de Júlio César, sem considerar como a língua tinha então evoluído de uma forma mais antiga, ou aquilo que se passou com ela depois.
Ver: **linguística histórica, mudança linguística; paradoxos saussurianos; sincronia**

A partir dessa ainda que superficial observação de quatro dicionários temáticos, talvez seja melhor reconhecer que existe um saber lexicográfico ou mesmo um discurso lexicográfico e que ambos se distinguem mas também podem ser direcionados para o saber terminográfico ou discurso terminográfico. A chave está no levantamento e tratamento dos dados que comporão o léxico especializado da obra que se pretende realizar. Ou, como diz Teresa Cabré (1992, p. 245): "A atividade terminográfica integra operações de coleta, sistematização e apresentação dos termos de uma determinada área do saber ou da atividade humana."

Assim, qualquer que seja o resultado da obra elaborada pelo lexicólogo/lexicógrafo ou terminólogo/terminógrafo (nomes dados aos especialistas da área dos estudos do léxico), um dicionário tem o objetivo de levar ao seu leitor informações desconhecidas ou esquecidas. Por isso, elaborar e publicar dicionários é realizar um trabalho de utilidade pública, que serve ao homem comum e ao intelectual, ao estudante e ao pesquisador, disseminando o conhecimento e a cultura.

PARA CONHECER MAIS A TERMINOLOGIA

(1) *Curso Básico de Terminologia*, de Lidia Almeida Barros. São Paulo: EdUSP (a 1ª edição é de 2004):

O livro apresenta a história da terminologia, mostra as principais vertentes e abordagens dos estudos terminológicos (a sistemática e a descritiva), aprofunda conceitos, analisa as unidades terminológicas e descreve as tipologias das obras lexicográficas e terminográficas.

(2) *Introdução à terminologia: teoria e prática*, de Maria da Graça Krieger e Maria José Bocorny Finatto. São Paulo: Contexto (a 1ª edição é de 2004):

Obra que se divide em duas partes, uma com os fundamentos teóricos, outra com aplicações da terminologia, buscando estabelecer uma inter-relação proveitosa para os estudantes de terminologia e das linguagens especializadas em geral.

N. do Autor:

Embora não esteja nos objetivos deste livro abordar a área de estudos denominada LINGUÍSTICA DE CORPUS, não podemos deixar de mencionar sua importância e atualidade. "Hoje em dia, quando se fala em *corpus* nos estudos do léxico, imediatamente se pensa num *corpus* eletrônico, geralmente composto de um vasto contingente de palavras recolhidas das mais diferentes fontes." (Landau, 2001, p. 273).

As principais tarefas da LINGUÍSTICA DE CORPUS são: (a) compilação de *corpora*; (b) desenvolvimento de ferramentas para análise de corpora; (c) descrição da linguagem em uso; (e) aplicação das descrições baseadas em *corpora* para atividades de ensino-aprendizagem de línguas, processamento de linguagem natural por máquinas, reconhecimento de voz e tradução.

Eis algumas indicações relevantes sobre *corpora* eletrônicos disponíveis para uso e consulta:

(a) O **Banco de Português** [http://www2.lael.pucsp.br/corpora/bp/]: *corpus* de português do Brasil;

(b) O **Lácio Web** [http://www.nilc.icmc.usp.br/lacioweb/]: *corpus* do português do Brasil, que implementa ferramentas para análises linguísticas;

(c) O **Tycho-Brahe** [http://www.tycho.iel.unicamp.br/~tycho/]: *corpus* do português histórico;

(d) O ***Corpus* do Português** [http://www.corpusdoportugues.org/x.asp]: *corpus* luso-brasileiro de 45 milhões de palavras de quase 57 mil textos em português do século XIV ao século XX.;

(e) O **Linguateca** [http://www.linguateca.pt/]: centro de recursos para o processamento computacional da língua portuguesa;

No livro *Linguística de Corpus*, Tony Berber Sardinha (2004) faz uma abordagem didática dos conceitos, teorias e aplicações da LC.

3

Traçados sobre a Significação

Signo linguístico, significante, significado, discurso... O ramo dos estudos linguísticos que se dedica a examinar a significação tem o nome de SEMÂNTICA, domínio da linguagem que tem apresentado sérias dificuldades para a investigação científica, tendo em vista "a amplitude e a complexidade inerentes aos fenômenos relativos ao significado" e "o tipo de tratamento que a semântica tem recebido nos estudos linguísticos", para repetirmos a opinião de Maria Helena Marques (1990, p. 7) no primeiro parágrafo de seu livro *Iniciação à Semântica.*

A autora fala também de uma "pluralidade e diversidade das diretrizes teóricas e metodológicas propostas para o tratamento do significado" (p. 8). Talvez seja isso uma consequência natural da busca de atribuir à palavra SIGNIFICADO uma explicação "científica" que dê conta de sua importância na faculdade humana da linguagem. Revela, por outro lado, a indiscutível necessidade de examinar os mecanismos gramaticais das línguas e suas relações com os processos semânticos de veiculação do sentido.

Pode-se atribuir a Michel Bréal (1832-1915) o emprego da palavra SEMÂNTICA como "ciência das significações" – inclusive, é esse o subtítulo de seu livro *Ensaio de Semântica.* Bréal é autor de um artigo publicado em 1883, no qual se lê (pela tradução de Marques, 1990, p. 33):

> O estudo que propomos ao leitor é de natureza tão nova que nem chegou ainda a receber um nome. A preocupação da maioria dos linguistas tem-se voltado sobretudo para a análise do corpo e da forma das palavras: as leis que presidem à alteração de sentidos, à escolha de novas expressões, ao nascimento e à morte das locuções foram deixadas à margem ou apenas acidentalmente assinaladas. Como este estudo, do mesmo modo que a fonética e a morfologia, merece ter seu nome, nós o chamaremos SEMÂNTICA (do verbo *semaínein*), isto é, a CIÊNCIA DAS SIGNIFICAÇÕES.

O filólogo francês toca no ponto essencial dos interesses da SEMÂNTICA e fala de estudos que **não são semânticos**, pois analisam "o corpo e a forma das palavras", e de estudos que **são semânticos**, pois têm a preocupação com a "alteração dos sentidos", a "escolha de novas expressões", o "nascimento e a morte das locuções".

A primeira parte de seu livro trata das "leis intelectuais da linguagem", a saber: a especialidade; a repartição; a irradiação; a sobrevivência das flexões; as falsas percepções; a analogia; as novas aquisições; a extinção das formas inúteis – todas disponíveis na construção das significações de uma língua.

A ESPECIALIDADE é o princípio que consiste, por exemplo, em permitir que expressões do pensamento representadas por um número maior de palavras sejam pouco a pouco reservadas a um pequeno número delas ou mesmo a uma única palavra. Esse fenômeno pode ser ilustrado, lexicalmente, com o sintagma "rabo de cavalo" ou com a palavra "equissetáceas", vistos há pouco; ou, gramaticalmente, com as formas sintéticas do superlativo, como "belíssima" e "atrasadíssimo" (em lugar de "muito bela" e "muito atrasado").

A REPARTIÇÃO é o princípio que permite que palavras sinônimas em sua origem tomem sentidos diferentes e não possam mais ser empregadas alternativamente. Na passagem do latim para o português, é o que ocorre com muitas formas divergentes, como *praga* e *chaga*, ambas decorrentes da mesma palavra latina "plaga", também existente no português.

A IRRADIAÇÃO é o princípio que transporta determinados elementos da língua de uma determinada posição/função para outra, parecendo – salvo melhor juízo – com um tipo do que hoje se chama gramaticalização. O uso de um sufixo diminutivo *-inho* ao lado de um adjetivo dá a ele o papel superlativo, igualando-o ao já citado *-íssimo*, mas diferenciando-se dele por conta dos valores afetivos que o sufixo diminutivo tem e o sufixo superlativo não tem.

A SOBREVIVÊNCIA DAS FLEXÕES é um princípio autoexplicativo, embora se deva frisar que "sobrevivência" não é sinônimo de "imortalidade" e que o termo "flexão" tem influência sobre a sintaxe. Um exemplo no português de sobrevivência está na distinção entre os pronomes oblíquos átonos O e LHE, que nos transportam para as flexões dos casos acusativo e dativo do latim.

As FALSAS PERCEPÇÕES caracterizam um princípio similar ao anterior. No português, exemplifica-se com casos de concordância atrativa, tanto do verbo com o sujeito (A maioria dos leitores *gostaram* do livro) quanto do advérbio com o adjetivo (Ela ficou *meia* zangada com você).

A ANALOGIA é o princípio que promove uma mudança linguística por reunir num mesmo paradigma elementos que, a rigor, pertencem a paradigmas diferentes. O verbo "assistir", transitivo indireto com o valor de "ver, presenciar", torna-se transitivo direto porque seus sinônimos são transitivos diretos (Ele viu/presenciou/assistiu o comício).

As NOVAS AQUISIÇÕES representam também um princípio autoexplicativo, com a ressalva de que não é algo que se caracterize apenas no campo do léxico. O infinitivo flexionado é um exemplo interessante, porque representa, entre as línguas neolatinas, um caso peculiar e exclusivo do português, sendo por isso chamado de "idiotismo".

A EXTINÇÃO DAS FORMAS INÚTEIS é mais um princípio autoexplicativo, o qual merece porém uma ressalva quanto ao adjetivo "inúteis" – melhor seria precedê-lo de "julgadas", pois afirmar a inutilidade de uma forma linguística é algo muito perigoso. Exemplifica esse caso o processo notado no português brasileiro contemporâneo com o progressivo silenciamento do pretérito mais-que-perfeito simples, substituído pelo pretérito mais-que-perfeito composto, mas também se pode lembrar o paradigma dos verbos latinos, com inúmeros tempos do *perfectum* e do *infectum*, os quais se reduziram a apenas nove tempos no português.

Como se vê, Bréal focaliza itens que são exclusivamente linguísticos e é esse o ponto que queremos destacar de toda a enumeração anterior, a SEMÂNTICA LINGUÍSTICA, a que Pierre Guiraud (1989, p. 8) chama de "semântica por excelência", atribuindo-lhe o estudo das palavras no seio da língua, buscando saber:

- O QUE É UMA PALAVRA
- QUAIS SÃO AS RELAÇÕES ENTRE A FORMA E O SENTIDO DE UMA PALAVRA
- QUAIS SÃO AS RELAÇÕES ENTRE AS PALAVRAS
- COMO AS PALAVRAS ASSEGURAM SUA FUNÇÃO

ETC...

Para prosseguir com um pouco da história da semântica e de suas principais correntes, retomo aqui, com bastantes acréscimos, alguns trechos que incluí no livro *Semântica e Estilística* (2009, p. 123-6). O intuito é explicar que os estudos semânticos tiveram, como não poderia deixar de ser, repercussões em trabalhos realizados por especialistas do campo da estilística, da etimologia, da sintaxe – e de muitos outros, como da pragmática e da análise do discurso. Não é exagero dizer que a visão dos estruturalistas teve grande influência sobre os rumos que a semântica seguiu após a divulgação, na primeira metade do século XX, das ideias de Ferdinand de Saussure (1857-1913), a partir de 1906, na França, e de Leonard Bloomfield (1887-1949), a partir de1914, nos Estados Unidos.

Saussure propõe que se investigue a maneira como, em determinado ponto do tempo, as formas e os sentidos estão inter-relacionados num determinado sistema linguístico. Ele define a tarefa da linguística como o estudo de signos por meio dos quais se exprimem ideias. Aprofundemos, então, nossas lembranças acerca dos ensinamentos de Saussure.

Dentre os princípios que defende citam-se:

(I) A distinção entre LÍNGUA (*langue*) e FALA (*parole*). A *língua* é um produto social, um conjunto de convenções; a *fala* é o uso individual, concreto.

(II) A conceituação de língua como um sistema de relações. A língua é um sistema de signos que se relacionam e cujos valores dependem da coexistência entre si.

(III) A definição de signo linguístico e suas noções de SIGNIFICANTE e SIGNIFICADO, que incluem os conceitos de significação e valor, forma e substância, e as relações sintagmática (combinatória) e paradigmática (associativa). Vejamos essas três dicotomias:

(a) duas formas linguísticas podem ter uma mesma significação e valores diferentes, como observamos no par "cadeira/cátedra";

(b) a *substância* é o elemento abstrato que atua no plano do conteúdo e da expressão; a *forma* se concretiza na dicotomia significante + significado. Pensar na necessidade de expressar a noção de "criança do sexo masculino" é pensar na *substância*, mas escolher a palavra "menino" é escolher a *forma*;

(c) as relações *paradigmáticas* se organizam fora do discurso e se constroem a partir das associações que se podem fazer entre os signos linguísticos, como acontece com os três paradigmas dos verbos portugueses; nas relações *sintagmáticas*, as combinações se baseiam no encadeamento de duas ou mais formas consecutivas num enunciado, como na relação sujeito-predicado.

(IV) As características de ARBITRARIEDADE e de LINEARIDADE do signo linguístico. Num caso, afirmamos que a relação que existe entre o significante e o significado é arbitrária; no outro, dizemos que os signos linguísticos estão dispostos linearmente no plano das dimensões espaciais, isto é, na linha do tempo.

(V) As perspectivas SINCRÔNICA e DIACRÔNICA no tratamento dos fatos linguísticos. Enquanto a sincronia aborda os fatos da língua sob uma perspectiva estática e os analisa como ocorrem num dado momento histórico, a diacronia aborda os fatos da língua numa perspectiva evolutiva, comparativa. A descrição diacrônica é, em síntese, uma comparação entre sincronias.

Bloomfield, embora sob outra perspectiva, também valorizou os estudos históricos da linguagem e publicou trabalhos que favoreceram o desenvolvimento dos estudos semânticos. Para ele (1961, p. 140), o significado de uma forma linguística se define a partir da combinação de dois componentes:

(a) A SITUAÇÃO EM QUE O FALANTE ENUNCIA A FORMA LINGUÍSTICA
(b) A RESPOSTA QUE ELA PROVOCA NO OUVINTE

Por isso, explica que a descrição linguística não pode ser meramente física, pois deve demonstrar, de preferência, os fatos estruturais, ou seja, o papel que os sons/fonemas representam no funcionamento da língua.

Na segunda metade do século XX, um tipo de estudo semântico que esteve em voga tinha como foco o campo vocabular, examinando possibilidades de análise para o léxico e estudando os "campos semânticos" e a esfera conceitual das palavras. Por exemplo, retomando a noção saussuriana de que a língua é forma e distinguindo no signo linguístico uma expressão e um conteúdo, tendo ambos forma e substância, Louis Hjelmslev (1899-1965) não se afasta da maior fonte para os semanticistas, o léxico.

Não nos parece totalmente desviada desse foco no léxico a chamada teoria gerativista (ou transformacional), pois afinal ela também lida com as sentenças que se podem formar a partir de regras dominadas pelos falantes quando fazem uso da língua. A diferença principal é que o gerativismo investiga regras subjacentes, as estruturas invariantes (ou profundas) que, por supressão, acréscimo ou permuta de constituintes, definem as estruturas superficiais. O nome principal dessa corrente é Noam Chomsky, que reconhece na versão inicial de sua teoria "a existência de correlações sistemáticas entre forma e sentido". Entretanto, "em face da complexidade das questões semânticas e da alegada independência do plano sintático em relação ao semântico, declara ser possível deixar o estudo do significado *para depois*" – essa é a constatação de Maria Helena Marques (1990, p. 52) sobre o que escreveu Chomsky (2002, p. 92).

Certamente por isso, a pergunta que Chomsky (2002, p. 93) faz, "Como se pode construir uma gramática que não apele para o significado?", é mostrada adiante por ele como uma questão mal formulada, pois o correto seria indagar "Como se pode construir uma gramática?". Sua conclusão, depois de dizer que não está seguro para apresentar um propósito rigoroso e específico quanto ao uso da informação semântica na construção de uma gramática, é direta: gramática e significado são autônomos e independentes. A despeito disso, é inegável que as correspondências entre "estruturas superficiais" e "estruturas profundas" giram em torno de entendimentos e equivalências de significados entre palavras, sintagmas e expressões. A gramática gerativa, em qualquer de suas fases, não foge portanto do trabalho com o significado, ainda que se possa concordar com sua recomendação de que o interesse pela semântica precisa ser acompanhado de um aprofundamento nos estudos da sintaxe[10].

3.1. PAINEL (I)

São muitos os nomes de linguistas que ajudaram a construir um painel sobre os estudos da semântica. Citemos, cronologicamente, mais alguns, apenas para indicar autores que poderão merecer posteriores aprofundamentos e leituras. Mesmo considerando que sua produção científica possa ter enveredado por outros ramos das pesquisas linguísticas, de alguma forma suas ideias sobre a "ciência da significação" tiveram e têm repercussão.

(a) **Hermann Paul** (1846-1921), que dá especial atenção ao tema da mutação semântica, abordando tanto a extensão quanto a especialização da significação. Observe-se que a palavra "sorte" é vista pelas pessoas como algo favorável [restrição de sentido], embora

[10] Devemos relativizar afirmações como esta, de Frans Liefrink (1973, p. 116): "A combinação dos constituintes da frase em termos de sua similaridade morfológica e funcional (estruturas substantivas, adjetivas, preposicionais ou partículas) pode ser válida para a descrição da superfície sintática, mas é irrelevante para a descrição sintático-semântica." Não é irrelevante a construção da frase que se pretende descrever, nem a interpretação de sua similaridade funcional ou morfológica. A descrição sintático-semântica levará esses aspectos em conta, inevitavelmente.

também possa significar "destino"; já o verbo "ficar" assumiu recentemente no Brasil o valor de "namorar sem compromisso" [expansão de sentido]. Paul também afirma que as palavras têm uma "significação usual", definida como "todo conteúdo ideológico que se relaciona com uma palavra para os indivíduos de uma entidade linguística". Entretanto, também podem ter uma "significação ocasional", isto é, "aquele conteúdo ideológico que a pessoa que fala relaciona com a palavra ao pronunciá-la, e que ela espera que também o ouvinte relacione com a mesma palavra" (1970, p. 83). Ele cita o caso da palavra "cidade", que só ocasionalmente (no uso de camponeses, por exemplo) pode ser entendida como sinônima de "cidade que fica mais próxima".

(b) **Antoine Meillet** (1866-1936), que também trata com especial interesse o tema das mudanças semânticas, assinalando que "todas as mudanças de forma ou de emprego a que se submetem as palavras contribuem indiretamente para a mudança de sentido" (1982, p. 236). Essas mudanças ocorrem a partir de três possíveis condições: as linguísticas, as sociais e as históricas. Para a primeira, podemos citar a formação dos advérbios em –mente, feita a partir da combinação do radical de um adjetivo com o radical do substantivo "mente" (= faculdade de compreender), que passa a sufixo e se esvazia quanto ao sentido original. Para a segunda, Meillet dá o exemplo das palavras "pai" e "mãe", que definiam na origem relações familiares bem nítidas, mas que posteriormente passaram a ser sinônimas de "macho" e "fêmea" na referência aos animais. Para a terceira, um de seus exemplos é o da palavra "pena", que passa metonimicamente de "cada uma das estruturas ceratinizadas que revestem o corpo de uma ave" para "pequena peça metálica que se adapta a uma caneta". Embora Meillet diga que é possível tratar essas três condições separadamente, vemos que isso nem sempre é tão simples. Se pensarmos num significado recente da palavra "laranja", que teve no Brasil sua significação expandida para designar uma pessoa envolvida em um tipo de fraude, certamente diríamos que essa mudança tem uma condição ao mesmo tempo histórica e social.

(c) **Joseph Vendryes** (1875-1960), que focaliza as transformações do sentido por que passam as palavras, como algo que depende das circunstâncias. Cita o caso da tendência de se agruparem as palavras a partir de razões muito especiais do espírito humano, exemplificando-a com a palavra "hábito" (estado ou maneira de ser), que se especializou com o sentido de "vestimenta". Vendryes fala ainda da inversão desse caminho de mudança e explica que "há base para se estudar também como os sentidos trocam de palavra ou, melhor dizendo, como as noções trocam de nome" (1967, p. 242). Um de seus exemplos é a palavra latina "ōs,ōris", que significava "boca" e coexistia com "bucca", de uso mais familiar. Em nenhuma língua românica sobreviveu a primeira delas, o que pode ser atribuído à sua forma diminuta, mas certamente não apenas a isso, pois senão palavras como "ās, assis" (ás = carta de jogar, pessoa exímia) também teriam sido extintas. Ocorre que, nesse caso, não havia uma palavra que com ela coexistisse e que desse condições para o seu apagamento.

(d) **Karl Bühler** (1879-1963), que reposicionou o princípio das dicotomias saussurianas julgando-as insuficientes. Ele fala de "quatro campos", embora contraditoriamente os subdivida em dois pares: ação verbal (Aç) e produto linguístico (Pr) & ato verbal (At) e forma linguística (Fo). O esquema que Bühler constrói é, porém, bem interessante, pois mostra que as duas duplas do quadrilátero admitem seis relações fundamentais: Ac pode se relacionar com Pr, com At e com Fo (são três); restam ainda as relações de PR com At e com Fo (mais duas) e de At com Fo (mais uma). O total são seis. Na explicação sobre os quatro campos, o autor começa distinguindo que as ações e os atos verbais são "referidos ao sujeito" e que os produtos linguísticos e as formas linguísticas são "desligados do sujeito" (1950, p. 63). Os quatro campos são por ele comparados aos princípios humboldtianos[11] de "enérgeia e érgon", de um lado, e saussurianos de "langue e parole", de outro. A ação verbal e o produto linguístico se relacionam com a noção de "parole", e toda palavra "pode ser considerada subespécie de uma ação humana", definindo-se portanto "o falar como uma ação" verbal (1950, p. 65-6). Já o produto linguístico (um poema, por exemplo), como resultado da ação, está desligado de seu produtor. Para completar o quadrilátero que fundamenta sua teoria da linguagem, Bühler explica as formas linguísticas como unidades lexicológicas "que estão no mesmo grau de formalização", como acontece com a classe dos substantivos, e os atos verbais como a escolha que o usuário faz a partir das "circunstâncias da situação verbal", tendo em vista o que está em seu pensamento e que pretende dizer. O exemplo que dá mostra a palavra "cavalo", cuja forma linguística não muda mesmo que o falante dê a ela o significado de "um tipo de indivíduo" e não o de "espécie zoológica" (1950, p. 76-7).

(e) **Edward Sapir** (1884-1939), que utilizou seu vasto conhecimento antropológico para trazer aos estudos linguísticos uma grande contribuição. Ele defende a ideia de que é uma ilusão pensar que "todo traço de cultura humana é proveniente apenas da ação do ambiente físico" em que se acham "situados os participantes dessa cultura" (1969, p. 42). Para ele, a rigor, o ambiente físico só tem reflexos na língua "na medida em que atuaram sobre ele as forças sociais". Sapir lembra como o léxico de uma língua é o componente que mais reflete o ambiente físico e social dos falantes, especialmente no caso das línguas primitivas, tema intensamente estudado por ele.

(f) **Émile Benveniste** (1902-1976), que retomou os ensinamentos de Saussure e de Meillet sob uma perspectiva bastante pessoal. São dele, por exemplo, importantes reflexões sobre as relações entre as "categorias do pensamento" e as "categorias da língua", como o reconhecimento de que, "por mais abstratas ou particulares que sejam as operações do pensamento, elas recebem expressão na língua" (1991, v. I, p. 68). Benveniste também fala que "o sentido de uma forma linguística se define pela totalidade dos seus empregos, pela sua distribuição e pelos tipos de ligações resultantes" (1991, v. I, p. 320), o que exemplifica com o caso de palavras homônimas perfeitas. Voltemos à palavra "pena" de ainda há pouco para reconhecer não os significados "estrutura que reveste o corpo de uma ave" e "peça metálica de uma caneta", ambos relacionáveis

[11] W. von Humboldt (1767-1835): "é preciso considerar a linguagem não como um produto morto (*todtes Erzeugtes*), mas, sobretudo, como uma produção (*Erzeugung*). (...) Em si mesma, a linguagem não é um PRODUTO (*Érgon*), mas uma ATIVIDADE (*Enérgeia*)" (2006, p. 99).

semanticamente. Tomemos "pena" com o sentido de "sanção aplicada como punição ou como reparação por uma ação julgada repreensível", sinônima de "castigo, condenação, penitência". Há, portanto, duas palavras "pena" e para reconhecer que, de fato, não será preciso buscar sua etimologia (a pena do pássaro provém da palavra latina "penna,ae", e a pena como punição provém da palavra grega gr. "poiné", pelo latim "poena"), pois ambos, como explica Benveniste, "são inconciliáveis".

(g) **André Martinet** (1908-1999), que enfatiza a necessidade de não se utilizar um método de análise linguística que "abstraia totalmente do sentido das unidades significativas", porém adverte "contra os riscos a que se expõe quem se abeira sem precauções do domínio semântico" (1971, p. 33). Seu exemplo é construído com a palavra "posta", nos fragmentos "uma grande posta" (que designa determinado objeto) e "uma mesa posta" (que designa um estado), o que tem relação com o fato de "grande" e "mesa" não serem unidades de mesma classe.

(h) **Algirdas Julien Greimas** (1917-1992), que desenvolveu ao lado de Pottier a SEMÂNTICA ESTRUTURAL como ciência, a partir de postulados e metodologia próprios. Para Greimas, "a percepção é o lugar não linguístico onde se situa a apreensão da significação" e "a estrutura é o modo de existência da significação" (1973, p. 15e39), o que se pode alcançar utilizando-se o conceito de dicotomia, sobretudo entre expressão e conteúdo. Suas propostas observam o paralelismo existente entre as formas de expressão e as formas de conteúdo e têm o objetivo de estipular universais semânticos.

(i) **Eugenio Coseriu** (1921-2002), que também considera a distinção entre língua e fala bastante imprecisa, pois não deixa entrever "que entre elas se estende constantemente a ponte da linguagem afetiva" (1987, p. 21). Coseriu, citando e analisando a opinião de outros autores, defende que "as eventuais distinções e oposições devem ser estabelecidas em primeiro lugar na realidade concreta da linguagem, ou seja, no falar". Por isso, para ele, "ao falar como tal não se pode opor como realidade distinta a língua, já que ela está presente no próprio falar e se manifesta concretamente nos atos linguísticos" (1987, p. 36). Sua argumentação o leva a propor uma outra distinção, entre norma e sistema.

(j) **José G. Herculano de Carvalho** (1924-2001), que propõe uma teoria geral do sinal e da significação, distinguindo os processos de *significar* e de *manifestar*. Carvalho explica que um "sinal linguístico" não é apenas aquele "que conhecemos pelo nome de *palavra*" (1973, I, p. 152), pois é também na totalidade uma frase, a que ele chama de "sinal complexo", pois resulta da combinação ordenada "de vários sinais menores, dispostos numa cadeia uns após os outros". Revendo a literatura de seus predecessores e se alinhando com as ideias de Coseriu, Herculano de Carvalho considera o significado sob duas perspectivas, a psicológica e a fenomenológica, e acrescenta à dicotomia saussuriana "significante/significado" um terceiro componente, a realidade. Em suas palavras, "o *significante* significa imediatamente o *significado* e só mediatamente, isto é, através deste, a *realidade*, a qual o *significado* tem como função representar imediatamente no conhecimento dos sujeitos falantes" (p. 170).

(k) **Bernard Pottier** (1924), que não deixa de fazer a necessária ressalva sobre a mútua dependência que existe, no significado, entre a substância (específica) e a forma (genérica): a primeira é constituída por conjuntos de traços semânticos; a segunda é caracterizada por traços classificatórios que são a base das categorias. Pottier adverte que "o domínio da semântica é relativamente aberto e possui uma maleabilidade combinatória muito grande" (1978, p. 29). Ao lado de Greimas, consolidou a SEMÂNTICA ESTRUTURAL a partir de um enfoque mais voltado para os estudos gramaticais e para os limites da frase.

(l) **Oswald Ducrot** (1930), que tem seu nome vinculado à SEMÂNTICA LINGUÍSTICA com viés argumentativo. Nessa perspectiva, a pretensão é elaborar uma descrição semântica do léxico da língua e atribuir o significado das palavras aos encadeamentos argumentativos evocados por elas. Alargando o alcance da "descrição semântica de uma língua particular", Ducrot ajudou a difundir o princípio segundo o qual esse tipo de descrição abrange "um conjunto de conhecimentos que permitem prever o sentido que recebe efetivamente cada enunciado da língua em cada uma das situações em que é empregado" (1977, p. 116). Outra de suas contribuições foi mostrar como a distinção entre "subentendido" e "pressuposto" é importante na análise linguística. O SUBENTENDIDO "só toma seu valor particular ao opor-se a um sentido literal": a frase "José está na sala" deixa subentendida, por exemplo, a frase "José não está no quarto nem na cozinha". Já o pressuposto é de outra ordem: "a repartição do conteúdo de um enunciado em POSTO e PRESSUPOSTO possui efetivamente esta arbitrariedade característica dos fatos da língua, que não pode ser justificada por nenhum raciocínio" (1987, p. 21-24): a frase "José ganhou um carro na loteria" tem como pressuposição, por exemplo, a frase "José jogou na loteria".

(m) **John Lyons** (1932), que pode ser considerado uma das principais referências contemporâneas da SEMÂNTICA LINGUÍSTICA, por ele definida como "o estudo do significado codificado sistematicamente no vocabulário e na gramática das línguas naturais" (1997, p. 16). O autor defende a tese de que a SEMÂNTICA FORMAL (SF), concebida como a análise de uma parte central do significado das orações (o seu conteúdo proposicional), pode se integrar com a SEMÂNTICA LINGUÍSTICA (SL). Nesse sentido, estuda com propriedade as subdivisões que propõe para a SL: a semântica da oração (também chamada SEMÂNTICA GRAMATICAL), a semântica do enunciado e a semântica léxica. Em suas ponderações sobre os estudos semânticos, Lyons enfatiza o princípio de que a semântica é essencialmente metalinguística e explica que de todas as disciplinas interessadas no SIGNIFICADO, a linguística é talvez a única que se interessa por ele de um modo especial.

Outros nomes a incluir neste pequeno painel são os de Pierre Guiraud (1912-1983), Adam Schaff (1913-2006) e Stephen Ullmann (1914-1976). Os três estão citados no quadro informativo que encerra este capítulo.

3.2. PAINEL (II)

Passada a longa fase da quase exclusividade da visão estruturalista que começou com Saussure, convivemos hoje com os neoestruturalistas e com os herdeiros da visão gerativista iniciada por Chomsky, que mantêm o interesse central em examinar a competência linguística do falante. Os caminhos formalistas (do gerativismo), estruturalistas e funcionalistas tentam responder à pergunta "O QUE É SIGNIFICADO?" – ainda que possamos entender que a resposta nunca será completamente satisfatória.

Para experimentar onde está a solução, pode-se escolher a TEORIA MENTALISTA do significado (defende a possibilidade de haver no cérebro uma imagem que corresponde ao significante), mas não seria surpresa se alguém a denominasse "semântica alegórica" – bastaria supor de que maneira estariam no cérebro as imagens de significantes como "paraíso, inferno, quilômetro, campeonato, prazer"...

Ou ainda a TEORIA EXTENSIONISTA (trata do significado de uma palavra observando o elo entre o significante e seus referentes), que contém limitações porque nem sempre são nítidos esses elos: como marcar a separação referencial entre "falar" e "dizer" ou entre os advérbios "devagar" e "lentamente"?

A TEORIA BEHAVIORISTA (de Bloomfield) é também uma tentativa de explicar o significado sem recorrer à mente, ao pensamento ou à consciência (componentes metafísicos), mas peca pela nem sempre bem sucedida associação entre o comportamento humano e o determinismo mecanicista.

A TEORIA INSTRUMENTAL, a TEORIA CONTEXTUAL, a TEORIA CONTEXTO-SITUACIONAL são outras possibilidades dos estudos em torno do significado, o que nos leva ainda às vinculações com a PRAGMÁTICA e com a ANÁLISE DO DISCURSO, desdobramentos que fogem ao escopo deste livro, porém que não poderíamos deixar de, pelo menos, mencionar.

*

No Brasil, o termo SEMÂNTICA também se generalizou e foi amplamente difundido, tendo sido utilizado pela primeira vez num livro póstumo de Manuel Pacheco Silva Jr. (1842-1899), publicado em 1903, *Noções de Semântica.* Nessa obra, o autor afirma que "a semântica é da maior importância para o estudo da evolução linguística" e acrescenta que "a gramática (...) consiste em grande parte em fenômenos semânticos" (1903, p. 17).

Outro autor importante para os estudos semânticos no Brasil foi Manuel Said Ali (1861-1953), cuja obra principal nesse campo é *Meios de Expressão e Alterações Semânticas,* escrita em 1927 (ano em que recebeu o prêmio Francisco Alves, da Academia Brasileira de Letras) e publicada em 1930. Na parte do livro em que trata das alterações semânticas, Said Ali aborda os domínios semânticos de um termo e comenta que ele "aumenta ou diminui com perda ou lucro do domínio de outro termo", exemplificando o alargamento semântico com o caso da expressão "doença com moléstia", aplicado à enfermidade que "incomodava ou era acompanhada de dores". A palavra "moléstia", por metonímia, passou a designar toda enfermidade que molestava, tornando desnecessário o uso precedente de "doença". Para a restrição de sentido, seus exemplos são "sermão" (aplicado a um "discurso de caráter muito especial") e padre (equivalente a "sacerdote", "pai espiritual"). A primeira palavra deixava de ter o valor originário do termo latino (*sermo* significava linguagem em geral); a segunda deixava de exprimir a ideia de "pai carnal".

Entre nós, Silveira Bueno, Mattoso Câmara Jr., Carlos Vogt, Monica Rector, Lúcia Lobato, Maria Helena Duarte Marques, Luiz Marques de Souza e Rodolfo Ilari são outros nomes de destaque entre os que escreveram obras sobre a ciência da significação.

Assim, como nosso intuito, neste ponto, é apenas apresentar algumas referências importantes, sem a pretensão de organizar uma pequena história da semântica, damonos por satisfeito com o que expusemos. Acrescentamos, todavia, indicações de leitura disponíveis em português, que poderão ajudar a aprofundar um painel sobre o tema.

PARA CONHECER MAIS A HISTÓRIA DA SEMÂNTICA

(1) *A Semântica*, de Pierre Guiraud. Rio de Janeiro: Bertrand (a 1ª edição, francesa, é de 1955; a 1ª edição brasileira é de 1972):

Teórico na totalidade, importa aqui o capítulo que fala das três semânticas: a psicológica, a lógica e a linguística (p. 7 a 14).

(2) *Semântica: uma introdução à ciência do significado*, de Stephen Ullmann. Lisboa: Fund. Calouste Gulbenkian (a 1ª edição, inglesa, é de 1962; a 1ª edição portuguesa é de 1964):

O capítulo de introdução (p. 7 a 26) começa apontando o interesse comum da semântica e da etimologia no trato direto com as palavras e esclarece que apenas no século XIX a semântica surgiu como uma divisão importante da linguística. Ullmann apresenta sucintamente o pensamento de vários estudiosos da linguagem que se dedicaram ao estudo do significado. No restante do livro, predominam as aplicações da semântica.

(3) *Introdução à Semântica*, de Adam Schaff. Rio de Janeiro: Civilização Brasileira (a 1ª edição, inglesa, é de 1962; a 1ª edição brasileira é de 1968):

O livro é predominantemente teórico, embora contenha boas aplicações práticas. Interessam aqui as discussões sobre os elos entre a linguística, a lógica e a filosofia, expostos nas duas primeiras partes, "Problemas de Pesquisa na Semântica" e "Problemas Seletos de Semântica" (p. 9 a 156).

(4) *O Intervalo Semântico*, de Carlos Vogt. São Paulo: Ática, nº 26 da coleção Ensaios (a 1ª edição é de 1977):

O livro investe numa perspectiva diferente, pois privilegia a intersubjetividade da língua, examinando o "intervalo semântico" da relação entre emissor e destinatário. Cinco de seus seis capítulos têm no título uma palavra-chave, comparação, pois Vogt leva seu leitor a relacionar essa palavra com o tema da argumentatividade e da pressuposição, por exemplo.

(5) *A Semântica*, de Frank. R. Palmer. Lisboa: Edições 70, nº 25 da coleção Signos (a 1ª edição, norte-americana, é de 1976; a 1a edição portuguesa é de 1979):

Os dois primeiros capítulos, "Introdução" e "O Âmbito da Semântica" (p. 11 a 56), servem como material para o entendimento de conceitos básicos e das relações da semântica com a linguística, a história e outras disciplinas. Os demais capítulos falam dos contextos linguístico e extralinguístico e de aplicações semânticas.

(6) *Manual de Semântica*, de Monica Rector e Eliana Yunes. Rio de Janeiro: Ao Livro Técnico (a 1ª edição é de 1980):

As autoras transportaram para o livro o material que originalmente serviu para suas aulas de Semântica na PUC-Rio e na UFRJ. Por isso, a feição didática de seus capítulos, em especial os dois primeiros, "Conceitos" e "Fundamentos Teóricos" (p. 1 a 62), ilustrados por um bom número de exercícios.

(7) *Iniciação à Semântica*, de Maria Helena Duarte Marques. Rio de Janeiro: J.Zahar (a 1ª edição é de 1990; a autora, em 1976, publicara *Estudos Semânticos*, do qual incorporou boa parte da introdução):

Os capítulos "Introdução", "O Objeto da Semântica" e "Tradição e Evolução dos Estudos Semânticos" (p. 7 a 57) expõem a complexidade do termo, suas delimitações e diretrizes. Os demais capítulos mostram aplicações da semântica na língua portuguesa.

(8) *Introdução à Semântica*, de Paulo Mosânio Teixeira Duarte. Fortaleza: EUFC (a 1ª edição é de 2000):

O autor faz um breve histórico desde os primórdios da semântica, e apresenta suas principais correntes e teorias.

(9) *História da Semântica*, de Eduardo Guimarães. Campinas-SP: Pontes (a 1ª edição é de 2004):

Recomendam-se as Partes II e III, "Percurso da Semântica no Brasil" e "O Sujeito e os Estudos da Significação na década de 1970 no Brasil" (p. 53 a 138), pela interpretação da obra de alguns de nossos semanticistas. A primeira parte do livro focaliza os estudos de Português no Brasil.

4

Significação em Foco

A noção de semântica, como adverte Émile Benveniste (1989, v. II, p. 229), nos introduz "no domínio da língua em emprego e em ação". Isso significa que a língua é "mediadora entre o homem e o homem, entre o homem e o mundo, entre o espírito e as coisas". Ela transmite a informação, comunica a experiência, impõe a adesão, suscita a resposta, implora, constrange; em resumo, organiza toda a vida dos homens, é um "instrumento da descrição e do raciocínio".

Podemos agregar à palavra "mediação", usada por Benveniste, a palavra "representação" e, a partir daí, observar a visão muito particular do linguista norte-americano Jerrold Katz (1932-2002) a respeito das línguas naturais. Ele afirma que não deve ser difícil entender por que elas são sobretudo "sistemas neutros de representação" (1992, p. 189) e lembra que, nas línguas naturais, a mesma declaração, por exemplo, pode ser expressa tanto por meio de uma afirmação como por meio de uma negação. "Nenhum homem é imortal" é, a rigor, o mesmo que "Todo homem é mortal".

Fala também que, gramaticalmente, é possível dispor frases bem formadas com ordenações de variados tipos. E que, por outro lado, se o significado das palavras influencia expressivamente o conhecimento é porque existem três maneiras de o funcionamento das línguas naturais conseguir isso:

1. as línguas tomam palavras por empréstimo para expressar novos significados (o latim tomou palavras por empréstimo do grego; o inglês, do latim e do grego; o turco, do árabe e do persa e, mais tarde, de línguas ocidentais);
2. os usuários de uma língua cunham novos termos para expressar novos significados (kodak; xerox);

3. os usuários de uma língua criam novos significados para palavras já existentes, umas vezes por alguma relação explicável (vírus de computador), outros sem nenhuma relação compreensível (*quark*[12]).

Sua conclusão é que as línguas naturais são profundamente flexíveis e adaptáveis, tanto em relação à verdade quanto ao significado – e poderíamos acrescentar: também quanto ao significante.

Os estudos linguísticos mais recentes continuam se debruçando sobre a questão do tema e tentam nos dar alguma resposta às perguntas: O QUE É SIGNIFICADO? O QUE É SIGNIFICAÇÃO?

Como se pôde perceber no capítulo anterior, não há maior dificuldade em se dizer que o objeto de estudo da semântica é o significado. O que se põe sempre em discussão é explicar então o que é o significado e o que é significação.

Defendo aqui uma posição conciliatória a respeito de todas as definições que encontrarmos sobre essas palavras. Nos dicionários gerais ou nos dicionários de linguística, as palavras "significado", "significação" e "sentido" são apresentadas com muitos matizes, mas creio que se pode objetivamente concluir algo a respeito.

O primeiro ponto é podermos considerar a seguinte perspectiva teórica, que é uma expansão daquela definição de Gennaro Chierchia que vimos algumas páginas atrás[13]:

A **SEMÂNTICA** EXAMINA AS PALAVRAS E LOCUÇÕES EMPREGADAS EM ENUNCIADOS PARA TRATAR DAS SIGNIFICAÇÕES CONTIDAS NELAS OU A PARTIR DELAS.

O segundo ponto é que esse exame da significação passa pela observação do que alguns autores chamam de CATEGORIAS SEMÂNTICAS. Elas têm como função prover interpretações semânticas para os enunciados e, direta ou indiretamente, se integram com a estrutura sintática. É o que veremos nos subitens seguintes.

[12] A palavra foi usada por James Joyce (1882-1941) no poema Finnegans Wake: *"Three quarks for Muster Mark! / Sure he hasn't got much of a bark / And sure any he has it's all beside the mark."* [Três grasnidos para Muster Mark! / Ele não chega exatamente a latir / E certamente qualquer coisa que ele produza ultrapassa as medidas.] – O poeta irlandês, nesse poema repleto de jogos de palavras, empregou a palavra "quark" sugerindo o sentido de "caw" (grasnido de uma ave). Algumas fontes, como a edição impressa do respeitado *The New International Webster's Comprehensive Dictionary of the English Language* (Trident Press International, de 1998, Florida), não registram "quark" como verbo, mas apenas o uso feito por Joyce. Essa mesma palavra, porém, influenciou o físico Murray Gell-Mann, que cunhou o termo para uso na física, como revelou em carta ao editor do *Oxford English Dictionary*. Gell-Man, no entanto, queria que a pronúncia de "quark" fosse com [ô] e não com [ä] como parecia indicar sua proximidade no poema com o nome do rei "Mark".

[13] A semântica é o estudo do significado das expressões das línguas naturais.

4.1. REFERENCIAÇÃO E CONECTIVIDADE

R. Trask (2004, p. 251) diz que "uma expressão linguística que refere ou aponta para alguma coisa no mundo não linguístico é uma expressão referencial". Baseando-nos nessa afirmação, vamos considerar que a relação existente entre uma expressão linguística e alguma coisa que ela seleciona no mundo real ou conceitual é o que chamaremos REFERÊNCIA. Ocorre que os fenômenos referenciais, por se configurarem como práticas discursivas, são um caso expressivo da relação entre linguagem e realidade, algo que é reciprocamente constitutivo.

No livro *Semântica e Estilística* (2009, p.72-4 e 87-92), focalizo sob os nomes de REFERENCIAÇÃO INTRAFRÁSICA e REFERENCIAÇÃO INTERFRÁSICA os processos que aqui reapresento mais detidamente.

Todo emissor de uma mensagem faz uma representação mental (multidimensional) a respeito do REFERENTE do discurso que pretende elaborar.

REFERENTE
termo que denomina o componente do mundo real ou imaginário que é passível de argumentação, descrição ou relato por meio de palavras.

Quando se dá a produção de um texto, essa representação mental toma forma concreta, que tem linearidade e temporalidade, pois deve se materializar (uma ação de tempo) em unidades linguísticas (um resultado linear) com o propósito de construir um enunciado. A principal questão para quem redige é a que envolve essa transferência do modelo mental (não linear e impalpável) para a forma concreta da frase. Em última análise, o que o produtor de uma mensagem quer saber é como compatibilizar esses dois ambientes, como saber fazer essa passagem.

Podemos resumi-la a duas operações, que interagem durante essa transferência:

(A) seleção e ajuste dos itens lexicais (em outros termos: achar a palavra certa e posicioná-la na frase de modo adequado);
(B) enquadramento das unidades linguísticas em relação aos enunciados que as precedem ou sucedem num texto (também chamados de COTEXTO).

Enquanto a operação (A) se presta mais para a construção da oração ou do período, a operação (B) é a que expressa de fato a materialização do texto, sua efetiva construção como uma unidade de sentido.

Observemos o primeiro parágrafo de uma coluna de revista para ver como se dão esses processos.

> (1) O Brasil está, mais uma vez, inundado de moeda estrangeira. O valor do dólar ante o real não para de cair. Essa valorização, que os economistas chamam de apreciação do real, tem ocorrido em relação a praticamente todas as principais moedas do mundo, inclusive o iuane, o dinheiro da China. Isso é bom ou ruim? O consumidor brasileiro gosta,

> pois ganha poder de compra e consegue fazer aquela viagem de sonho. O Brasil globalizado, aparentemente, fica cada dia mais forte. Será mesmo? (Revista *Época*, 07/10/2010 – coluna de Paulo Rabello de Castro)

O redator inicia seu parágrafo com duas frases curtas, com verbos no presente do indicativo, prática comum em textos informativos, que lidam com a "verdade dos fatos". Até aí estamos na operação (A), que verifica a seleção e ajuste dos itens lexicais.

No início da terceira frase do trecho, há entretanto um componente que atua na operação (B): é o sintagma "essa valorização". O demonstrativo "essa" é anafórico e faz relação com o enunciado que o precede, fazendo-nos entender que "essa valorização" é a valorização do real em relação ao dólar. Por sua vez, o substantivo "valorização" retoma e sintetiza (também anaforicamente) o período anterior.

Alternativamente, o jornalista poderia ter evitado essa estratégia de retomada (pelo sintagma anafórico "essa valorização"), mas precisaria de uma palavra de outra classe para dar coerência à frase final – é o que se vê em (2) – ou precisaria desconstruir os dois períodos e reconstruí-los numa única frase, sem retomada – é o que se vê em (3).

> (2) [como 3ª frase do texto] A valorização da nossa moeda, que os economistas chamam de apreciação do real, tem ocorrido em relação a praticamente todas as principais moedas do mundo... [nesta hipótese, desaparece o demonstrativo, e se repete a ideia de "real" na locução "de nossa moeda"]

> (3) [como 2ª frase do texto] A repetida valorização de nossa moeda em relação ao dólar, que os economistas chamam de apreciação do real, tem ocorrido em relação a praticamente todas as principais moedas do mundo... [nesta hipótese, desaparece o demonstrativo, e o segundo período original passa para o sintagma de "valorização" como termo preposicionado]

Na pergunta que segue no texto e na hipotética resposta parcial que o autor oferece, aparecem de novo dois demonstrativos, "isso" ("Isso é bom ou ruim?") e "aquela" ("fazer aquela viagem de sonho"). Ambos têm papéis textuais diferentes, e só o pronome "isso" é anafórico (retoma a ideia de "essa valorização do real"). O demonstrativo "aquela" não tem referente textual e indica uma qualificação positiva do substantivo "viagem" (aquela viagem = uma viagem inesquecível). De novo temos as operações (A) e (B) combinadas.

Esses comentários exemplificaram um tipo de referência que vamos chamar, genericamente, de referência FÓRICA, adjetivo que se vale do radical grego *phoros* (*que conduz, carrega*). As referências fóricas podem ser de dois tipos: ENDOFÓRICAS (quando se explicam no âmbito do texto: "endo-" = *para dentro*) e EXOFÓRICAS (quando se explicam apenas no contexto situacional: "exo-" = *para fora*). Este segundo tipo coincide com a referência DÊITICA, adjetivo derivado de DÊIXIS [ou DÍXIS], palavra de origem grega que manteve seu significado original (*mostrar, apontar*).

FÓRICOS

termo genérico que designa a propriedade de algumas unidades linguísticas (como certos pronomes, advérbios, substantivos e verbos) de fazer referência a um componente do próprio texto [referência endofórica] ou ao contexto situacional [referência exofórica], em vez de serem interpretados semanticamente por si sós.

Voltemos então ao texto (1), com a coluna publicada na revista *Época*. Como explicamos, os demonstrativos "aquele" e "isso" faziam referência a um componente anterior do texto. Por isso eram ANAFÓRICOS. Em (4) veremos um exemplo de referência CATAFÓRICA.

> (4) Como todos aqueles que um dia foram fisgados pelo vício da leitura – as razões e as motivações são as mais diversas possíveis, mas o resultado é um só – eu também coloquei na cabeça que deveria ler todos os livros do mundo. Aos treze anos, quando a febre começou, compreende-se. Nessa idade podemos tudo e teremos tempo para tudo. O problema é que sabemos pouco. Uma das coisas que não sabemos: o número de livros existentes no mundo. (*Gazeta do Povo* / PR, 21/11/2010 – coluna de Roberto Gomes)

O parágrafo termina com um período que separa por dois-pontos o referente "coisas" e sua referência "o número de livros existentes no mundo". Antes, na passagem "mas o resultado é um só", temos outro caso de referência, a partir de "resultado".

Para reconhecer os pares das referências endofóricas, basta se pensar numa pergunta ao referente. No exemplo (4), "uma das coisas" nos leva à pergunta "qual coisa?" e nos dá a resposta catafórica "a coisa é o número de livros existentes no mundo" [está depois de "coisa"]. No exemplo (1), "essa valorização" nos leva à pergunta "qual valorização?" e nos dá a resposta anafórica "a valorização do real" [está antes de "valorização].

Então, em (4) perguntamos ao substantivo "resultado" (porque ele é um só): que resultado? Se lhe parece que é coerente responder que "o resultado é que eu também coloquei na cabeça que deveria ler todos os livros do mundo", então temos outro exemplo de referência catafórica. Eu concordo com essa interpretação, mas chamo a atenção para o fato de haver nessa passagem um recurso semântico-sintático especial.

Explico repetindo o primeiro período da coluna:

> (4) Como todos aqueles que um dia foram fisgados pelo vício da leitura – as razões e as motivações são as mais diversas possíveis, mas o resultado é um só – eu também coloquei na cabeça que deveria ler todos os livros do mundo.

O trecho contém um segmento intercalado (pelos dois travessões) de duas orações coordenadas: a segunda delas é adversativa. Excluído o segmento intercalado, restam duas orações, que estão na estrutura prioritária da frase (a primeira é adverbial comparativa; a segunda é principal). Pelo simples fato de ter feito uso de uma estrutura com oração intercalada (cujo papel discursivo é modalizador), o referente "resultado" aponta para uma referência que atua num papel duplo: serve no discurso como um aposto de "resultado", mas na estrutura sintática é a oração principal do primeiro período. Se compararmos essa catáfora com a que termina o parágrafo (coisa > número de livros existentes no mundo), veremos que só nesta o termo da direita é exclusivamente aposto.

Outros exemplos de referências endofóricas estão nas frases (5) a (10):

> (5) Muitos artistas dizem que o jornal não gosta deles e que vive perseguindo-os.
> [os pronomes "(d)eles" e "os" são anafóricos de "artistas"]
>
> (6) Voltarás mais uma vez a Londres porque foi lá que conheceste a felicidade.
> [o advérbio "lá" é anafórico de "Londres"]
>
> (7) Vi jornalistas de outra nacionalidade, os quais não atrapalham os hóspedes.
> [o relativo "os quais" é anafórico de "jornalistas"]
>
> (8) Se ele deixou a política, foi que já não confiava mais no partido.
> [o verbo vicário "foi" é anafórico de "deixou"]
>
> (9) Peça ao garçom apenas isto: "dois pedaços de pão".
> [o demonstrativo "isto" é catafórico de "dois pedaços de pão"]
>
> (10) Dois alunos ganharam convites para nossa festa: Rodrigo e Tiago.
> [o numeral "dois" é catafórico de "Rodrigo e Tiago"]

As referências exofóricas são típicas da língua falada, embora num texto escrito também possam ser praticadas. Consistem em mencionar as noções de tempo, espaço e pessoa sem as nominalizar no texto, mas apenas no cenário em que se transmite uma ideia. Em (11), vemos uma frase empregada por um apresentador de programa de tevê, numa mesa-redonda dominical.

> (11) Eu gostaria de repetir aqui alguns lances do jogo de ontem.
> [eu = apresentador; aqui = programa; ontem = sábado; o pronome e os dois advérbios são dêiticos, isto é, são exemplos de referência exofórica]

Em (12), a imagem situa os valores semânticos das referências exofóricas.

> (12) O aviso informa "AQUI: manicure, pedicure, R$ 10,00 só hoje. PS: Abrimos já."
> ["aqui" deve ser "na janela ao lado"; "hoje" deve ser "apenas naquele dia". "já" deve ser "em alguns minutos"; os três advérbios são dêiticos, isto é, exemplos de referência exofórica]

Os exemplos de referências endofóricas e exofóricas nos levam de novo àquelas duas subdivisões que citamos há pouco, as referências INTRAFRÁSICAS e INTERFRÁSICAS (são sempre endofóricas), às quais podemos acrescentar as referências EXTRAFRÁSICAS (são sempre exofóricas ou dêiticas).

Vejamos então, em dois parágrafos sucessivos (extraídos da Revista da *Folha de S.Paulo* de 21/09/2008), outros exemplos de referentes textuais que atuam no interior da frase.

> (13) Com 240 mil veículos a mais nas ruas da capital nos últimos seis meses, que se juntaram a uma frota de seis milhões, o automóvel é cada vez mais protagonista de um pesadelo urbano no qual os paulistanos se veem mergulhados diariamente.

> (14) Parado nos congestionamentos – o recorde chegou a 266 km em maio – ou na disputa inglória por uma vaga para estacionar, o carro virou um trambolho que coloca em xeque a própria sobrevivência da metrópole. "Não dá para todo mundo ter um carro hoje, a não ser que acabem com os espaços públicos e transformem a cidade em algo exclusivo para o automóvel", ironiza a urbanista Raquel Rolnik. ("Solução Radical", *Folha de S.Paulo*, 21/09/2008)

O parágrafo (13) possui apenas uma frase. Nela, "costuram" o interior frasal os pronomes relativos "que" (retomando "os veículos") e "no qual" (retomando "o pesadelo urbano"), o pronome pessoal reflexivo "se" (em duas ocasiões: também retomando "os veículos" e "o pesadelo urbano") e os substantivos "veículos", "frota" e "automóvel" (e sua coerente hierarquia) e "capital" e "paulistanos" (também coerentes na seleção e enfatizados no adjetivo "urbano").

Já em (14), onde há duas frases (uma do jornalista, outra em discurso direto), a coesão interna se dá com o pronome relativo "que" (retomando "trambolho"), o predicador "trambolho" (substituto pejorativo de "carro"), na primeira delas. Na segunda, vemos a locução conjuntiva "a não ser que" (conector de exclusão) e os substantivos "carro" e "automóvel" (sinônimos) e "cidade" e "urbanistas" (também coerentes na seleção).

*

Como vimos, os mecanismos linguísticos endofóricos têm a função de estabelecer a conectividade e a retomada entre as partes do texto e por isso são chamados de REFERENTES TEXTUAIS. Uma de suas atribuições é construir marcas de COESÃO, segundo variados matizes de qualidade e subjetividade.

Nos exemplos, observamos que os referentes textuais podem se valer, conforme o caso, de recursos léxico-semânticos ou morfossintáticos (por meio de pronomes de terceira pessoa, de certos advérbios, conectivos, numerais ou por meio de substantivos e verbos cujo campo semântico permita o processo de substituição ou ainda pelo recurso da repetição enfática, da paráfrase, da restrição, entre outros). É preciso salientar, no entanto, que a compreensão de um texto também se dá por elementos não explicitados nele, sendo possível considerar que há fatores de coesão implícita, apoiados no conhecimento compartilhado que os participantes do processo comunicativo têm da língua que usam.

Se considerarmos o texto a partir de uma perspectiva micro, diremos que se trata de uma reunião de frases e que estas não passam de uma reunião de termos, sintagmas e palavras. Porém, por um ponto de vista macro, devemos admitir que um texto é um conjunto de unidades micro que se formam em busca de uma unidade sistêmica, organizada e construída progressivamente com base em dois processos gerais, a SEQUENCIALIDADE e a TOPICIDADE.

A TOPICIDADE se refere ao assunto ou tópico discursivo (às vezes mais de um) tratado ao longo do texto. A SEQUENCIALIDADE é um componente da *progressão referencial* e se refere à apresentação, continuidade, identificação, preservação, retomada de referentes textuais e tidas como *estratégias de designação de referentes.*

Nesse sentido, a sucessão de palavras que forma um texto vai muito além da mera SEQUENCIALIDADE, pois é preciso que um entrelaçamento coerente aproxime esses componentes para lhes dar a mencionada unidade sistêmica de textualidade, isto é, promover sua COESÃO. Esta, por ser a representação linguística da coerência de um texto, se concretiza nas relações entre elementos sucessivos (artigos, pronomes, adjetivos, verbos, advérbios), na organização de períodos, de parágrafos, de cada uma das partes do todo, formando uma cadeia de sentido capaz de apresentar e desenvolver o que se pretendeu dizer sob a forma de texto.

Um trecho da crônica "Jovem Casal", de Rubem Braga, pode nos ajudar a localizar alguns desses recursos de sequencialidade e topicidade.

> Estavam esperando o bonde e fazia muito calor. Veio um bonde, mas tão cheio, com tanta gente pendurada nos estribos que ela apenas deu um passo à frente, ele esboçou com o braço o gesto de quem vai pegar um balaústre – e desistiram.
>
> O homem da carrocinha de pão obrigou-os a recuar para perto do meio-fio; depois o negrinho da lavanderia passou com a bicicleta tão junto que um vestido esvoaçante bateu na cara do rapaz.
>
> Ela se queixou de dor de cabeça; ele sentia uma dor de dente enjoada e insistente – preferiu não dizer nada. Ano e meio casados, tanta aventura sonhada, e estavam tão mal naquele quarto de pensão do Catete, muito barulhento: "Lutaremos contra tudo" – havia dito – e ele pensou com amargor que estavam lutando apenas contra as baratas, as horríveis baratas do velho sobradão. Ela com um gesto de susto e nojo se encolhia a um canto ou saía para o corredor – ele, com repugnância, ia matar a barata; depois, com mais desgosto ainda, jogá-la fora.
>
> E havia as pulgas; havia a falta d'água, e quando havia água, a fila dos hóspedes diante da porta do chuveiro. Havia as instalações que cheiravam mal, o papel da parede amarelado e feio. As duas velhas gordas, pintadas, na mesinha ao lado, lhe tiravam o apetite para a mesquinha comida da pensão. Toda a tristeza, toda a

mediocridade, toda a feiura duma vida estreita, onde o mau gosto pretensioso da classe média se juntava à minuciosa ganância comercial – um simples ovo era "extraordinário". Quando eles pediam dois ovos, a dona da pensão olhava com raiva; estavam atrasados no pagamento.

(*Os Melhores Contos de Rubem Braga*, org. de Davi Arriguci Jr.)

Nesse conto-crônica, o narrador nos apresenta a cena de um jovem casal à espera de um bonde. Enquanto a condução não chega, vamos tomando conhecimento da vida difícil que levam. O trecho selecionado começa com um verbo na terceira pessoa do plural sem a marca do sujeito. Suspense narrativo ou sujeito indeterminado? Nem uma coisa nem outra. A compreensão dessa estrutura se dá no intervalo entre o título e o texto: o "jovem casal" do título é quem "estava esperando o bonde". Essa transposição de número ocorre no texto em todas as referências ao casal, pois são feitas sempre com verbos (quatro ocorrências de "estavam", além de "desistiram" e "pediam") e pronomes no plural ("o homem da carrocinha obrigou-os" e "quando eles pediam"). Apenas na última das seis ocorrências de verbo na P6 com o sujeito "eles" (= o jovem casal) é que o pronome reto está explícito.

Os pronomes pessoais ajudam a compor o quadro que Rubem Braga traça. Só tomamos conhecimento de que o jovem casal é casado no terceiro parágrafo do fragmento (ano e meio casados) e não sabemos seus nomes (são tratados por "ele" e "ela"). Com essas escolhas, o escritor dificulta a tarefa de reconhecimento das referências anafóricas. Afinal, não há elementos frasais explícitos anteriores aos pronomes pessoais para que se possa fazer a "ponte da retomada" (ele quem? Ela quem?). Como dissemos, é o título do conto que nos serve de informação semântica (não é gramatical) para estabelecer os vínculos entre "o jovem casal" e "ele" (só depois sabemos que é o marido; no início, podemos apenas pensar que é o homem do casal) ou "o rapaz" e "ela" (depois, esposa; antes, a mulher do casal).

O texto é um misto de narração e descrição. A cena é praticamente estática. Os dois últimos parágrafos se concentram nas reflexões dos personagens, e o uso do discurso indireto livre se mistura com um esboço de fluxo da consciência. É nesse momento que os dois tópicos discursivos se destacam (ele e ela, no terceiro parágrafo; a pensão do Catete, no último). A sequencialidade se configura mais fortemente nesses dois parágrafos, ora pela alternância do tópico, ora pelas informações relativas a cada tópico.

O conto-crônica de Rubem Braga traz um flagrante do cotidiano (o narrador parece um "observador na janela"), mas usa verbos nos pretéritos imperfeito e perfeito também como fatores de sequencialidade. Não sabemos por enquanto se, ao final, o casal consegue ou não pegar o bonde, mas isso nem parece ser o mais importante diante das digressões que encontramos no texto.

*

Uma outra questão envolve as operações de enquadramento dos enunciados de um texto, ainda no que tange à conexão e à segmentação. Suas unidades fundamentais são os organizadores textuais e os sinais de pontuação, que têm a função de, primeiro, "costurar" os itens lexicais e, depois, articular ao contexto essas unidades.

Quanto aos organizadores textuais, citemos alguns deles:

(a) os aditivos: *e, além disso, igualmente, também*;
(b) os alternativos: *ou, ora*;
(c) os argumentativos: *mas, por outro lado, embora, porque, em última análise*;
(d) os sequenciadores: *primeiro, antes, por fim*;
(e) os delimitadores de espaço, tempo ou fonte: *naquela época, na nossa cidade, para os governistas, segundo Platão*.

Os sinais de pontuação, por sua vez, são empregados, em especial, com a finalidade de demarcar ou segmentar as partes do texto por conta de seus termos, sintagmas, proposições, frases ou parágrafos. O sistema de pontuação faz parte de uma convenção gráfica, mas em síntese, como escreve Nina Catach, é um "sistema de reforço da escrita, constituído de sinais sintáticos, destinados a organizar as relações e a proporção das partes do discurso e das pausas orais e escritas" (1994, p. 7). Sua utilização interage com outros níveis operacionais do enunciado, ou seja, esses sinais participam também de todas as funções da sintaxe: gramaticais, entonacionais, semânticas, discursivas e pragmáticas. A eles se acrescentam outros recursos gráfico-frasais, como o itálico, o negrito, a sublinha, etc.

SINAIS DE PONTUAÇÃO [ETC.]
vírgula / ponto e vírgula / ponto final, de exclamação e de interrogação / dois-pontos / reticências / aspas / travessão / parênteses e colchetes / alíneas / negritos, itálicos e sublinhas / asteriscos.

Carlos Alberto Faraco e Cristóvão Tezza (2003, p. 47), explicando os "sinais da linguagem", relembram a afirmação de que "uma língua não é apenas um conjunto de sinais neutros trocados entre um emissor e um receptor, como se fôssemos apenas aparelhos de comunicação de mensagens". Os autores enfatizam a ideia de que o conjunto de sinais que usamos na fala (os sons) ou na escrita (as letras) é, na verdade, "apenas o ponto de partida para o que realmente importa e o que realmente significa", ou seja, *a intenção daquele que fala ou escreve.*

Alguns parágrafos adaptados do artigo "Cogumelos no Armário", de Emiliano José (*Carta Capital*), nos servirão para interpretar algumas das indicações sobre organizadores textuais e sinais de pontuação como componentes da CONECTIVIDADE textual..

> Comprar o ócio? Essa foi a façanha do poeta Manoel de Barros. E isso eu descobri assistindo ao filme *Só dez por cento é mentira*, do cineasta Pedro Cezar, uma quase

biografia, de um sujeito que não é biografável, como ele próprio, o poeta, costuma afirmar. Assisti ao filme duas vezes e a segunda foi melhor ainda que a primeira, muito melhor, pelas descobertas...

O filme alterna o depoimento de Manoel de Barros com vários outros testemunhos. E o espectador se verá diante de uma impressionante sucessão de imagens sobre o inútil, sobre coisas velhas, sobre um mundo aparentemente decadente, materiais descartados, um tempo insondável, ferrugens, um mergulho no cenário de materiais imprestáveis.

Uma jovem catarinense o visita e começa a passar as mãos em suas pernas. Passa uma, passa duas, passa três. "Moça, o que é isso?" – ele indaga. "É pra ver se o senhor existe mesmo". Conta isso no filme, quase com constrangimento pelo que pode significar de autoelogio. Mas, de fato, Manoel de Barros é tão impressionante que a indagação da moça tem sua razão de ser. Quem nunca o tenha lido, seria bom que o fizesse logo.

Há um texto, em *Memórias Inventadas*, relativas àquilo que ele chama segunda infância, em que ele diz que "não amava" que botassem data em sua existência. Ele gostava mais era de encher o tempo. "Nossa data maior era o quando. O quando mandava em nós. A gente era o que quisesse ser só usando esse advérbio". E olhe que bonito: "tem hora que eu sou quando uma árvore", e com isso podia apreciar melhor os passarinhos.

Mas esse tempo, tempo do quando, onde não existiam datas, era o tempo do quando crianças. "Quem é quando criança a natureza nos mistura com as suas árvores, com as suas águas, com o olho azul do céu".

Por tudo isso, por essa beleza, ultimamente sempre recorro ao tempo do quando para diversas situações, para não me angustiar com o tempo. O tempo do quando simplifica tudo, embeleza tudo. O tempo do quando nos dá esperanças, nos faz lutar por nossos sonhos. Se a leitura de Manoel de Barros for atenciosa, carinhosa. Se voar nas asas da imaginação do Pantanal. Onde ele nasceu e se criou. Onde tanta gente linda se criou. Onde a natureza se fez beleza.

Ou seja, se não viajarmos na ideia dos 90 por cento de invenção, não podemos compreender Manoel de Barros. Assim como compreender que uma senhora de nome Ana Belona, de um lugarejo chamado Desprezo, "queria ser árvore para ter gorjeios"? E por que ela queria ser isso? "Ela falou que não queria mais moer solidão". E tinha razão: é muito ruim moer solidão. Cansa. Melhor ser árvore e ter gorjeios.

Um homem que diz isto não é normal. É poeta! Nunca descrever. Só descobrir. O susto... – o alumbramento vem do descobrir. E só se descobre apalpando com as mãos e a imaginação. E nada se descobre com palavra do tanque: "as palavras do tanque são estagnadas, estanques, acostumadas".

Então, o que interessa mesmo é que a vida é feita do descobrir e não do descrever. É o descobrir que nos assusta e nos deslumbra, nos dá a permanente surpresa do viver, sem o que morremos. Por isso, o poeta diz que aprendeu tanto com Sócrates, que "aprendia melhor no ver, no ouvir, no pegar, no provar e no cheirar".

(*Carta Capital*, 23/04/2010)

O autor do artigo materializa sua representação mental com unidades linguísticas selecionadas e enquadradas em enunciados concatenados, valendo-se de recursos expressivos e significativos. Seu texto foi motivado por um filme, mas é recheado de citações do livro *Memórias Inventadas, Segunda Infância*. Durante a leitura das passagens mais literárias do artigo, somos levados à duvida sobre até que ponto o trecho sem aspas e sem indicador lexical é de Emiliano ou é do poeta. Para concretizar a construção coerente dos segmentos de orações, períodos e parágrafos, o colunista exercita seu domínio sobre os instrumentos da língua – a seguir examinados apenas em alguns organizadores textuais e nos sinais de pontuação, todos como fatores de conectividade.

Organizadores Textuais:

(§ 1) Essa foi a façanha do poeta Manoel de Barros. E isso eu descobri assistindo ao filme (...)
(§ 1) E a segunda foi melhor ainda que a primeira, muito melhor, pelas descobertas...
(§ 3) Mas, de fato, Manoel de Barros é tão impressionante que (...)
(§ 3) Seria bom que o fizesse logo.
(§ 4) Há um texto, em *Memórias Inventadas*, (...)
(§ 4) E olhe que bonito (...)
(§ 6) Por tudo isso, por essa beleza, ultimamente sempre recorro ao tempo (...)
(§ 7) Ou seja, se não viajarmos na ideia dos 90 por cento (...)
(§ 9) Então, o que interessa mesmo (...)
(§ 9) Por isso, o poeta diz que aprendeu tanto com Sócrates (...)

Sinais de Pontuação:

– Ponto de interrogação caracterizando um recurso retórico:
Exemplo:
(§ 1) Comprar o ócio?

– Dois pontos introduzindo citações diretas (pessoais ou alheias) marcadas ou não com aspas – sem verbos introdutórios:
Exemplos:
(§ 4) E olhe que bonito: "tem hora que eu sou quando uma árvore"
(§ 7) E tinha razão: é muito ruim moer solidão.
(§ 9) E nada se descobre com palavra do tanque: "as palavras do tanque são estagnadas, estanques, acostumadas".

– Reticências, travessão ou ponto de exclamação (separados ou combinados) revelando uma modalização do narrador:
Exemplos:
(§ 1) melhor ainda que a primeira, muito melhor, pelas descobertas...
(§ 8) Um homem que diz isto não é normal. É poeta!
(§ 8) O susto... – o alumbramento vem do descobrir.

– Sucessão de vírgulas na construção enumerativo-argumentativa (sua ou "apropriada" do poeta):
Exemplos:
(§ 2) (...) imagens sobre o inútil, sobre coisas velhas, sobre um mundo aparentemente decadente, materiais descartados, um tempo insondável, ferrugens, um mergulho no cenário de materiais imprestáveis.

(§ 3) (...) passar as mãos em suas pernas. Passa uma, passa duas, passa três.
(§ 9) (...) aprendia melhor no ver, no ouvir, no pegar, no provar e no cheirar

– Travessão indicando separação de discurso direto:
Exemplo:
(§ 3) "Moça, o que é isso?" – ele indaga.

– Ponto simples para quebrar o ritmo sintático (orações condicionais e locativas) com objetivo expressivo:
Exemplo:
(§ 5) O tempo do quando nos dá esperanças, nos faz lutar por nossos sonhos. Se a leitura de Manoel de Barros for atenciosa, carinhosa. Se voar nas asas da imaginação do Pantanal. Onde ele nasceu e se criou. Onde tanta gente linda se criou. Onde a natureza se fez beleza.

O simples levantamento dessas ocorrências, por si só, não levaria a nada. O que importa é notar como a presença desses componentes dá sentido às escolhas lexicais de substantivos, adjetivos, verbos. A competência no manejo dos recursos da língua contribui para se alcançar o pretendido valor semântico global de um texto.

4.2. PREDICAÇÃO E VERIFICAÇÃO

Há uma diferença entre as expressões referenciais e as expressões predicativas, como se observa nas frases seguintes:

(1) O leão rugiu, deitou-se e dormiu.
(2) O coelho distraído escapou milagrosamente do leão míope no descampado da floresta.

Na frase (1), a expressão referencial é "o leão" e as expressões predicativas são "rugiu, deitou-se e dormiu". Já na frase (2), "o coelho", "o leão", e "no descampado" são as expressões referenciais; "distraído", "escapou", "milagrosamente", "míope" e "da floresta" são as expressões predicativas. Como se viu nos exemplos, a predicação ocorre quando um operador atribui propriedades semânticas suas sobre outro termo ou expressão.

O núcleo dessa sentença é o verbo "escapar", que atuou como predicador sobre seu sujeito, o coelho. Este, apesar da lenda, não era esperto, mas distraído. Sua sorte é que o leão era míope, o que aparece reconhecido no advérbio "milagrosamente". Notamos aí a transferência de traços semânticos dos adjetivos para os substantivos e do advérbio para o verbo. A cena podia ter acontecido nas dependências de um Jardim Zoológico ou numa reserva florestal, mas a predicação "no descampado da floresta" (e não do sertão) localiza o episódio de preservação do simpático orelhudo.

Em condições normais, qualquer texto, qualquer enunciado é uma "sucessão de predicações". Isso se dá porque as frases são feitas a partir de uma relação sintático-semântica em que o elemento X transfere papéis temáticos para o elemento Y (que tanto pode ser o próprio sujeito da sentença quanto seus argumentos internos).

Na frase (2),

... distraído é X e coelho é Y
... escapou é X e o coelho é Y
... milagrosamente é X e escapou é Y
... do leão é X e escapou é Y
... míope é X e leão é Y
... no descampado é X e escapou é Y
... da floresta é X e descampado é Y

Nos primeiros tempos da televisão no Brasil, uma marca de cobertores fez muito sucesso com um *jingle* que dizia:

(3) Já é hora de dormir / Não espere mamãe mandar / Um bom sono pra você / e um alegre despertar...

A transferência praticada pelos significados dos quatro versos da propaganda dos cobertores Parahyba estava nas propriedades de significação da cena de uma criança se preparando para dormir no aconchego aflanelado do cobertor e na voz calorosa e amável da mamãe que coloca seu filho na cama e lhe canta uma suave canção de ninar.

Após a exibição do anúncio, é provável que a família inteira tenha entendido a mensagem com os predicadores do cobertor: é quentinho, é aconchegante, é delicado, bonito, ajuda a dormir melhor e protege do frio...

*

Para a construção de sentido dos enunciados, os usuários da língua também dispomos dos OPERADORES DE VERIFICAÇÃO. Diferentemente do que ocorre com os predicadores, eles não transferem propriedades semânticas (do tipo X sobre Y). O conjunto de palavras e expressões que tradicionalmente se chamam denotativas fornece um bom material para se exemplificar o que fazem os verificadores.

(4) Ninguém reclamou, <u>até mesmo</u> aquele ranheta.
(5) Todos estavam envolvidos, <u>exceto</u> meu finado marido.
(6) <u>Também</u> a Maria da Conceição é oriunda de uma família pobre.
(7) <u>Eis que</u> chega o responsável pelo nosso problema.

(8) No final da partida, só o meu vizinho chorava.
(9) Aposto que foram bem elas que deixaram a porta aberta.
(10) Ela levou praticamente todos os meus discos.
(11) A tua mãe é que sabe de onde vieram tantas bijuterias.

Em relação ao caso de clivagem (fragmentação de uma oração em duas partes) do verificador "é que" (11), vale acrescentar as variações "é quando", "é onde" (e suas eventuais flexões e distanciamentos).

(12) Em nossas palavras é onde está (ou era onde estava) a verdade.
(13) Na nossa infância é quando temos (ou era quando tínhamos) as mais puras emoções.
(14) E era (ou é/foi) naquela cama mal construída que eles se amavam (ou amaram).

Além dos "denotativos" (chamados de advérbios em alguns livros[14]), há outras correlações sintáticas que atuam como verificadores:

(15) A moça não só viaja muito como ainda leva os três filhos.
(16) Ele não é piloto de avião, mas sim de helicóptero.

Não há traços semânticos novos atribuídos pelos termos sublinhados na série (4 a 13). Sua função é verificadora, ou seja, incluir ou excluir (4 a 6), focalizar (7 a 14) e afirmar ou negar (15 e 16). Incluam-se na lista dos verificadores os advérbios "sim" e "não" (protótipos de condensação de enunciados na interlocução "pergunta / resposta").

4.3. INFERÊNCIA E PRESSUPOSIÇÃO

A compreensão de um enunciado também depende da interpretação semântica de elementos subentendidos, que não estão marcados linguisticamente. A partir das realidades semânticas previamente existentes, criam-se outras realidades semânticas, e esse é um conceito bastante difundido para a INFERÊNCIA, que pode ser dedutiva ou argumentativa.

Quando depende unicamente do raciocínio lógico (ao qual se poderia chamar, neste caso, de raciocínio óbvio), dizemos que a inferência é dedutiva. Vejamo-la nas manchetes de jornais e revistas:

(1) Quarta ponte desafogará trânsito pesado no Centro (*A Gazeta*/AC, 26/11/2010)
(2) Cabo Verde e São Tomé e Príncipe reforçam relações comerciais (*Jornal de São Tomé*, 18/11/2010)
(3) FH desiste de demitir servidores (*Jornal do Brasil*, 11/01/1998)

[14] Trato dessa problemática terminológica nos livros *Sintaxe: estudos descritivos da frase para o texto* (p. 85-7) e *Morfologia: estudos lexicais em perspectiva semântica* (p. 79-91).

As deduções são óbvias:

(1a) Atualmente há três pontes, mas o trânsito não está desafogado.
(2a) Cabo Verde e São Tomé já mantinham relações comerciais, mas não eram fortes.
(3a) FH planejava demitir servidores, mas mudou de ideia.

A inferência é argumentativa quando o enunciado causa uma interpretação que depende das relações mútuas estabelecidas pelo senso comum. Se uma pessoa diz ao seu interlocutor uma frase como a que temos em (4), as inferências serão diferentes (4a/4d), tantas quantas puderem ser as condições situacionais entre o enunciador e o destinatário. Não é o que ocorre com a frase (5).

(4) Meu relógio está marcando 18h. [frase do enunciador]
(4a) Ele já está querendo ir embora, não gostou da visita. [inferência a]
(4b) Ele está preocupado com o atraso do advogado, que ficou de chegar às 17h30. [inferência b]
(4c) Está na hora de rezar a ave-maria. [inferência c]
(4d) Ué, no meu são 17h40. Fica comprando relógio falsificado... dá nisso. [inferência d]
(5) Dilma Roussef é a primeira mulher a ocupar a Presidência da República. [frase do enunciador]
(5a) O que será que ele quis dizer com essa frase? [inferência Ø]

Como a frase (5) independe das condições situacionais entre os interlocutores, o máximo que pode ocorrer é a suspeita sobre alguma "segunda intenção" do emissor... ou não.

A INFERÊNCIA é um termo genérico e a PRESSUPOSIÇÃO é uma particularidade. Se consultarmos os livros que examinam mais detidamente casos como esses, talvez cheguemos à conclusão de que a ambos podemos acrescentar os termos IMPLICATURA / IMPLICAÇÃO e ACARRETAMENTO.

Vejamos a seguir algumas considerações a esse respeito, para comprovar que todos esses termos coexistem num ponto: eles giram em torno do que está implícito num enunciado.

(A) INFERÊNCIA COM PRESSUPOSIÇÃO SEMÂNTICA

É a relação que ocorre entre duas proposições. Se a explícita (PEx) é verdadeira, a implícita (PIm) também o é; mas, se PEx é falsa, PIm continua verdadeira e assim permanece mesmo que se faça a negação de PEx. É o que mostram os exemplos seguintes.

(6) A gaiola de madeira caiu no chão e quebrou. [proposição explícita – enunciado posto]
(7) A gaiola de madeira estava inteira e num lugar acima do chão. [proposição implícita – enunciado pressuposto, afirmativo]
(8) ["desmentido" de (6)] A gaiola de madeira não caiu no chão nem quebrou. [PEx – enunciado posto, negativo]

(9) ["desconfiança" sobre (6)] A gaiola de madeira não caiu no chão nem quebrou? [PEx – enunciado posto, interrogativo]

(10) A gaiola de madeira estava inteira e num lugar acima do chão. [PIm – enunciado pressuposto]

A proposição (6) passou de afirmativa para negativa (8) ou para interrogativa (9), mas o pressuposto não mudou. Há construções sintáticas bastante favoráveis ao reconhecimento da pressuposição semântica, como acontece com os predicados modalizantes (com verbos ou expressões do tipo "lamentar, comemorar, saber, ter pena, estar triste, descobrir, contentar-se, estar feliz, ser surpreendido"), com os predicados aspectuais (com verbos auxiliares como "parar de, começar a, voltar a" ou verbos como "reincidir, prosseguir") e com estruturas de clivagem (vistas no item anterior).

(11) Todos estão tristes porque ela vai ser transferida. [o pressuposto verdadeiro é "ela vai ser transferida"]

(12) Os meninos prosseguem sua viagem pela Europa. [o pressuposto verdadeiro é "eles estão viajando pela Europa"]

(13) Foi o Moto Clube que ganhou o campeonato maranhense. [o pressuposto verdadeiro é "o campeonato maranhense já terminou e tem um campeão"]

(B) Inferência com Pressuposição Pragmática

É também a relação que ocorre entre duas proposições. Difere da anterior porque o que se pressupõe não está na PEx, mas apenas na PIm. É o que mostram os exemplos seguintes.

(14) Abre a porta do carro para mim, por favor. [PEx – enunciado posto]

(15) A porta do carro está fechada. [PIm – enunciado pressuposto]

(16) Eu estou com as mãos ocupadas e não posso abrir a porta. [PIm – enunciado pressuposto]

(17) Seja cavalheiro! [PIm – enunciado pressuposto]

Esse tipo de pressuposição só se define com precisão dentro de uma situação linguística, que envolve o emissor e seu interlocutor. Foi o que vimos há pouco quando tratamos da inferência argumentativa. Por isso, sobre a frase (14) cabe dizer que outras proposições implícitas poderiam ser acrescentadas ao trio (15 a 17) – ver exemplo (18) – e que esses enunciados pressupostos não necessariamente autoexcludentes.

(18) Após levar uma batida, a porta do carro ficou emperrada e só com a ajuda de uma ferramenta será possível abri-la. [PIm – enunciado pressuposto]

Casos há também em que a pressuposição pragmática é unívoca.

(19) Vadinho foi o primeiro marido de Dona Flor. [PEx – enunciado posto]

(20) Dona Flor teve, pelo menos, um segundo marido. [PIm – enunciado pressuposto]

(c) Inferência com Implicatura

É uma proposição implícita decorrente da constatação de que o sentido de uma proposição explícita é irrelevante. Em (21), a pergunta tenta saber algo que se mostra totalmente supérfluo, e é isso que caracteriza a IMPLICATURA.

(21) Qual o trabalho que Genoveva faz na firma? [PEx[1]– enunciado[1] posto]
(22) Ela é nora do Deputado. [PEx[2] – enunciado[2] posto]
(23) Genoveva não precisa fazer nada. [PIm – enunciado depreendido por implicatura]

(d) Inferência com Implicação (lógica/semântica)

É uma relação lógica que se estabelece a partir de duas proposições, necessariamente interligadas pelo fato de ao menos uma delas ser verdadeira. Em decorrência dessa interligação constrói-se a IMPLICAÇÃO. Vejamos nos pares (24 a 27) esse silogismo.

(24) Eu sou brasileiro. Brasileiro não desiste nunca [PEx[1] + PEx[2] – enunciados verdadeiros postos]
(25) Eu também não desisto nunca. [PIm – enunciado verdadeiro depreendido por implicação]
(26) Havia dois leões naquela jaula. Leões são animais muito conversadores. [PEx[1] + PEx[2] – enunciados, respectivamente, verdadeiro e falso postos]
(27) Os dois leões da jaula são conversadores. [PIm – enunciado falso depreendido por implicação]

(e) Inferência com Acarretamento

É uma relação semântica entre uma proposição explícita e as inferências que se podem fazer a seu respeito apenas por se saber que se trata de uma proposição verdadeira. A rigor, o ACARRETAMENTO pode se dar a partir de um único item lexical (um verbo ou um substantivo) ou a partir de uma composição de itens lexicais (um verbo e seus argumentos, concomitantemente).

(28) Genoveva jogou vinho no sofá da recepção [PEx – enunciado posto]
(28a) Genoveva é um ser animado (a nora do Deputado?), desencadeador do processo intencional de arremessar (líquido num objeto). [PIm – enunciado depreendido por acarretamento do verbo "jogar", <u>forma lexical</u>]
(29) Genoveva jogou fora seu emprego. [PEx – enunciado posto]
(29a) Genoveva, aqui, desencadeia um processo não intencional de desperdiçar (alguma coisa). [PIm – enunciado depreendido por acarretamento a partir do sintagma "jogar fora", <u>forma composicional</u>]

*

O efeito retórico das inferências pode determinar o sentido do ato linguístico, já que tem a ver com a enunciação. Ao trabalhar as situações contextuais em que se produziu o enunciado, investigam-se (instintivamente?) os efeitos de sentido projetados pela fala, isto é, o que o falante quis dizer com o que disse. Mas o assunto "os subentendidos da língua" ainda precisa de mais um comentário. Por influência de certas expressões típicas da oralidade, é possível encontrarmos combinações sintáticas superficialmente incompletas, sem que sejam casos de elipse ou de zeugma. Comparemos as frases seguintes.

(30) As modelos chegaram muito tarde e, por isso, hoje [elas] acordaram cansadas.
(31) Enfim parecia [que] todos estavam alojados.
(32) No passado, nós nos assustávamos com filmes de terror; hoje, [nós nos assustamos] com o terrorismo.
(33) Geralmente criança gosta de sorvete, [de] algodão-doce e [de] pipoca.
(34) Para você não se aborrecer mais, só mesmo tomando um chá bem forte. [?]
(35) Naquela firma, salário que é bom muitas vezes não passa de mínimo. [?]

As frases (30) e (31) contêm elementos subentendidos por ELIPSE. As frases (32) e (33) exemplificam casos de ZEUGMA. Diríamos que as três contêm elementos subentendidos que são explicitáveis univocamente. Ninguém dirá que os componentes sintático-semânticos colocados dentro dos colchetes poderiam ser outros, ainda que "elas" signifique "as modelos" e "nós" signifique "eu e mais alguém". Essas possibilidades ocorreriam mesmo que as frases não estivessem com tais termos subentendidos.

Nas frases (34) e (35), a explicitação do subentendido não é unívoca, pois depende do reconhecimento compartilhado entre emissor e receptor acerca do significado do que se quis dizer. Nesse caso, um "significante locucional" opera com "categorias vazias" mais complexas do que nos exemplos (30/33), como se as "lacunas do subentendido" fossem de preenchimento mais trabalhoso.

Em (34), o enunciado nos mostra duas orações subordinadas adverbiais: a primeira é final (= para que você não se aborreça mais), a segunda é condicional (= só mesmo se você tomar um chá bem forte) ou temporal (= só mesmo quando você tomar um chá bem forte). O enunciado não contém nenhuma oração principal. Ela não está elíptica, mas está subentendida e pode ser reconhecida numa paráfrase da frase, que se vê em (34a/b/c).

(34a) Para você não se aborrecer mais, / será necessário / que você tome um chá bem forte. [a oração adverbial condicional ou temporal, reduzida de gerúndio, é, agora, substantiva subjetiva, desenvolvida]
(34b) Você só não se aborrecerá mais mesmo / tomando um chá bem forte. [a ex-oração adverbial final, reduzida de infinitivo, é, agora, principal, incorporando os focalizadores "só" e "mesmo" ao verbo "aborrecer"]

A frase (34) combina orações subordinadas adverbiais reduzidas sem que exista uma oração principal formalmente constituída, o que caracteriza um tipo especial de ANACOLUTO – desfeito nas duas paráfrases acima. A segunda delas (34b) explica melhor o deslocamento dos focalizadores "só" e "mesmo" que foram para o lado direito do período em (34), pois não subverte tanto a questão sintática. Apesar disso, o que interessa neste passo não é examinar as questões sintáticas, mas sim o SIGNIFICADO desse "SIGNIFICANTE FRASAL". Assim, o trecho "só mesmo tomando um chá bem forte" também pode ser interpretado como um caso de ANÁFORA ZERO, ou seja, um caso que se aproxima da zeugma por evitar a repetição do verbo "aborrecer", mas que dela se afasta porque seu preenchimento cria uma frase artificial na língua, como se vê em (34c).

(34c) Para você não se aborrecer mais, só não se aborrecerá mesmo tomando um chá bem forte.

Na frase (35), reapresentar o que está subentendido sobre "o salário mínimo" é também uma operação complexa. Aparentemente, a frase contém uma oração relativa com predicação positiva para o sujeito "salário" retomado pelo pronome "que". Esse "samba do empregado doido" está em (35a).

(35a) Naquela firma, salário que é bom muitas vezes não passa de mínimo. [ao pé da letra: *salário bom não pode ser maior do que o salário mínimo*]

O enunciado que preenche a lacuna da frase (35) pode ser um dos que se veem em (35b/c)

(35b) Naquela firma, salário / que (só) é bom quando é decente / muitas vezes não passa de mínimo. [a oração relativa se expande como principal de uma oração adverbial argumental, explicitando o papel modalizador do trecho "que é bom"]

(35c) Naquela firma, o salário é tão ruim / que não passa de mínimo. [a "tradução" da frase original apresenta uma oração adverbial consecutiva e substitui o modalizador "que é bom" pelo predicador "é tão ruim" e com isso muda o efeito discursivo da sentença-base]

Em suma, não foi possível fazer as mesmas operações de reescritura nas frases (34) e (35). Em (34) pudemos recorrer aos conhecimentos de focalização, anacoluto, anáfora e zeugma para interpretar o que estava subentendido. Em (35), as noções importantes foram as de relativização e de modalização. São apenas dois exemplos de tantos que são necessários para se compreender o que atua nos "bastidores" dos enunciados. Partes dos estudos linguísticos se interligam na construção dos significados. E é mesmo isso que torna o estudo da semântica tão necessário e fascinante.

*

A manchete do jornal *Extra* do dia primeiro de novembro de 2010 estampava em letras garrafais "**ACABOU O CLUBE DO BOLINHA**". Um destaque em letras brancas menores sobre um fundo vermelho, logo acima, dava a chave da manchete: DILMA É A PRIMEIRA PRESIDENTE EM 121 ANOS DE REPÚBLICA. E na parte superior da página, logo abaixo do logotipo do jornal, seis fotos de homens presidentes, com a seguinte legenda: "Deodoro da Fonseca assumiu em 1889. Depois dele, só homem ocupou a cadeira, entre eles Getúlio, JK, Fernando Collor, Fernando Henrique e Luís Inácio Lula da Silva."

As duas reproduções que vemos adiante são coerentes para a notícia que o jornal precisa publicar? O "Clube do Bolinha"... Quem é o Bolinha? Que clube é esse? Adiantaria ilustrar a manchete com a imagem do "clube do Bolinha" e, com humor, dizer que ele ficará fechado por quatro anos (pelo menos)? Ou seria melhor colocar as imagens de Juca, Carequinha e Zeca (os sócios do Bolinha) e seus depoimentos sobre o encerramento ou suspensão das atividades clubísticas? Será que alguém preferiria ouvir o desabafo da Luluzinha, eterna candidata a entrar para o clube, sempre impedida pelo aviso pichado nas paredes (MENINA NÃO ENTRA)?

EXTRA

R$ 1,10

DILMA É A PRIMEIRA PRESIDENTE EM 121 ANOS DE REPÚBLICA

ACABOU O CLUBE DO BOLINHA

Lula diz que Tiririca é a cara da sociedade

Zito: 'Baixada vê PSDB como partido de rico'

Sérgio Cabral, Moreira e Côrtes estão bem na fita

Serra não descarta nova candidatura

PT já especula se Lula tentará voltar em 2014

Para Aécio, tarefa de Dilma é pacificar o país

EXTRA

R$ 1,10

DILMA É A PRIMEIRA PRESIDENTE EM 121 ANOS DE REPÚBLICA

ACABOU O CLUBE DO BOLINHA

FECHADO POR QUATRO ANOS (pelo menos)

MENINA NÃO ENTRA

Lula diz que Tiririca é a cara da sociedade

Zito: 'Baixada vê PSDB como partido de rico'

Sérgio Cabral, Moreira e Côrtes estão bem na fita

LULU PALHARES ADOROU

Serra não descarta nova candidatura

PT já especula se Lula tentará voltar em 2014

Para Aécio, tarefa de Dilma é pacificar o país

Ufa, até que enfim acabaram-se as perguntas. Na verdade, a chave para a manchete do jornal é esta: há nas histórias em quadrinhos um personagem apelidado Bolinha (seu nome verdadeiro é Tomás França), que lidera um grupo de quatro meninos, fundadores de um clube exclusivo no qual "menina não entra". Entre o conhecimento trivial dessa revista (criada por Marjorie Bluel em 1935) e a eleição de Dilma Roussef para a presidência da república podemos calcular o que os editores do jornal *Extra* levaram em consideração para aprovar a manchete que noticiou esse fato histórico. As imagens e as frases nos dão a entender que a escolha de uma mulher como presidenta tinha/teria, para os editores e leitores do jornal, um significado que superava o próprio resultado da eleição. O interessante disso tudo é ver como os jornalistas encontraram, do ponto de vista lexical e discursivo, a solução para que a primeira página tivesse o(s) significado(s) suposto(s) e pressuposto(s).

4.4. METAFORISMO E METONIMISMO

Na tradição dos estudos retóricos, a METÁFORA e a METONÍMIA são figuras de linguagem (TROPOS) que se caracterizam por terem uma aparência de impertinência que pode ser lógica ou contextual.

A definição é de André Valente (1997, p. 78): "A METÁFORA é a transposição de sentido de uma palavra através de uma relação subjetiva." Ela acontece quando se dá uma transferência de denominação entre dois significantes. Assim, tomar a palavra "leão" e transferi-la para predicar um ser humano é o processo normalmente explicado como a "comparação subentendida" de que falam os livros didáticos. A metáfora segue, portanto, o esquema "S1 tem o mesmo atributo de S2" – nesse caso, como vemos em (1), o atributo de ambos está implícito.

(1) Nosso filho é um leão nos exercícios da academia. [= tem a tenacidade de um leão / é corajoso como um leão] [S1 "nosso filho" tem o mesmo atributo (tenacidade, coragem) de S2 "leão"]

Outra possibilidade é o atributo estar explícito e o segundo significante (S2) estar subentendido, como acontece na frase (2), que tem o atributo "quente".

(2) Veremos cenas quentes nos próximos episódios. [= cenas capazes de gerar impressões fortes e sensuais] [S1 "cenas" tem o mesmo atributo (calor) de um S2 implícito (temperatura elevada)]

Há também metáfora quando S2 ocupa o lugar de S1 e dispensa a explicitação do atributo, como temos em (3)

(3) Os dois partidos fizeram uma ponte política. [= acordo político] [S1 implícito (acordo) tem o mesmo atributo (aproximação entre duas partes) de S2 "ponte"]

A metáfora, nesses casos, opera com o princípio da analogia e por isso, quando os valores semânticos da base comparativa são nebulosos, ambíguos ou desconhecidos, as metáforas são herméticas, o que pode ser uma qualidade ou um defeito expressivo, conforme o tipo de texto em que ocorram. São metáforas "inventivas" ou "fracassadas" as que aparecem nas frases (4) a (6)? Como explicitar de modo unívoco as interrogações colocadas nos parênteses?

(4) A aeromoça do voo para Pequim era um helicóptero. [S1 "aeromoça" tem o mesmo atributo (??????) de S2 "helicóptero"]
(5) Não gostei do sorriso quadriculado daquele jardineiro. [S1 "sorriso" tem o mesmo atributo (quadriculado) de um S2 implícito (??????)]
(6) A vassoura do estômago está comigo. [S1 implícito (??????) tem o mesmo atributo (??????) de S2 "vassoura"]

Faltam-nos, é claro, contextos que deem coerência para as três frases anteriores. Seria indispensável dizer que o enunciador de (4) atribui aos "helicópteros" um *status* de superioridade para que a frase passasse a fazer sentido Em (5), caberia falar de uma pessoa que perdeu dentes alternados e, quando ri, faz lembrar o tabuleiro de um jogo de xadrez. E em (6), poderíamos pensar que o remédio capaz de limpar o estômago como uma vassoura está guardado com o emissor.

(4a) A aeromoça do voo para Pequim era superior (presunçosa) como um helicóptero.
(5a) O sorriso do jardineiro era quadriculado como um tabuleiro de xadrez.
(6a) O remédio (para o estômago) que é eficiente como uma vassoura (para a casa) está comigo

A sincronia explica as METÁFORAS ENIGMÁTICAS. As METÁFORAS MORTAS só se entendem na diacronia. Como entender, por exemplo, a metáfora matemática "raiz quadrada"? Será preciso estudar um pouco de história para saber que essa raiz significa "lado". Isso quer dizer que a relação que um lado tem com o seu quadrado é como a relação que uma raiz tem com a planta que sustenta. Os textos matemáticos, desde os gregos e romanos até a Idade Média, estão carregados de metáforas vegetais e alimentícias, pois nossos antepassados associavam efetivamente os números a plantas. Assim também ocorre com a metáfora culinária "bolo", tirada do substantivo "bola", com fechamento da vogal tônica e troca da vogal *–a* por *–o* talvez pelo feitio arredondado que os bolos em geral apresentam.[15]

Igualmente interessante é chamar a atenção para as METÁFORAS CONCEITUAIS[16]. Elas se baseiam, numa visão cognitivista segundo a qual conceitos abstratos que subjazem ao pensamento humano norteiam a linguagem e a maneira como nos referimos aos objetos que nos cercam (revelando enfim de que maneira vemos o mundo).

> As metáforas conceituais nada mais são do que uma espécie de denominador comum das muitas metáforas cotidianas sobre um mesmo tema. (Henriques, 2010, p. 132)

Na letra da canção "Pela Internet" (cd "Quanta", 1997), Gilberto Gil usa várias metáforas em torno do mesmo tema. O compositor pergunta: "Com quantos gigabytes se faz uma jangada, um barco que veleje nesse infomar, que aproveite a vazante da infomaré, que leve um oriki do meu orixá ao porto de um disquete de um micro em Taipé?"

Aqui, a metáfora conceitual é "a rede de computadores é um (ciber)espaço". Podemos, nessa perspectiva, manipular objetos no espaço, acompanhar seus movimentos e pensar sobre eles. A metáfora do espaço virtual pode se especializar, seja no espaço aéreo (minha página está no ar; vou baixar um arquivo no meu computador), seja no espaço oceânico (o *infomar* e a *infomaré* de Gil; gosto de navegar na internet).

Outras metáforas conceituais são as que se combinam na ideia de que "a sociedade é um organismo vivo" (7), de que "o tempo é um bem que possuímos" (8), de que "a alegria e

[15] RAIZ: cf. *Metáforas Que Nos Piensan* (Lizcano, 2006, p. 64-5); BOLO: cf. *Dicionário Houaiss*.

[16] No livro *Metáforas da Vida Cotidiana* (a 1ª ed. é de 1980), *George* Lakoff & Mark Johnson assim introduzem o tema das metáforas conceituais: "Na maioria das pequenas coisas que fazemos todos os dias, simplesmente pensamos e agimos mais ou menos automaticamente seguindo certas linhas. O que essas linhas são não é não nem um pouco óbvio. Uma das maneiras de descobrir é olhando a linguagem" (1984, p. 3). **N. do Autor:** A tradução brasileira foi publicada em 2002 (Mercado das Letras).

a tristeza têm direcionalidade para cima e para baixo, respectivamente" (9), de que "futebol é guerra ou é um caso de vida ou morte" (10) ou de que "o esporte é um negócio" (11).

(7) A sociedade sofrerá na pele o impacto do novo plano.

(8) Não perca seu tempo com isso. Invista seu tempo em coisas úteis!

(9) Musa do axé esbanja alto astral. Não me envergonho em dizer que estou na fossa.

(10) O artilheiro fez 22 gols. A defesa estava desguarnecida. Nosso time ainda estava respirando. Entrou para matar o jogo. O matador fez 22 gols.

(11) O técnico vive sendo cobrado. O time jogou mal, mas saiu no lucro.

Os desdobramentos dos significados não têm limite e, no caso das metáforas, o "embate" entre o concreto e o abstrato envolve praticamente tudo.

Vejamos numa questão do ENADE de Letras de 2001 a tirinha de Calvin que serviu como um dos textos dados para examinar as proposições de Saussure sobre a arbitrariedade do signo linguístico. A tirinha também ilustra essa potencialidade de metaforismo.

Nas palavras que emprega com seu pai, Calvin fala de uma convenção, uma espécie de pacto que existe entre os falantes. O diálogo é revelador: podemos trocar os significados dos significantes para não sermos compreendidos. O que Calvin não diz, mas deixa nas entrelinhas é que também podemos usar os significantes como metáforas originais e incompreensíveis, o que não deixa mesmo de ser "muito lubrificante"...

Na literatura, mais especificamente na poesia, a busca pela originalidade expressiva é um traço de diversos autores. Usar metáforas e, eventualmente, associá-las às "lacunas" sintáticas dos seus versos é um bom campo para a observação dos fenômenos semânticos de enunciados não prototípicos, como vemos na letra de uma de Djavan (12) e de um poema de Haroldo de Campos (13).

(12) Solidão de manhã, / Poeira tomando assento / Rajada de vento, / Som de assombração, coração / Sangrando toda palavra sã. // A paixão puro afã, / Místico clã de sereia / Castelo de areia, / Ira de tubarão, ilusão / O sol brilha por si. // Açaí, guardiã / Zum de besouro um ímã / Branca é a tez da manhã. ("Açaí": cd "Luz", 1982)

(13) de sol a sol / soldado / de sal a sal / salgado / de sova a sova / sovado / de suco a suco / sugado / de sono a sono / sonado // sangrado / de sangue a sangue

(Bosi: 1999, p. 479)

Na letra de "Açaí", os sintagmas estão "descosturados", suspensos pela intenção do autor de apenas sugerir possibilidades de escritura, mas não de significação. O cenário é uma solitária manhã ou é a solidão de alguém que acorda de manhã e descreve a natureza, associando-a à ideia de um coração sangrando? Qual a relação entre "rajada de vento", "som de assombração" e o próprio coração do eu-lírico? Na segunda estrofe, quantas metáforas se referem à palavra "paixão"? Seria mesmo uma tarefa bem interessante propor a reescritura da letra de Djavan usando estruturas sintáticas completas que se ajustasse coerentemente a uma possível interpretação de seus versos.

No poema de Haroldo de Campos, sua habitual desconstrução da cadeia frasal não impede uma outra reconstrução dos significados implícitos. A massa sonora e a combinação morfossemântica criam a possibilidade de estabelecer vínculos metafóricos entre os pares sol/soldado, sal/salgado, sova/sovado, suco/sugado e sono/sonado. O poeta instaura uma aproximação entre os substantivos sol, sal, sova, suco, sono e sangue e com eles cria uma cadeia interna que acaba produzindo uma lógica que também pode ser explicitada em frases de características morfossintáticas convencionais.

O reconhecimento das metáforas está associado às noções induzidas entre os elementos S1 e S2 e é por isso que se diz que a metaforização (ou o metaforismo) é um dos processos de uso mais amplo na criação do léxico. Sua vulgarização extrema chega a dissipar sua origem metafórica, como nestes exemplos: *folha* de papel (< *folha* da árvore), *boca* do túnel (< *boca* de uma pessoa), *colunas* do jornal (< *colunas* de um edifício) ou *leito* do rio (< *leito* de madeira ou ferro). Chamam-se metáforas lexicalizadas ou fossilizadas, embora sejam mais conhecidas como casos de CATACRESE.

*

A METONÍMIA, tal qual acontece com a metáfora, também revela um enunciado, a princípio, impertinente. A palavra "deslocamento" é a chave que normalmente se usa na explicação desse tropo. É o que ocorre quando se usa a palavra "teto" em lugar da palavra "casa, moradia", processo normalmente apresentado nos livros como exemplo da "contiguidade semântica".

Na metonímia, portanto, um significante (S1) atua como substituto de outro significante (S2), não mais por conta de algum atributo real ou criado que os una (isso acontece na metáfora), mas por conta de uma proximidade semântica literal. Ela segue o esquema em que "S1 atua como substituto de S2" – nesse caso, como vemos em (14) a contiguidade semântica é literal.

(14) Todo cidadão precisa de um teto para viver com dignidade. [teto = moradia, casa] [S1 "teto" substitui S2 "casa" pela contiguidade expressa na noção "a parte pelo todo"]

(15) Aquela moça era mesmo o orgulho dos pais. [orgulho = responsável pelo sentimento de orgulho] [S1 "orgulho" substitui S2 "responsável pelo orgulho" pela contiguidade expressa na noção "o efeito pela causa"]

As frases seguintes apresentam outras possibilidades de entendimento de deslocamentos por metonimismo.

(16) O Brasil está vibrando com essa decisão. [o todo pela parte: "o Brasil" substitui "o povo brasileiro"]

(17) O sertanejo é antes de tudo um forte. [a espécie pelo indivíduo: "sertanejo" substitui "habitante do sertão"]

(18) Todo domingo bebia duas garrafas de vinho. [o continente pelo conteúdo: "duas garrafas" substitui "líquido contido em duas garrafas"]

(19) O Ministério da Saúde adverte: fumar causa impotência sexual. [o local pela pessoa: "Ministério da Saúde" substitui "os médicos do Ministério"]

(20) Ao longe, o bronze ecoava a vitória dos aliados. [a matéria pela coisa: "bronze" substitui "sinos de bronze"]

(21) Na faculdade, todos liam Mattoso Câmara. [o autor pela obra: "Mattoso Câmara" substitui "os livros de Mattoso Câmara"]

(22) O meia de meu time é muito habilidoso. [a posição ou função pelo ocupante: "meia" substitui "jogador que atua no meio de campo"]

(23) Gosto de viajar de Mercedes. [a marca pelo produto: "Mercedes" substitui "carro ou ônibus dessa marca"]

(24) Os tucanos continuam na oposição ao governo. [o símbolo pela entidade: "tucanos" substitui "PSDB"]

(25) Trabalho duro para ganhar o pão de minha família. [o específico pelo genérico: "pão" substitui "sustento"]

(26) Aquele médico não pode atendê-la porque ele ainda tem uma gravidez para ver hoje. [o estado pela pessoa; "gravidez" substitui "paciente grávida"]

Um tipo especial de metonímia (que recebe o nome de ANTONOMÁSIA) ocorre quando um substantivo próprio é substituído por seu epíteto ou apelido: *Cidade Eterna* é o substituto de "Roma"; *Poeta do Mar* é o substituto de Vicente de Carvalho; *Garota de Ipanema* é o substituto de Helô Pinheiro... Também há um deslocamento (agora com o nome de EPONÍMIA[17]) quando o substantivo próprio passa a atuar como significante de um substantivo comum: o antropônimo "Carrasco" (Belchior Nunes *Carrasco*, algoz que teria vivido em Lisboa, antes do séc. XV) passa a "carrasco" (subst. comum), com o significado de "indivíduo cruel, executor da pena de morte); o antropônimo "Gary" (Aleixo *Gary*, incorporador da empresa a cujo cargo esteve o serviço público de limpeza das ruas, no Rio de Janeiro do início do século XX) passa a "gari" (subst. comum), com o significado de "varredor de rua".

Explicar que a metonímia se constrói por meio das contiguidades exemplificadas em (14) a (26) é uma informação pertinente, mas insuficiente para garantir que

[17] Adiante, no capítulo "Léxico em Foco", voltaremos a falar de ANTONOMÁSIA e EPONÍMIA. No livro *Morfologia: estudos lexicais em perspectiva sincrônica* faço minuciosa análise e interpretação do fenômeno da neologização pela eponímia no português (2011, p. 146-50).

o procedimento é aplicável sem nenhum tipo de restrição. Em outras palavras; nem sempre uma parte pode substituir o todo (o movimento dos *sem-teto* não seria a mesma coisa se tivesse o nome de movimento dos *sem-janela* ou dos *sem-maçaneta*) ou o específico pode substituir o genérico (buscar *o leite das crianças* não é o mesmo que buscar *o refrigerante das crianças*) e assim por diante. Frases com essas "subversões", entretanto, têm espaço em situações de ironia e humor ou de criação artística. Outras vezes podem gerar desconforto ou má-vontade.

(27) Estou na fila do desemprego!
(28) Se eleito, vou resolver o problema da segurança nas estradas.

Afeta a lógica das coisas dizer em (22) "fila do desemprego" ou em (23) "problema da segurança". Afinal, a fila é de desempregados, e quem entra nessa fila pretende obter emprego; a segurança não é um problema, o problema é a falta de segurança. Esses deslocamentos afetam a superfície do enunciado e devem ser criticados por sua impertinência? A resposta pode até ser a aceitação da crítica, mas nunca por existir impertinência. Metonímias (e metáforas) são sempre impertinentes... e generalizadas. Ambas funcionam a partir de um ponto de referência segundo o qual se processará o acesso mental ao conteúdo enunciado ou pretendido.

O metaforismo e o metonimismo funcionam como se fossem (e agora quem elabora uma metáfora sou eu) uma espécie de receptor de canais de tevê a cabo ou por satélite. Se o sinal do canal de tevê que desejamos sintonizar não é dos mais nítidos, aparecerá um aviso no monitor: PROCURANDO O SINAL. Emissoras com sinal forte são captadas imediatamente. Tempestades fazem com que o sinal se perca. Sinais fracos fazem com o sinal apareça com interferências. Além disso, o satélite tem uma limitação de alcance. Juntemos a experiência com as tevês por assinatura e nossa experiência com as palavras e os significados e poderemos saber se nosso "plano-assinatura" está à altura da mensalidade.

Como nossa "antena" reagiria diante da palavra "canhão"? Ela está presente numa música de Geraldo Vandré que se tornou um hino de resistência à ditadura: "Pra não dizer que não falei das flores" (1968, lp "Festival da Canção").

Caminhando e cantando
E seguindo a canção
Somos todos iguais
Braços dados ou não
Nas escolas, nas ruas
Campos, construções
Caminhando e cantando
E seguindo a canção...

Vem, vamos embora
Que esperar não é saber
Quem sabe faz a hora
Não espera acontecer...(2 vezes)

Pelos campos há fome
Em grandes plantações
Pelas ruas marchando
Indecisos cordões
Ainda fazem da flor
Seu mais forte refrão
E acreditam nas flores
Vencendo o canhão...

A palavra "canhão" está usada metonimicamente nessa música. Aliás, há duas metonímias se confrontando nesse trecho: as FLORES, que representam a paz, e o CANHÃO, que representa a guerra.

Observemos agora o trecho final:

Nas escolas, nas ruas
Campos, construções
Somos todos soldados
Armados ou não
Caminhando e cantando
E seguindo a canção
Somos todos iguais
Braços dados ou não...

Os amores na mente
As flores no chão
A certeza na frente
A história na mão
Caminhando e cantando
E seguindo a canção
Aprendendo e ensinando
Uma nova lição...

Vem, vamos embora
Que esperar não é saber
Quem sabe faz a hora
Não espera acontecer...

A letra de Geraldo Vandré está quase toda em linguagem figurada. Se repararmos no estribilho a expressão "Quem sabe faz a hora / Não espera acontecer", é claro que não tomaremos seu sentido literalmente, pois ninguém faz a hora. A metonímia aqui se refere ao que simboliza essa palavra: "hora" é "tempo" e "tempo" é a própria vida. Quem sabe, age, decide sua vida; não espera acontecer...

*

Nosso próximo exemplo é de Manuel Bandeira (1886-1968). Em 1933, ele escreveu o "Poema do Beco", que dizia concisamente em dois versos:

Que importa a paisagem, a Glória, a baía, a linha do horizonte?
– O que eu vejo é o beco.

O pobre "beco" onde Bandeira morava, na rua Moraes Vale, perto da Lapa, no Rio de Janeiro, não deixa de ser uma *rua estreita e curta, por vezes sem saída*, uma *ruela*, como dizem os dicionários. O beco é uma ponta do poema; a outra ponta é a paisagem, a Glória, a baía, a linha do horizonte: ruela *versus* horizonte. Mas o poeta diz que aquela amplidão não lhe importa, pois o que ele vê é o beco.

A "linha do horizonte" é o antônimo do "beco" na pertinência ou na impertinência? Em ambas? O poeta vê o beco porque o enxerga, avista, divisa? Ou porque o contempla, reconhece, analisa? Cabe discutir as escolhas sobre o verbo ou mesmo juntar esses significados diante da frase seca do segundo verso. O contraste fica resolvido na expressão "que importa" que inicia o poema, mas sabemos que o beco não é, a princípio, metonímia de nada (o poeta morava mesmo num beco). Não precisava ser... se não assumisse no texto o lugar de "meu mundo", "meu habitat", diante da grandeza da outra ponta, nada menos do que a "linha do horizonte".

Manuel Bandeira, nove anos depois do "Poema do Beco", resolveu retornar a ele e escreveu a "Última Canção do Beco", agora com 49 versos.

> Beco que cantei num dístico
> Cheio de elipses mentais,
> Beco das minhas tristezas,
> Das minhas perplexidades
> (Mas também dos meus amores,
> Dos meus beijos, dos meus sonhos),
> Adeus para nunca mais!
>
> Vão demolir esta casa.
> Mas meu quarto vai ficar,
> Não como forma imperfeita
> Neste mundo de aparências:
> Vai ficar na eternidade,
> Com seus livros, com seus quadros,
> Intacto, suspenso no ar!
>
> Beco de sarças de fogo,
> De paixões sem amanhãs,
> Quanta luz mediterrânea
> No esplendor da adolescência
> Não recolheu nestas pedras
> O orvalho das madrugadas,
> A pureza das manhãs!
>
> Beco das minhas tristezas.
> Não me envergonhei de ti!
> Foste rua de mulheres?
> Todas são filhas de Deus!
> Dantes foram carmelitas...
> E eras só de pobres quando,
> Pobre, vim morar aqui.

Lapa – Lapa do Desterro –
Lapa que tanto pecais!
(Mas quando bate seis horas,
Na primeira voz dos sinos,
Como na voz que anunciava
A conceição de Maria,
Que graças angelicais!)

Nossa Senhora do Carmo,
De lá de cima do altar,
Pede esmolas para os pobres,
– Para mulheres tão tristes,
Para mulheres tão negras,
Que vêm nas portas do templo
De noite se agasalhar.

Beco que nasceste à sombra
De paredes conventuais,
És como a vida, que é santa
Pesar de todas as quedas.
Por isso te amei constante
E canto para dizer-te
Adeus para nunca mais!

Essa retomada do primeiro poema está explicitada logo nos dois primeiros versos. O poeta nos informa que sua última canção do beco é sobre o mesmo beco que ele cantou "num dístico cheio de elipses mentais". Agora, desfazendo as "elipses mentais" do dístico, lemos uma série de considerações que preenchem as lacunas do primeiro poema, mas criam outras... Vão demolir a casa do beco (e aqui o sentido é literal), mas seu quarto (agora metonimicamente como "as lembranças do quarto") vai permanecer "na eternidade, com seus livros, seus quadros". O quarto vai ficar intacto, suspenso no ar.

A sequência de estrofes enumera características que entremeiam a subjetividade do eu-lírico e a descrição de pessoas e figuras, imagens e experiências. Numa delas, fala-se das paixões; noutra, das mulheres; adiante, da Lapa; a penúltima, de Nossa Senhora do Carmo; a última, do seu amor pelo beco. Carregados de contradições, os versos reafirmam as mesmas elipses do dístico. A outra ponta do beco, porém, mudou. Sumiu a paisagem da Glória, que realmente nunca importara mesmo. Agora a outra ponta vem da Lapa, paisagem para cima, diferente da paisagem para baixo ou para frente da Glória, do horizonte. Já que o beco nasceu "à sombra de paredes conventuais", ele é como a vida ("que é santa"), assiste a todas as quedas, consola-as, é amado e saudado pela última vez: "Adeus para nunca mais!"[18]

[18] Manuel Bandeira escreveria ainda dois poemas conjugados sob o título "Duas Canções do Tempo do Beco", a saber:"Primeira Canção do Beco" e "Segunda Canção do Beco". Integram o livro "Estrela da Tarde", que reúne poesias (a maioria sem data) escritas entre 1957 e 1966.

5

Léxico em Foco

Nos *Estudos de Lexicologia do Português* (1994, p. 9), Mário Vilela fala de uma *re--interpretação* que os estudiosos da linguagem têm dado à definição tradicional, no plano puramente linguístico, da SEMÂNTICA como "ciência ou estudo do significado". Ela passa a ser apresentada sob três perspectivas: (a) como o estudo da mudança do significado; (b) como o estudo da significação (englobando o processo e o modo de significar); (c) como o estudo do "conteúdo" dos signos linguísticos[19]. É na terceira perspectiva que Vilela entende a semântica que se pode denominar SEMÂNTICA LINGUÍSTICA.

Entretanto, como lembra Alan Ray (1977, p. 112-3), existe uma situação muito complexa para ser inteiramente submetida por uma fórmula breve que corresponda a uma estrutura nocional capaz de suscitar a elaboração do que devia ser, por exemplo, a definição de um signo linguístico[20]. Ray enumera essas dificuldades: (a) a redução dos discursos individuais a um denominador comum sociolinguístico; (b) a impossibilidade de fazer coincidir a hierarquia das categorias semânticas lexicais com uma hierarquia categórica formal representável; (c) o caráter fugidio das relações entre o conceito e o signo, e portanto com o significado, relações variáveis conforme o grau de abstração; (d) as interferências do sentido e dos valores em casos de polissemia; (e) a relação do signo dado e das unidades semânticas que ele envolve com outras lexias ou outros significados; (f) a imprecisão dos critérios de frequência e de repartição social.

[19] Há uma vasta literatura sobre a tipologia dos signos. Não é pretensão deste livro aprofundar essa questão mais do que já fez até aqui. Adam Schaff (1968, p. 164-209) trata desse assunto em "A Tentativa de Tipologia dos Signos, de Husserl".

[20] Alan Ray faz essas considerações no capítulo "A Impossível Definição", no qual discute o trabalho do lexicógrafo ao elaborar as definições. Na perspectiva do estudo dos "conteúdos" dos signos linguísticos, parece-nos que as dificuldades são as mesmas.

O léxico está exposto a várias operações semânticas, como a polissemia, a sinonímia, a homonímia. Faraco e Tezza (2003, p. 47) lembram que as palavras só ganham pleno significado no momento mesmo em que acontecem: "só então nós saímos do *sinal de código*, do *valor de dicionário*, para a vida real do significado." Isso significa que os signos isolados estão em "estado de dicionário" (para repetir a imagem de Drummond citada no Prefácio). Na realidade do uso, eles aparecem combinados para assumir seu valor significativo. José Carlos de Azeredo (2008, p. 58) tem uma descrição minuciosa para esse tema:

> A aparente naturalidade do uso cotidiano da palavra para a comunicação imediata camufla a complexidade e o potencial da língua: tem-se a impressão de que as situações cotidianas se repetem sem novidade, e que podemos lidar com elas valendo-nos de fórmulas já conhecidas, praticamente prontas, num entrosamento perfeito entre a rotina da realidade e a rotina de nossos discursos. Neste caso, a língua atua fortemente como uma forma de conhecimento que estabiliza nossas percepções naquilo que podemos chamar de senso comum.
>
> Mas há outras dimensões do uso da palavra, onde o mundo não está pronto mas precisa ser criado, onde as frases e os sentidos não estão disponíveis como produtos nas gôndolas e prateleiras do supermercado, mas, pelo contrário, precisam ser elaborados. Esta é a dimensão em que se movimentam todos aqueles que têm desafios pela frente, que precisam ir além da realidade já construída e aparente, buscando, sob a superfície confortavelmente constante da fala de todos os dias, as pistas, as brechas, os atalhos que nos dão acesso a territórios e objetos que aguçam nossa percepção, renovam nossas emoções e estendem nossos horizontes de compreensão e de comunicação. É nessa dimensão que a palavra assume o caráter de uma sofisticada tecnologia a ser adquirida e dominada.

A tarefa da semântica lexical, como explica Roland Eluerd (2000, p. 46) é estudar o espaço relativo à linguagem cumprido pelas palavras segundo suas duas direções complementares: uma envolve as combinações sintagmáticas de que as palavras podem participar; a outra abrange as diferentes significações e empregos que tais combinações suscitam.

Já sabemos que o significado de um enunciado resulta da combinação dos significados das palavras e sintagmas que o compõem. Neste capítulo interessa-nos examinar as palavras como unidades dotadas de forma e significado. É bem verdade que o significado que uma palavra assume num enunciado resulta também de uma combinação de formas e de significados. Essa ressalva se refere ao reconhecimento que é preciso fazer acerca de prefixos e sufixos ou de morfemas de gênero, número, pessoa, modo e tempo. Também ao entendimento de que algumas palavras contêm mais de um radical e que, juntos, eles podem significar algo bem diferente do que separados.

(1) Os chefes incapazes admiravam tanto o puxa-saco quanto o pisa-mansinho.

Como toda expressão remete ao contexto em que foi enunciada, vamos situar essa frase inserindo-a na conversa que um pai tem com o filho sobre o tempo em que trabalhava numa empresa privada e sobre como era difícil conviver com alguns superiores e com certos colegas. Nesse contexto, o exemplo (1) não permite que se pense em alguém que literalmente "carrega sacos" e em alguém que "põe os pés no chão com amabilidade e sutileza".

(1a) Os chefes incapazes admiravam tanto o praticante da ação de estender o receptáculo que contém os testículos e os epidídimos quanto o caminhante sutil e amável.

(1b) Os chefes incapazes admiravam tanto o funcionário bajulador quanto o funcionário sonso, fingido.

Os substantivos compostos, embora combinem morfemas lexicais e seus respectivos conceitos, designam um terceiro conceito. É o caso então de dizer que os compostos não são propriamente unidades morfológicas, mas conjuntos sintático-semânticos pois entre seus membros se estabelece uma microrrelação coordenativa ou subordinativa cuja consequência é um novo valor de significado. É como se a soma 1+1 resultasse em 3. Por isso, o significado do enunciado (1) só é reconhecido em (1b), e não em (1a). Mas a frase também apresenta outros itens lexicais que combinam significados. Nem sempre são significados externos (radicais, prefixos e sufixos): *in+capazes*, *pisa+manso+inho*. Sabemos, por exemplo, que a frase se refere a mais de um chefe, que a citada admiração por bajuladores e sonsos tem uma indicação cronológica, pois o verbo está no pretérito imperfeito (desinência modo-temporal). Além disso, usar determinados morfemas é apenas uma possibilidade que a língua nos oferece. Ela também nos permite "não usar" morfemas. Se repararmos nos dois substantivos compostos e os compararmos com o primeiro substantivo da frase, veremos que apenas "chefes" está no plural. Isso significa que há um morfema indicativo explícito (desinência de número) de que nas reminiscências paternas havia mais do que um chefe incapaz. Entretanto, usar "puxa-saco" e "pisa-mansinho" no singular não quer dizer que só havia um bajulador e um sonso na firma. A ausência da marca de plural é suprida pelo contexto, no qual é perfeitamente admissível (e bastante provável) a dedução que está em (2), sem artigo definido, como corolário das explicações anteriores.

(2) Chefes incapazes admiram funcionários bajuladores tanto quanto funcionários sonsos.

O enunciado também contém indicações marcadas por morfemas selecionados e por correlações lexicais. Se observarmos o significado de "admiravam", veremos que é diferente de "admiraram", ou seja, a informação sobre o passado não é de uma ação que aconteceu episodicamente num determinado momento da vida paterna. A escolha do verbo no imperfeito leva o interlocutor a entender que o comentário do pai se referia a uma prática habitual no seu emprego. Por isso, é coerente a inferência de (2), com verbo no presente indicando uma "verdade permanente". Outro dado importante é o que menciona a correlação comparativa "tanto... quanto". Seu significado de equiparação entre bajuladores e sonsos só existe por conta da parceria. Sem o segundo (2a), a frase passaria a ter um advérbio de intensidade no "tanto"; sem o primeiro (2b), a frase ficaria inviável

(2a) Os chefes incapazes admiram tanto o puxa-saco e o pisa-mansinho.
(2b) Os chefes incapazes admiram o puxa-saco quanto o pisa-mansinho.

Portanto, quando dizemos que as palavras são unidades dotadas de forma e significado (unidades significativas, isto é, significantes dotados de significado), precisamos relativizar essa afirmação. Para se chegar ao reconhecimento do significado de um enunciado, teremos de passar pelos estágios morfológicos[21], distinguindo-os mas reconhecendo-os no nível fonológico (e gráfico). E como nenhum assunto é uma ilha... a compreensão do significado mostrará que o que começa em cada parte de uma UNIDADE LEXICAL só termina mesmo quando se chega à UNIDADE DO TEXTO. Aliás, quando Benveniste (1989, v. II, p. 229) diz que "a expressão semântica por excelência é a frase em geral" e que o essencial é a produção do discurso, não ficamos de todo longe do que aqui chamamos de UNIDADE DO TEXTO, embora esta também não deixe de ser a mesma coisa que a TOTALIDADE DO TEXTO.

Feitas essas considerações, coloquemos de fato o léxico em foco. Comecemos distinguindo e exemplificando cinco tipos de LEXIAS (ou UNIDADES LEXICAIS):

(a) SIMPLES: *camelô, vizinho, faca, quem, onde, minha, aquele*
(b) DERIVADAS[21]: *indecente, supervalorização, ex-atleta, contrassenso, esbravejar*
(c) COMPOSTAS: *projeto-piloto, girassol, valerioduto, pé-frio, pseudorrepórter*
(d) COMPLEXAS: *bode expiatório, mula sem cabeça, boca de fumo,*
(e) TEXTUAIS: *empurrar com a barriga, dar nó em pingo d'água, a vaca foi pro brejo, água mole em pedra dura...*

Em (a/b/c) temos palavras, em (d) temos sintagmas e em (e) temos expressões idiomáticas ou grupos fraseológicos.

Para o estudo das lexias, vamos nos concentrar em temas mencionados nos estudos da semântica linguística. Apresentá-los separadamente parece-nos mais proveitoso.

5.1. CAMPOS ASSOCIATIVOS, CONCEITUAIS E SEMÂNTICOS

A associação entre palavras pode ser feita a partir de ligações de sentido, mas também pode acontecer por razões puramente formais ou até por uma combinação entre forma e significado. A imagem empregada por Ferdinand de Saussure (1972, p. 146) para explicar as associações que as palavras mantêm entre si sugere que cada uma delas é como se fosse o centro de uma constelação, "o ponto para onde convergem outros termos coordenados cuja soma é indefinida".

[21] São dois os critérios de reconhecimento de morfemas: (a) apagamento/aditamento, supressão/adição ou elipse/expansão; (b) comutação, substituição ou permutação. Há também o critério de rearranjo ou deslocamento espacial, que tem aplicação mais sintática do que morfológica. Trato desses critérios no livro *Morfologia: estudos lexicais em perspectiva sincrônica* (2009, p. 10-1).

[21] Por coerência com a descrição morfológica que adoto quanto aos processos de formação de palavras, preferi manter a distinção entre lexias com afixos (b) e lexias com reunião de lexemas (c).

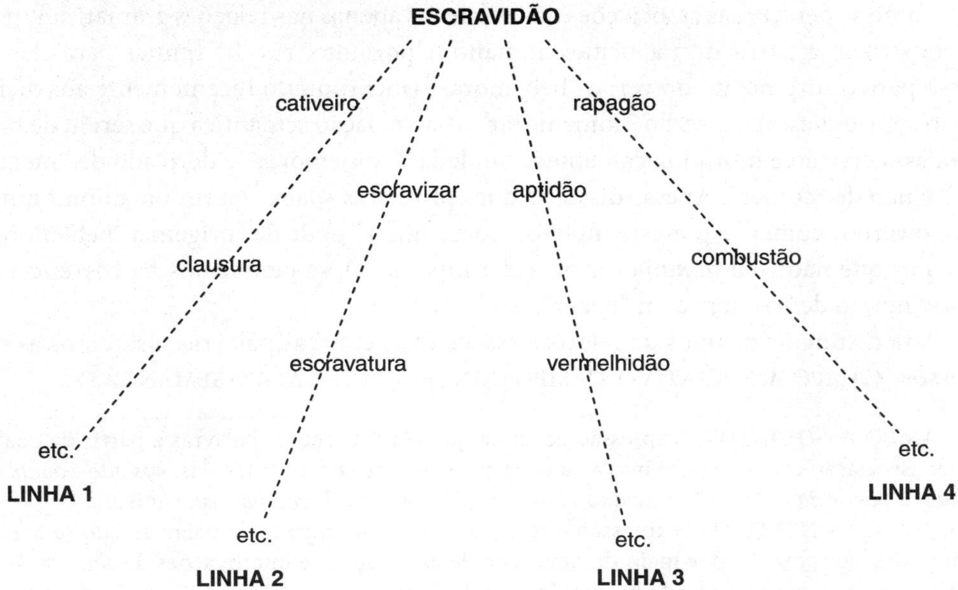

A "constelação" da palavra "escravidão" mostra quatro linhas, assim justificáveis:

LINHA 1: "**escravidão** / cativeiro / clausura" (ASSOCIAÇÃO SEMÂNTICA)
LINHA 2: "**escravidão** / escravizar / escravatura" (ASSOCIAÇÃO MORFOSSEMÂNTICA EXTERNA: identidade do radical, fator determinante para reconhecer palavras cognatas, também chamadas palavras da mesma família etimológica)
LINHA 3: "**escravidão** / aptidão / vermelhidão" (ASSOCIAÇÃO MORFOSSEMÂNTICA INTERNA: identidade do sufixo –DÃO, formador de substantivo abstrato)
LINHA 4: "**escravidão** / rapagão / combustão" (ASSOCIAÇÃO FONOLÓGICA: identidade sonora das terminações)

Como Saussure diz que "a soma é infinita", a título de ilustração poderíamos pensar em fazer outras associações a partir dessa palavra.

Por exemplo:

LINHA 5: "**escravidão** / dependência / submissão" (ASSOCIAÇÃO SEMÂNTICA: sentido figurado de "relação de sujeição da qual é difícil se livrar")
LINHA 6: "**escravidão** / sacerdócio / magistério"(ASSOCIAÇÃO SEMÂNTICA: sentido também figurado de "vínculo que restringe a liberdade de uma pessoa")
LINHA 7: "**escravidão** / flamejante / supertinta" (ASSOCIAÇÃO FONO-ORTOGRÁFICA: palavras com quatro sílabas e dez letras)
LINHA 8: "**escravidão** / eldorado / ergométrico" (ASSOCIAÇÃO ORTOGRÁFICA: palavras iniciadas com a sílaba E + consoante)

Assim como as linhas 5 a 8, outras poderiam ser formadas mediante outras hipóteses coerentes.

Como se percebe, as associações não são feitas apenas nas relações gramaticais, pois se constroem a partir do raciocínio humano e, portanto, não há limites para elas. A razão para o surgimento do verbo "bebemorar" (incorporado recentemente aos dicionários portugueses) é o verbo "comemorar". A associação semântica que serviu de base para essa criação é morfologicamente infundada: "comemorar" é derivado de "memorar" e não de "comer". Apesar disso, as duas primeiras sílabas fazem uma homonímia com o verbo "comer" e por esse motivo, "comemorar" pode dar origem a "bebemorar" (e – por que não? – a *fumamorar* ou a *dormimorar*...), se pensarmos na coerência da aproximação de "comer" com "beber".

Para distinguir os tipos de relações associativas entre as palavras, usaremos as expressões CAMPO ASSOCIATIVO, CAMPO CONCEITUAL e CAMPO SEMÂNTICO.

– CAMPO ASSOCIATIVO: expressão genérica que permite reunir palavras a partir de qualquer associação coerente (semântica ou não) que exista ou se faça entre elas: *nos oito exemplos dados a partir da palavra "escravidão", todas as* LINHAS *são de campos associativos.*

– CAMPO CONCEITUAL: expressão que se refere ao contingente de palavras que se agrupam, ideologicamente, por meio de uma rede de associações e interligações de sentido: *nos oito exemplos dados a partir da palavra "escravidão", apenas as* LINHAS *1, 5 e 6 são de campos conceituais.*

– CAMPO SEMÂNTICO: expressão que se refere ao contingente de palavras que se agrupam, linguisticamente, por meio de uma rede de associações e interligações de sentido: *nos oito exemplos dados a partir da palavra "escravidão", apenas as* LINHAS *2 e 3 são de campos semânticos.*

Por esse raciocínio, a teoria dos CAMPOS CONCEITUAIS (que alguns autores também chamam, por comodidade didática, de CAMPOS ASSOCIATIVOS) considera os agrupamentos de palavras para construir os esquemas representacionais da sociedade. Já a teoria dos CAMPOS SEMÂNTICOS privilegia a estrutura lexical como um todo. Convém, porém, advertir que é uma prática comum usar a expressão CAMPO SEMÂNTICO genericamente, com o mesmo sentido que aqui demos apenas para CAMPO CONCEITUAL.

Se consultarmos o livro *Usos da Linguagem*, de Francis Vanoye (1991, p. 34-5), veremos que ele fala em CAMPOS SEMÂNTICOS e CAMPOS LEXICAIS e assim os define:

– CAMPO SEMÂNTICO: conjunto das significações assumidas por uma palavra num certo enunciado, que tem o objetivo de definir os empregos da palavra e fazer o levantamento dos termos aos quais ela se associa ou se opõe. *É o mesmo que chamamos de* CAMPO CONCEITUAL

– CAMPO LEXICAL: conjunto de palavras empregadas para designar, qualificar, caracterizar, significar uma noção, uma atividade, uma técnica, uma pessoa. *É o mesmo que chamamos de* CAMPO SEMÂNTICO.

As frases (1) e (2), mencionadas por Vanoye, mostram que ele apresenta CAMPO SEMÂNTICO como sinônimo do que aqui chamamos de CAMPO CONCEITUAL. Na letra de "Januária" e de "Carolina" (lp CBH, v. 3, 1968), de Chico Buarque, diz Vanoye, "estar à janela" tem o sentido de "fugir às emoções da vida".

(1) Toda a gente homenageia Januária na janela / Até o mar faz maré cheia pra chegar mais perto dela

(2) Eu bem que mostrei a ela, o tempo passou na janela / E só Carolina não viu.

Para exemplificar os campos lexicais, Vanoye transcreve uma passagem do romance *O Mulato* (2005, p. 468-9), de Aluísio Azevedo (1857-1913), a partir da qual organiza três listas do mesmo campo lexical.

> Recendia por toda a catedral um aroma agreste de pitangueira e trevo cheiroso. Pela porta da sacristia lobrigavam-se de relance padrecos apressados, que iam na carreira, vestindo as suas sobrepelizes dos dias de cerimônia. Havia na multidão um rumor impaciente de plateia de teatro. O sacristão, cuidando dos pertences da missa, andava de um para outro lado, ativo como um contrarregra quando o pano de boca vai subir.
>
> Afinal, à deixa fanhosa de um padre muito magro que, aos pés do altar, desafinava uns salmos de ocasião, a orquestra tocou a sinfonia e começou o espetáculo. Correu logo o surdo rumor dos corpos que se ajoelhavam; todas as vistas convergiam para a porta da sacristia; fez-se um sussurro de curiosidade, em que se destacavam ligeiras tosses e espirros, e o cônego Diogo apareceu, como se entrasse em cena, radiante, altivo senhor do seu papel e acompanhado de um acólito que dava voltas frenéticas a um turíbulo de metal branco.
>
> E o velho artista, entre uma nuvem de incenso, que nem um deus de mágica, e coberto de galões e lantejoulas, como um rei de feira, lançou, do alto da sua solenidade, um olhar curioso e rápido sobre o público, irradiando-lhe na cara esse vitorioso sorriso dos grandes atores nunca traídos pelo sucesso.

CAMPO LEXICAL DA LITURGIA: catedral, sacristia, sobrepelizes, cerimônia, sacristão, missa, padre, altar, salmos, ajoelhavam, sacristia, cônego, acólito, turíbulo, incenso;
CAMPO LEXICAL DO ESPETÁCULO, que tem dois subgrupos, (a) teatral: plateia, teatro, contrarregra, pano de boca, deixa, orquestra, sinfonia, espetáculo, entrar em cena, papel, artista, público, atores, sucesso; (b) circense: deus de mágica, galões e lantejoulas, rei de feira, nuvem de incenso;
CAMPO LEXICAL DAS PALAVRAS DE CARGA PEJORATIVA: padrecos, fanhosa, desafinava, de ocasião, frenéticas, cara, velho artista.

Ao final, Vanoye faz um comentário léxico-semântico sobre a passagem de *O Mulato*, mostrando que esse tipo de estudo "é fértil no domínio estético, pois os autores geralmente dão às palavras sentidos singulares, desconhecidos, desconcertantes, realmente novos".

> Na descrição do que se passa na catedral, os campos lexicais interpenetram-se e completam-se. Assim, a palavra *cerimônia* pode ser incluída no campo lexical da liturgia, mas as comparações do autor fazem dela um sinônimo de espetáculo (...). A associação faz daquela cerimônia religiosa o equivalente de um espetáculo de má-qualidade. O campo lexical da igreja é espelhado, via comparação e metáfora, no campo lexical do espetáculo. O *sacristão* é um *contrarregra*, os fiéis são uma *plateia impaciente*. No último parágrafo, o espetáculo se caracteriza como circense: os paramentos são *galões e lantejoulas*; o cônego, um *rei de feira*. Através do texto todo, os elementos do conjunto de carga pejorativa fazem a ligação mais concreta entre as ideias de cerimônia – espetáculo – e espetáculo barato.

Em suma, a observação dos campos lexicais (na terminologia adotada por Vanoye, é o equivalente ao que chamamos campos semânticos) fornece as "provas linguísticas" que justificam a interpretação do texto. Por isso... repito: é uma prática comum usar a expressão CAMPO SEMÂNTICO genericamente, com o mesmo sentido que aqui demos apenas para CAMPO CONCEITUAL ou ao que Vanoye chama de CAMPO LEXICAL.

5.2. SINONÍMIA E ANTONÍMIA

Duas das mais conhecidas facetas a explorar nas relações semânticas entre palavras são a SINONÍMIA e a ANTONÍMIA. Defini-las é tarefa perigosa, mas podemos amenizar sua explicação com o modalizador "a princípio" e dizer que ambas devem ser observadas a partir da propriedade que dois termos têm de serem empregados como substitutos um do outro. Se, *a princípio*, esse emprego não causar prejuízo no que se pretende comunicar, diremos que há SINONÍMIA entre eles. Se a substituição, porém, resultar em significações opostas, haverá ANTONÍMIA entre eles.

SINONÍMIA	ANTONÍMIA
equivalência/isomorfia semântica (???) ou aproximação dos semas (???)	oposição semântica (???) ou incompatibilidade dos semas (???)

Vamos exemplificar os dois casos imaginando a situação de um comerciante que faz as compras da semana e pede a dois funcionários que arrumem tudo. Se ele fizer isso dizendo qualquer das frases seguintes, nada mudará na sua comunicação:

(1) Por favor, <u>alojem</u> os mantimentos num lugar de fácil acesso.
(2) Por favor, <u>guardem</u> os mantimentos num lugar de fácil acesso.
(3) Por favor, <u>armazenem</u> os mantimentos num lugar de fácil acesso.

Os verbos "alojar", "guardar" e "armazenar", nesse contexto, são intercambiáveis, são SINÔNIMOS. O comerciante não ouviu, porém, o comentário irônico de um dos empregados, após sua saída:

(4) A gente aloja num lugar de fácil acesso, que fica melhor pro sócio dele vir aqui, <u>desalojar</u> alguns itens e levar pra casa dele.
(5) A gente aloja num lugar de fácil acesso, que fica melhor pro sócio dele vir aqui, <u>tirar</u> alguns itens e levar pra casa dele.
(6) A gente aloja num lugar de fácil acesso, que fica melhor pro sócio dele vir aqui, <u>malocar</u> alguns itens e levar pra casa dele.

Agora, os verbos são outros. Também são intercambiáveis e, nessa situação, servem como SINÔNIMOS entre si. No entanto, também servem como ANTÔNIMOS dos três anteriores, haja vista que, no primeiro caso, os mantimentos "foram guardados" e, no segundo, "foram retirados".

As relações de ANTONÍMIA e de SINONÍMIA podem acontecer no âmbito da morfologia, com a troca dos significantes (*alojar* = *armazenar*) ou com o acréscimo de algum morfema (*alojar* x *des+alojar*), mas também podem se expressar por meio de estruturas sintáticas diferentes. É o que temos nas duas frases seguintes:

(7) Eu não posso mais ficar aqui a esperar que um dia de repente você volte para mim. Vejo caminhões e carros apressados a passar por mim. Estou sentado à beira de um caminho que não tem mais fim

(8) Eu não posso mais ficar aqui esperando que um dia repentinamente tu voltes para mim. Vejo caminhões e carros com pressa passando por mim. Estou sentado à beira de um caminho infindável.

Em (7) estão transcritos os quatro primeiros versos da canção "Sentado à Beira do Caminho", de Roberto e Erasmo Carlos (ep homônimo, 1969). Na reescritura (8), a sinonímia acontece por substituição sintática, alterando-se a forma de duas locuções verbais (infinitivo > gerúndio), de advérbios e adjetivos (simples, locucionais ou oracionais), mas mantendo-se a significação original.

Como confirmaram os exemplos, as definições de ANTONÍMIA e SINONÍMIA são muito batidas. Talvez fosse melhor reescrever o quadro anterior sem o sinal de igualdade. Os sinônimos e antônimos da língua comum não são coisa da linguagem técnica, onde se pode dizer que seis é igual a meia dúzia e que uma dúzia é o mesmo que doze. Sinonímia perfeita assim como essas é muito raro, e aquele antigo conselho do professor de que "quando não se quer repetir uma palavra, coloca-se um sinônimo" é quase sempre muito forçado, pois dificilmente encontramos um sinônimo perfeito. Arranjamos equivalentes, substitutos.

Outro ponto a considerar nos leva de volta à frase (7), a que tem o verbo "malocar". Às vezes, não usamos a palavra equivalente por razões de registro, situação, contexto... Como devemos completar as frases seguintes?

(9) A boazuda da novela ficou ___________ ontem. (desnuda – pelada)
(10) A esposa de V.Sª recebeu uma notícia ___________. (auspiciosa – maneira)
(11) Olhe na/no ___________ do computador (tela – ecrã)

Semanticamente, qualquer resposta serve, mas a lógica do uso (que pode ser desconstruída) não recomenda que se use "desnuda" em (9), pois a palavra é muito recatada para o contexto. Também não recomenda "maneira" em (10), agora pelo motivo inverso... E, se a frase (11) é dita no Brasil, não escolhe "ecrã", forma adotada em Portugal.

Como tudo na vida, a sinonímia é uma coisa muito relativa. Para fazer a escolha da melhor palavra ou expressão, é preciso avaliar todos os fatores envolvidos no processo de comunicação. Agora, uma coisa é certa: o jogo é bom de se jogar, como mostram muitas das soluções que os publicitários e os jornalistas dão em suas campanhas e manchetes. Os humoristas idem. Vejamos três frases de humor: a sinonímia é o próprio enunciado.

(12) Marcar é sinônimo de agendar? Ok. *O juiz **agendou** um pênalti inexistente.*
(13) Complexo é sinônimo de difícil? Ok. *Ela tem um **difícil** de inferioridade.*
(14) Virar é sinônimo de inverter? Ok. *O chefe **inverteu** bicho.*

E agora duas manchetes de jornal que confirmam os riscos de se pensar que é possível usar sinônimos indiscriminadamente. Em (15) a notícia é sobre o título de campeão brasileiro obtido pelo Fluminense em 2010; em (16), a surpreendente derrota do Internacional de Porto Alegre para o Mazembe, time do Congo, no campeonato mundial de clubes do mesmo ano:

(15) **TRICOLOR** É CAMPEÃO E LAVA A ALMA **FLUMINENSE**
(16) **COLORADO** DÁ VEXAME **INTERNACIONAL**

Apesar de sinônimas, as duas palavras destacadas em cada manchete não podem trocar de posição. As reescrituras (15a) e (16a) desvirtuam as intenções do redator quanto aos fatos que precisam ser noticiados.

(15a) **FLUMINENSE** É CAMPEÃO E LAVA A ALMA **TRICOLOR**
(16a) **INTERNACIONAL** DÁ VEXAME **COLORADO**

Enfim, precisamos estar atentos aos jogos de sentido dos textos. As palavras e frases podem ser colocadas em equivalência, mas também podem se confrontar. Nesse caso, indicam realidades opostas e a esse fenômeno estilístico se chama "antítese", palavra sinônima de "antônimo".

(17) **Entrei** por uma porta e ela **saiu** por outra.
(18) Uma irmã é **alta**; a outra é **baixa**.
(19) **Agora** você fica **perto** da janela. **Depois**, você fica **longe** da janela.

Em (17), a antonímia de ações é representada por dois verbos (mas também poderiam ser dois substantivos: "entrada" e "saída"); em (18) há antonímia de qualidades com dois adjetivos; em (19) há antonímia de relações temporais e espaciais com dois advérbios.de tempo e dois de lugar.

Mas a antonímia também pode acontecer entre expressões. Pode até representar uma situação específica, vinculada a algum contexto. Qualquer pessoa pode experimentar os valores semânticos, improvisar, subverter a língua. A linguagem do dia a dia nos dá oportunidades para isso, mas os artistas capricham.

Chico Buarque e Ruy Guerra fizeram uma versão para a letra de "Sonho Impossível", de J. Darlon e M. Leigh, que a compuseram para o musical da Broadway "O Homem de La Mancha". Os versos em português mostram opostos e equivalências criando um sentido especial.

Sonhar mais um sonho impossível
Lutar quando é fácil ceder
Vencer o inimigo invencível
Negar quando a regra é vender

Sofrer a tortura implacável
Romper a incabível prisão
Voar num limite improvável
Tocar o inacessível chão

É minha lei, é minha questão
Virar esse mundo, cravar esse chão
Não me importa saber se é terrível demais
Quantas guerras terei que vencer
Por um pouco de paz

E amanhã, se esse chão que eu beijei
For meu leito e perdão
Vou saber que valeu delirar
E morrer de paixão.

A música foi gravada (por Maria Bethania, no lp "A Cena Muda") em plena época da ditadura. A letra explora as imagens de contrastes de um período de nossa história em que "era fácil ceder" e "a regra era vender-se", que se opõe a lutar e a negar. As antíteses viram paradoxos de grande sensibilidade. A letra original, em inglês, dizia "*to reach the unreachable star*" (tocar a estrela inalcançável). Chico Buarque conseguiu transformar o paradoxo lírico numa denúncia a favor da liberdade "tocar o inacessível chão". Aqui, "chão" é sinônimo de democracia e paz, um sonho impossível para os anos de chumbo, mas um sonho que o poeta queria sonhar.

E assim, seja lá como for
Vai ter fim a infinita aflição
E o mundo vai ver uma flor
Brotar do impossível chão

No trecho final, a mensagem ainda é de esperança. A metáfora da paz volta a aparecer na palavra "flor" – a mesma que Geraldo Vandré usou em "Pra não dizer que não falei das flores". Lá a flor ia vencer o canhão. Aqui, a flor vai brotar do "impossível chão", absurdo denotativo que se mostra coerente como o sonho impossível a ser conquistado e admirado pelo mundo.

5.3. HOMONÍMIA E PARONÍMIA

As palavras têm significante e significado, e isso já vimos logo no início deste livro. Acabamos de ver, nas explicações sobre sinonímia, que palavras diferentes podem ter significados equivalentes ou até intercambiáveis (conforme o caso). Agora é a vez de falarmos de palavras cujos significantes têm aproximação ou identificação fono-ortográfica. Pode-se supor, portanto, que a confusão ou a experimentação lexical têm consequências para o significado do enunciado, o que de fato acontece.

As duas imagens seguintes nos ajudarão a explicar essas situações: uma exibe anúncio afixado numa padaria; outra é uma capa de jornal:

Na foto à esquerda, o redator desavisadamente confundiu duas palavras que são parecidas tanto na escrita quanto na pronúncia. A consequência é algo bizarro (produtos contendo nádegas). As palavras glúten e glúteo são PARÔNIMAS. O uso de uma pela outra pode gerar risadas ou lágrimas, conforme a situação ocorra num quadro de

glúteo x glúten

Copa(cabana) & Copa (do Mundo)

humor ou numa prova de concurso, é óbvio.

A outra imagem reproduz a primeira página do jornal Meia Hora, noticiando com ironia que o jogador Adriano não fora convocado para disputar a Copa do Mundo de 2010. A manchete diz que Adriano vai à Copa, mas o letreiro do ônibus desfaz o primeiro entendimento e revela que Copa é Copacabana, e não a de futebol. Sutilmente, também se deve perceber a escolha da preposição: "pra Copa", em vez de "à Copa", é um indício de que o verbo ir, no caso de Adriano, tinha na verdade um destino nada *ludopédico*... A palavra Copa da manchete remete portanto a dois significados: (a) como abreviação de "Copacabana"; (b) como truncação de "Copa do Mundo". São dois significantes idênticos para significados diferentes: são palavras HOMÔNIMAS.

Os exemplos mostram que a HOMONÍMIA e a PARONÍMIA[23] acontecem em decorrência da propriedade que dois termos têm de se aproximarem em virtude de sua composição fonológica.

HOMONÍMIA	PARONÍMIA
identificação fono-ortográfica	aproximação fono-ortográfica

Há PARONÍMIA quando os vocábulos são diferentes, mas sua pronúncia e grafia são semelhantes. É o que ocorre em "ratificar" (*confirmar*) e "retificar" (*corrigir*) ou "segmento" (*pedaço de um todo*) e "seguimento" (*continuidade*).

[23] Em *Fonética, Fonologia e Ortografia: estudos fono-ortográficos do português* (2009, p. 81-6) proponho uma boa quantidade de exercícios práticos sobre HOMONÍMIA e PARONÍMIA.

As frases seguintes vão nos servir para examinar a tipologia da HOMONÍMIA.

(1) O pessoal da **seção** em que eu trabalho gosta de fazer às sextas uma **sessão** de cinema. Com a **cessão** do miniauditório do clube, agora temos mais conforto.
(2) Ao esticar o braço para pegar a bandeja com a batata **cozida**, a camisa descosturou e agora precisa ser **cosida**.
(3) Pode deixar que eu mesmo **encosto** o **encosto** antes de me sentar.
(4) A menina me disse: "Eu **pelo** o **pelo** do gato **pelo** simples prazer de pelar."
(5) Não vou comer aquele bolo todo. A vontade de lhe dar uma **parte parte** da minha necessidade de fazer dieta.
(6) "Veja **bem**, meu **bem**. Sinto te informar que arranjei alguém pra me confortar." (Marcelo Camelo)
(7) Eu **sonho** poder ter um **sonho** igual ao de Drummond e de Martinho.
(8) Se é **cedo** para pegarmos o trem, eu **cedo** minha vez e espero a próxima composição.

São chamados HOMÔNIMOS HOMÓFONOS os vocábulos que se pronunciam da mesma forma, mas cujos sentidos e grafias são diferentes. É o que temos em (1) com *seção* (repartição), *sessão* (espaço de tempo) e *cessão* (ato de ceder) e em (2) com *cozida* (cozinhada) e *cosida* (costurada).

São chamados HOMÔNIMOS HOMÓGRAFOS os que se escrevem com as mesmas letras, mas cujas pronúncias e significados são diferentes. Isso não deixa de contradizer a definição, pois a estrutura ortográfica é idêntica, mas a estrutura fonológica é distinta. De todo modo, a tradição gramatical assim classifica pares como vimos em (3) *encosto* (ó) e *encosto* (ô) ou *pelo* (é, verbo) e *pelo* (ê, substantivo ou prep.+art.).

As frases (5a8) mostram pares de vocábulos de significado diverso e que se pronunciam e se escrevem do mesmo modo: *parte* (substantivo) e *parte* (presente de "partir"), *bem* (advérbio) e *bem* (substantivo), *sonho* (presente de sonhar) e *sonho* (substantivo), *cedo* (advérbio) e *cedo* (presente de "ceder"). E na frase (3) o mesmo acontece com a dupla *pelo* com timbre fechado (substantivo e prep.+art.). Chamam-se HOMÔNIMOS PERFEITOS.

São HOMÓGRAFOS IMPERFEITOS os vocábulos de significado e pronúncia diversos que se distinguem graficamente apenas pela acentuação: *pôde* e *pode* (do verbo "poder"); *camelo* (*animal*) e *camelô* (*vendedor ambulante*), *premiado* (sorteado) e *pré-miado* (neologismo que se refere à etapa que precede o miado).

A HOMONÍMIA não deve ser confundida com a POLISSEMIA (que veremos no próximo item deste capítulo). A expansão das frases (6e7) mostra a polissemia combinada com a homonímia:

(6a) Veja **bem**, meu **bem**. Sinto te informar que arranjei alguém pra me confortar e pra me dar um **bem** todo dia: uma roupa, um carro, uma casa com piscina.
(7a) Eu **sonho** poder ter um **sonho** igual ao de Drummond e de Martinho, mas o máximo que eu consigo é um **sonho** de padaria, transbordando de chantili.

Nessas duas frases, o jogo semântico, ainda que de qualidade discutível, fez com que, em (6a), o significado "pessoa muito querida" do substantivo *bem* fosse contrastado com o significado "objeto de utilidade material". Em (7a), o substantivo abstrato *sonho* (fantasias desenvolvidas durante o sono) se contrapõe ao substantivo concreto *sonho* (guloseima recheada de creme). Em ambas, uma única palavra se recobriu de mais de uma significação.

Repita-se: na HOMONÍMIA há duas palavras (e dois significados), e na POLISSEMIA há apenas uma palavra (e mais de um significado).

HOMONÍMIA	POLISSEMIA
2 ou mais palavras, cada uma com a sua significação	1 única palavra com 2 ou mais sentidos

A HOMONÍMIA e a PARONÍMIA são fenômenos que acontecem nas fronteiras das distinções fonológica e semântica e, por isso, é um procedimento natural redobrar a atenção contra os perigos de se empregar um HOMÔNIMO ou um PARÔNIMO pelo outro. Os casos de "pão com glúteos" estão espalhados por toda a parte.

5.4. TAUTOLOGIA, AMBIGUIDADE E POLISSEMIA

Semântica é multiplicidade, duplicidade, univocidade... Pode ser também REDUNDÂNCIA, fato que ocorre, como explica Mattoso Câmara Jr. (1981, p. 206), quando "um significado é expresso mais de uma vez na mesma comunicação linguística". Não nos interessam aqui as redundâncias gramaticais (do tipo "<u>Nós</u> esta<u>mos</u>", "aquele<u>s</u> aluno<u>s</u>" ou "<u>há</u> dois dias <u>atrás</u>"). Importam, no âmbito do léxico, as que se aproximam do PLEONASMO e da TAUTOLOGIA.

> **tautologia** (gr. *tautologia* 'o mesmo discurso' + lat. *tautologia*) – Termo que identifica, a princípio, um tipo especial de redundância, que consiste na adição de expressão supérflua, sinônima do que se disse anteriormente. Exs.: *Na minha opinião, acho particularmente* que os senhores têm razão; *O motivo que me traz a esta festa, a razão de minha vinda até aqui* é algo extremamente pessoal. Os tratadistas, de um modo geral, têm concordado quanto ao caráter vicioso da tautologia, equiparando-a ao pleonasmo semântico desprovido de intenção estilística (exs.: manusear *com as mãos*; avançar *para diante*; subir *para cima*), mas diferenciando-a deste por conter, obrigatoriamente, no mínimo um par de termos ou expressões que se equivalem quanto ao sentido (ex.: *Essa viúva não tem mais o marido*). O mesmo que TRUÍSMO, PERISSOLOGIA e BATOLOGIA. Por outro ponto de vista, tautologia é uma figura de pensamento, dotada do caráter expressivo da ênfase (ex.: Por isto te acuso: és *um homem devasso, um indivíduo dissoluto*), que consiste no desenvolvimento de um mesmo tema por meio de termos diferentes, sinônimo de metábole. Exs.: "Não chores, meu filho. / Não chores que *a vida / é luta renhida; / viver é lutar. / A vida é combate* / que os fracos abate, / que os fortes, os bravos, / só pode exaltar." (G. Dias, "Canção do Tamoio"); "Quero um beijo *sem fim, / Que dure a vida inteira* e aplaque meu desejo!" (O. Bilac, "Beijo Eterno").

O quadro reproduz o que escrevi sobre o verbete TAUTOLOGIA e que está disponível no *E-Dicionário de Termos Literários*[24], de Carlos Ceia. De sua leitura se tira a certeza de que, na semântica, o que pode ser vício também pode ser virtude. Daí a atenção que se deve ter com o trio "pleonasmo/redundância/tautologia" para não se achar que são sempre passíveis de reprimenda ou correção. O mesmo se dá com a ambiguidade, que se explica a seguir.

Em outubro de 2010, o jornal *Folha de S.Paulo* deu destaque ao possível veto do Conselho Nacional de Educação à obra de Monteiro Lobato. A chamada, colocada na primeira página, só dizia isso e remetia o leitor para uma página interna do jornal. Lá, se explicava se o preconceito era do CNE ou do "Pai do Jeca Tatu", apelido do escritor.

FSP: 29/10/2010

CNE pode vetar Monteiro Lobato por preconceito

Pág. C1

No caderno interno, a manchete era "Conselho quer vetar livro de Monteiro Lobato nas escolas", enquanto o subtítulo esclarecia quem é/seria o preconceituoso: "Parecer sugere que obra não seja distribuída sob alegação de que é racista". A chamada de abertura identifica o que falta: "Racismo em *Caçadas de Pedrinho* estaria nas referências à Tia Nastácia e a animais como urubu e macaco".

Se a um enunciado é possível atribuir duas ou mais interpretações, dizemos que ele caracteriza um caso de AMBIGUIDADE. É óbvio que muitas delas podem ser desfeitas porque o leitor tem conhecimentos implícitos ou pressupostos a respeito do fato ou da expressão empregada. A ambiguidade, como lembra Dubois (1978, p. 45), pode ser do léxico, mas também pode "advir do fato de que a frase tenha uma estrutura sintática suscetível de várias interpretações". É praticamente o mesmo que diz Ullmann (1964, p. 323), para quem "a AMBIGUIDADE é uma situação linguística que pode surgir por vários modos", mas que do ponto de vista puramente linguístico pode ocorrer por razões fonéticas, gramaticais ou lexicais – mas acrescentamos: sempre no ambiente pragmático-discursivo e sempre pela exploração da massa sonora (e sua representação gráfica).

Então, organizemos assim o que define e caracteriza a ambiguidade:

AMBIGUIDADE
enunciado com duplo sentido em um significante (LEXICAL), um sintagma (GRAMATICAL) ou na totalidade do próprio enunciado (FRASAL).

O veto a Monteiro Lobato é um caso de AMBIGUIDADE FRASAL e difere da AMBIGUIDADE GRAMATICAL, que se pode ver no trecho do romance *Infância* em que Graciliano Ramos (1892-1953) ironiza o uso da mesóclise ou tmese, colocação pouco eufônica para o ouvido brasileiro.

> Afinal meu pai desesperou de instruir-me, revelou tristeza por haver gerado um maluco e deixou-me. Respirei, meti-me na soletração, guiado por Mocinha. E as duas letras amansaram. Gaguejei sílabas um mês. No fim da carta elas se reuniam, formavam

[24] O endereço do *E-Dicionário de Termos Literários* é: http://www.edtl.com.pt/.

sentenças graves, arrevesadas, que me atordoavam. Certamente meu pai usara um horrível embuste naquela maldita manhã, inculcando-me a excelência do papel impresso. Eu não lia direito, mas, arfando penosamente, conseguia mastigar os conceitos sisudos: "A preguiça é a chave da pobreza – Quem não ouve conselhos raras vezes acerta – **Fala pouco e bem: ter-te-ão por alguém.**"

Esse Terteão para mim era um homem, e não pude saber que fazia ele na página final da carta. As outras folhas se desprendiam, restavam-me as linhas em negrito, resumo da ciência anunciada por meu pai.

– Mocinha, quem é o Terteão?

Mocinha estranhou a pergunta. Não havia pensado que Terteão fosse homem. Talvez fosse. "Fala pouco e bem: ter-te-ão por alguém."

– Mocinha, que quer dizer isso?

Mocinha confessou honestamente que não conhecia Terteão. E eu fiquei triste, remoendo a promessa de meu pai, aguardando novas decepções.

Verbo no futuro com pronome átono no meio? Coisa desconhecida pelo menino e pela mocinha, mas parecia mesmo um nome de pessoa. Se há Gedeão, Sebastião, Tonhão, por que não haveria de existir um Terteão? Mas ninguém conhecia Terteão, nem o homem nem a colocação pronominal.

Resta a AMBIGUIDADE LEXICAL, que pode se originar de pronúncias marcadas por traços regionais, sociais ou individuais, o que às vezes resulta em dificuldade de compreensão. O desconhecimento de estrutura lexical também pode gerar o "apagão" semântico. O resultado (na língua oral) está representado em (1-4) por piadas, "causos" e trechos que remetem ao folclore nacional:

(1) O caipira está em casa, diante da TV com a janela aberta. Um amigo, passando pela calçada, o cumprimenta:
– Firme, cumpade?
– Não, cumpade! Futebor.

(2) Querida, meu coração por ti gela. // Eu aro a terra depois do nascimento da planta, mas o Edson Arantes do Nascimento.

(3) "A camisinha recebeu a bênção papal. Mas vem cá: camisinha não é sempre papal?" (Agamenon, *O Globo*: 28/11/2010)

(4) "E eu não faço compras porque não tenho saco pra Papai Noel. E sabe como o Papai Noel do Congresso dá risada? Ho Ho Houbamos muito!" (José Simão, *Folha de S.Paulo*: 19/12/2010)

A ambiguidade como efeito de humor se vale de todos os recursos semântico-lexicais tratados neste capítulo, em especial a polissemia, a homonímia e a paronímia. Em (1) "firme" não se opõe a "filme", porque "filme" é "firme" na pronúncia do caipira: AMBIGUIDADE LEXICAL com homonímia fono-ortográfica. Em (2), os trocadilhos "ti gela" / "tigela" e "ara antes" / "Arantes" são resultantes de coincidência apenas fonética:

AMBIGUIDADE LEXICAL com homonímia fonética. Por esse motivo, esse tipo de ambiguidade lexical também pode ser chamado de AMBIGUIDADE FONÉTICA.

Em (3) e (4), os colunistas apelaram para significados populares, nem sempre informados nos dicionários gerais. Ou seja, contaram com a capacidade do leitor de reconhecer o neologismo de *papal* (adjetivo derivado do verbo "papar" = comer = possuir sexualmente, para seguir a rede informada pelo dicionário *Aurélio*) ou de perceber que o sintagma "não tenho saco" deve e não deve ser entendido literalmente. Afinal, ambos os trechos são de colunas de humor.

Em (3) o neologismo lexical "papal" não deriva de Papa e cria com o adjetivo "papal" (derivado de Papa) uma ambiguidade de base homonímica. Em (4) o substantivo "saco" é uma acepção informal derivada da mesma palavra "saco" ("receptáculo de pano, papel, couro, borracha ou material plástico, aberto apenas por cima" que se expande para "testículos", como informa o dicionário *Houaiss*). Nesse caso a ambiguidade é de base polissêmica, mas tanto em (3) como em (4) há AMBIGUIDADE LEXICAL.

Vejamos agora uma conhecida crônica de Carlos Drummond de Andrade, intitulada "Assalto", onde o contexto cria a duplicidade de sentido. Transcrevemos os trechos de abertura e fechamento.

> Na feira, a gorda senhora protestou a altos brados contra o preço do chuchu:
> **– Isto é um assalto!**
> Houve um rebuliço. Os que estavam perto fugiram. Alguém, correndo, foi chamar o guarda. Um minuto depois, a rua inteira, atravancada, mas provida de admirável serviço de comunicação espontânea, sabia que se estava perpetrando um assalto ao banco. Mas que banco? Havia banco naquela rua? Evidente que sim, pois do contrário como poderia ser assaltado?
> – Um assalto! Um assalto! – a senhora continuava a exclamar, e quem não tinha escutado escutou, multiplicando a notícia. Aquela voz subindo do mar de barracas e legumes como a própria sirena policial, documentando por seu uivo a ocorrência grave, que fatalmente se estaria consumando ali na claridade do dia, sem que ninguém pudesse evitá-la.
>
> ....
>
> Barracas derrubadas assinalavam o ímpeto da convulsão coletiva. Era preciso abrir caminho a todo custo. No rumo do assalto, para ver, no rumo contrário, para escapar. Os grupos divergentes chocavam-se, e às vezes trocavam de direção: quem fugia dava marcha à ré, quem queria espiar era arrastado pela massa oposta. Os edifícios de apartamentos tinham fechado suas portas, logo que o primeiro foi invadido por pessoas que pretendiam, ao mesmo tempo, salvar o pêlo e contemplar lá de cima. Janelas e balcões apinhados de moradores, que gritavam:
> – Pega! Pega! Correu para lá!
> – Olha ela ali!
> – Eles entraram na Kombi ali adiante!
> – É um mascarado! Não, são dois mascarados!
> Ouviu-se nitidamente o pipocar de uma metralhadora, a pequena distância. Foi um deitar no chão geral e, como não havia espaço, uns caiam por cima dos outros. Cessou o ruído. Voltou. Que assalto era esse, dilatado no tempo, repetido, confuso?

– Olha o diabo daquele escurinho tocando matraca! E a gente com dor de barriga, pensando que era metralhadora!

Caíram em cima do garoto que soverteu na multidão. A senhora gorda apareceu, muito vermelha, protestando sempre:

– É um assalto! Chuchu por aquele preço é um verdadeiro assalto!

Já sabemos que a ambiguidade também pode ocorrer quando uma sequência de palavras pode gerar mais de um entendimento. A cena narrada por Carlos Drummond de Andrade aproveita uma coincidência linguística. A frase-interjeição (Isso é um assalto = Isso é um absurdo) significa "O preço está muito caro!", mas em sentido literal significa que alguém está apontando uma arma para praticar um roubo. A partir disso, segue-se uma sucessão de mal-entendidos e de desdobramentos semânticos na linha de raciocínio segundo a qual quem conta um conto aumenta um ponto. A leitura da íntegra do texto[25] servirá para examinar como Drummond descreveu a gradação do episódio até chegar ao "ímpeto da convulsão coletiva". "Isto é um assalto" é um caso de duplo sentido do enunciado, uma AMBIGUIDADE FRASAL, mas não podemos deixar de reconhecer que há dois propulsores para isso: o item lexical "assalto" e o contexto descrito por Drummond.

A tirinha de Millôr Fernandes aborda a mesma frase da crônica de Drummond. Muda o local, mas não a ambiguidade.

"Isto é um assalto", assim como "não ter saco", "chutar o balde", "acabar em pizza", "dar um rolê" são fraseologias que adquirem valores próprios e que permitem que a língua do dia a dia assuma expressividade e sentido.

– A AMBIGUIDADE É UM VÍCIO DE LINGUAGEM?

– "Depende! Diga-me em que texto está a ambiguidade, e eu te direi se é um vício ou se é uma "experimentação semântica".

Os exemplos de "Terteão" & "Isso é um Assalto!" mostraram que a ambiguidade pode ter usos intencionais. Só há vício de linguagem na ambiguidade quando o uso é acidental ou inexpressivo. Por isso, textos científicos e informativos devem ser claros e evitar de todo modo qualquer ambiguidade.

[25] O texto completo está disponível em http://portaldoprofessor.mec.gov.br/fichaTecnicaAula.html?aula=10274

Se o manual que explica como se usa um aparelho eletrônico contiver alguma ambiguidade, o recurso explicado só poderá ser usado pelo dono do aparelho se ele procurar uma ajuda técnica, pois o texto do manual não terá cumprido o objetivo que lhe cabia. Ou então o texto de uma lei. Qual a interpretação que os advogados buscarão para fazer valer o ponto de vista de seu cliente?

Vejamos um quadro que reproduz a explicação sobre o uso de um gravador de DVD.

Notas sobre a gravação programada
• "⏲" irá piscar quando a unidade não puder ser ajustada para o modo de espera da gravação programada. • As gravações programadas serão iniciadas quando o horário ajustado chegar, inclusive quando estiver gravando ou reproduzindo. • As gravações programadas não serão iniciadas quando a cópia for feita no modo de velocidade normal (p. 42). • Se a unidade for ligada quando a gravação programada for iniciada, esta permanecerá ligada depois de finalizada a gravação. Não se desliga automaticamente. É possível desligar a unidade durante a gravação programada. • Se estiver fazendo gravações consecutivas com início uma após a outra, a parte final (bem no final) do título não poderá ser gravado. • Se DST (Horário de verão) for ajustado para On quando o relógio for ajustado manualmente (p. 20), a gravação programada poderá não funcionar quando o horário de verão mudar para o horário normal ou vice-versa.

A segunda instrução diz

(5) As gravações programadas serão iniciadas quando o horário ajustado chegar, inclusive quando estiver gravando ou reproduzindo.

Como uma gravação programada poderia estar gravando ou reproduzindo? Certamente, esses dois verbos se referem a outro sujeito, o próprio aparelho. Mas o texto em si não diz isso com clareza. A quarta instrução diz:

(6) Se a unidade for ligada quando a gravação programada for iniciada, esta permanecerá ligada depois de finalizada a gravação.

Parece que a gravação programada permanecerá ligada mesmo após a gravação. A explicação é ambígua: o demonstrativo "esta" é o motivo da ambiguidade, pois não remete à unidade (ligada), mas à gravação (ligada?).

Há ainda dois pontos a focalizar nessa cartela. Um é o que está na quinta instrução.

(7) Se estiver fazendo gravações consecutivas com início uma após a outra, a parte final (bem no final) do título não poderá ser gravado.

Não há ambiguidade aí. Temos uma imprecisão vocabular (bem no final?) e um erro de concordância. Duas coisas inaceitáveis para um texto explicativo industrial. Voltemos, porém, à ambiguidade. Vamos ler o trecho final da última informação:

(8) (...) a gravação programada poderá não funcionar quando o horário de verão mudar para o horário normal ou vice-versa.

O caso agora é de ambiguidade no verbo "funcionar". A gravação programada poderá não funcionar. Isso significa que ela não vai acontecer ou que vai acontecer fora do horário previsto? A lógica diz que a gravação marcada acontecerá como se o horário de verão ou de inverno continuasse em vigor. Ou seja, a gravação funcionará. Será que é isso mesmo? Pois é, só testando o aparelho, pois o manual não esclareceu.

O manual de gravação de DVD e a manchete sobre Monteiro Lobato contêm ambiguidades viciosas, mas os demais trechos mostraram que a linguagem do humor, com ou sem literatura, lida com a AMBIGUIDADE de maneira intencional e até expressiva. O mesmo acontece com a publicidade.

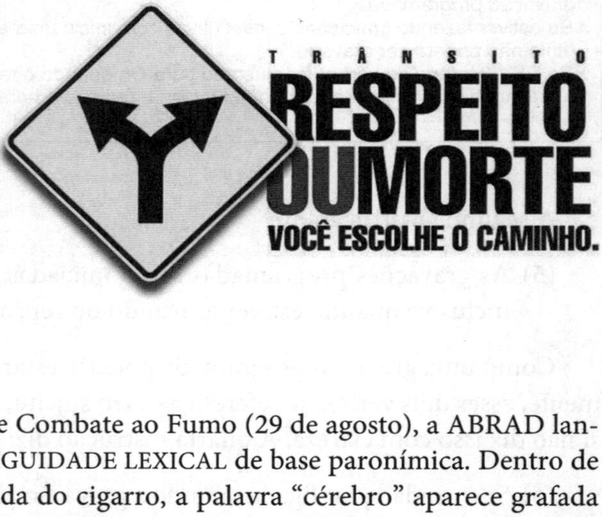

Para divulgar o Dia Nacional de Combate ao Fumo (29 de agosto), a ABRAD lançou uma peça comercial com AMBIGUIDADE LEXICAL de base paronímica. Dentro de uma nuvem preta de fumaça oriunda do cigarro, a palavra "cérebro" aparece grafada "célebro", pronúncia com metaplasmo (lambdacismo: r>l) influenciada pela paronímia "cérebro/célebre".

No outra propaganda, a campanha é pela responsabilidade no trânsito. O cartaz usa a palavra "caminho" com duas acepções: uma é específica da linguagem automobilística (via, estrada, trajeto, rota); a outra tem sentido figurado (tendência): há AMBIGUIDADE LEXICAL de base polissêmica.

Semântica é multiplicidade, duplicidade, univocidade... Começou assim este item do livro. Duplicidade e univocidade remetem para a TAUTOLOGIA e para a AMBIGUIDADE. Multiplicidade remete para a POLISSEMIA, palavra já mencionada várias vezes aqui. O foco nesse fenômeno começa com alguns comentários aplicados a uma canção de Caetano Veloso, "O Quereres" (lp "Velô", 1984), cujos versos iniciais são os seguintes:

Onde queres revólver, sou coqueiro
E onde queres dinheiro, sou paixão
Onde queres descanso, sou desejo
E onde sou só desejo, queres não
E onde não queres nada, nada falta
E onde voas bem alto, eu sou o chão
E onde pisas no chão minha alma salta
E ganha liberdade na amplidão.

Onde queres família, sou maluco
E onde queres romântico, burguês
Onde queres Leblon, sou Pernambuco
E onde queres eunuco, garanhão
Onde queres o sim e o não, talvez
E onde vês, eu não vislumbro razão
Onde queres o lobo, eu sou o irmão
E onde queres cowboy, eu sou chinês.

Ah, bruta flor do querer...
Ah, bruta flor, bruta flor!

A letra mostra um confronto da convivência amorosa: a antítese do tu contra o eu. Essa oposição se constrói por meio de metonímias. Por exemplo: revólver (metonímia de violência) contra coqueiro (metonímia de mansidão); Leblon (metonímia de vida requintada) contra Pernambuco (metonímia de vida rústica); lobo (metonímia de traição) contra irmão (metonímia de perdão); *cowboy* (metonímia de vida capitalista) contra chinês (metonímia de vida socialista). Cada uma dessas metonímias acaba por assumir um valor específico que vai tecendo a imagem dos dois antagonistas da canção: o tu e o eu.

O segundo trecho da música diz:

Onde queres o ato, eu sou o espírito
E onde queres ternura, eu sou tesão
Onde queres o livre, decassílabo
E onde buscas o anjo, sou mulher
Onde queres prazer, sou o que dói
E onde queres tortura, mansidão
Onde queres o lar, revolução
E onde queres bandido, eu sou o herói.

Eu queria querer-te amar o amor
Construirmos dulcíssima prisão
Encontrar a mais justa adequação
Tudo métrica e rima e nunca dor
Mas a vida é real e de viés
E vê só que cilada o amor me armou
Eu te quero e não queres como sou
Não te quero e não queres como és...

Ah, bruta flor do querer...
Ah, bruta flor, bruta flor!

O conflito prossegue enumerando uma grande quantidade de significados para cada um dos contendores. Ao final, pode-se fazer uma lista com o que vale para o eu (o espírito, tesão, verso decassílabo, mulher, mansidão, etc.) e o que vale para o tu (o ato, ternura, verso livre, prazer, tortura). Necessariamente, cada um dos oponentes é também contraditório. Na sequência que transcrevemos, "quero mansidão, mas também quero revolução" e tu "queres ternura, mas também queres tortura".

O contraditório, porém, não é permanente, pois se disfarça toda vez que o adversário troca de postura. Parece que o que vale é a regra de ser do contra: tu contra mim & eu contra ti, ambos na bruta flor do querer que, paradoxalmente, os aproxima.

Vamos à parte final da letra.

Onde queres comício, flipper vídeo
E onde queres romance, rock'n roll
Onde queres a lua, eu sou o sol
E onde a pura natura, o inseticídeo
E onde queres mistério, eu sou a luz
E onde queres um canto, o mundo inteiro
Onde queres quaresma, fevereiro
E onde queres coqueiro, eu sou obus.

O quereres e o estares sempre a fim
Do que em mim é de mim tão desigual
Faz-me querer-te bem, querer-te mal
Bem a ti, mal ao quereres assim
Infinitivamente impessoal
E eu querendo querer-te sem ter fim
E querendo te aprender o total
Do querer que há e do que não há em mim!

Dois amantes querendo-se em seus quereres tão desiguais. Uma letra totalmente polissêmica na sucessão de significados para o eu e para o tu, sempre antagônicos. Não há polissemia nas palavras isoladas, mas no todo do texto. Com isso, a sensibilidade poética de Caetano cria uma polissemia da antítese, do paradoxo, da antonímia. O substantivo do título "o quereres" faz par com a flexão do verbo "querer", mas "o quereres" não é o plural de "o querer". É a substantivação da segunda do singular e significa "o (tu) quereres". O que é isso? Homonímia, polissemia ou um pouco dos dois fenômenos? Como diz a letra: de um lado, o querer que há; do outro, o querer que não há.

David Crystal define sucintamente a POLISSEMIA: "termo usado na analise semântica para caracterizar um item lexical com uma variedade de significações diferentes" (1988, p. 202). Crystal e Ullmann dizem que a maior parte do vocabulário de uma língua é polissêmica. Ullmann (1964, p. 331) chega a dizer que ela "é um traço fundamental da fala humana, que pode surgir de maneiras múltiplas". Acostumamo-nos a ler explicações sobre a polissemia e sua principal parceira, a homonímia, sem que ficasse completamente resolvida a questão dos significantes de mesma classe gramatical. Parece simples falar em homonímia entre duas palavras que têm grafias diferentes (são dois significantes gráficos: o conserto & o concerto) ou entre um verbo e um substantivo (a saia & ela saia). A questão se complica é quando o par é de dois significados ou de dois significantes de mesma classe. Por isso, acalma-nos ler a afirmação de Lyons (1979, p. 430-1):

> O reconhecimento da distinção entre a identidade e a diferença de significado não nos leva muito longe na semântica. Parece claro que alguns significados estão "relacionados" entre si de uma maneira em que outros não estão relacionados. Esse fato destrói a simetria da oposição simples entre sinônimos e homônimos. Qual deve ser a diferença dos significados associados a uma determinada forma para que se decida que eles são suficientemente diversos para justificar o reconhecimento de duas, ou mais palavras?

Didaticamente, o contraste entre a polissemia e a homonímia é fácil de explicar. Repito o quadrinho de algumas páginas atrás:

HOMONÍMIA	POLISSEMIA
2 ou mais palavras, cada uma com a sua significação	1 única palavra com 2 ou mais sentidos

Vamos seguir com essa explicação, mas não custa ficar atento a mais esta advertência de Lyons, com grifo nosso: "A DISTINÇÃO ENTRE HOMONÍMIA E POLISSEMIA É INDETERMINADA E ARBITRÁRIA. Depende, em última análise, do juízo do lexicógrafo sobre a plausibilidade da extensão do significado", isto é, sobre a extensão da área recoberta pelo significado de uma palavra além do seu significado "natural" ou "verdadeiro". Voltando à letra de Caetano, a distinção entre "o quereres" e "tu quereres" é indeterminada e arbitrária: é uma homonímia que chega a ser polissemia. É uma frase de Kurt Baldinger (1970, p. 43):

> No plano da sincronia, duas palavras podem ser sentidas como uma palavra com dois significados, e uma palavra com dois significados pode ser sentida como duas palavras. A homonímia pode chegar a ser polissemia, e a polissemia, homonímia.

A arbitrariedade da distinção (entre homonímia e polissemia) não é a mesma coisa que a arbitrariedade do fenômeno (da polissemia). Vamos voltar nossa atenção para ela (a polissemia) e observar dois pontos destacados por Atkins & Rundell (2008, p. 293): o importante é reconhecermos (a) que a polissemia se apresenta de várias formas e ocorre a partir de muitos mecanismos e (b) que ela é, quase sempre, motivada – mais do que arbitrária.

Ullman (1964) cita as fontes que poderiam explicitar esse fenômeno em uma língua. Adaptando-as à língua portuguesa, transcrevo-as reproduzindo o que escrevi em *Semântica e Estilística* (2009, p. 178-80):

(a) MUDANÇAS DE APLICAÇÃO: um determinado item lexical pode expandir sua quantidade de sentidos graças ao emprego que ele abarca num determinado contexto de uso. Às vezes essas ramificações semânticas ocorrem em função do funcionamento da palavra na frase, como ocorre muito com os adjetivos. Em português podemos dizer que o adjetivo "belo" é sinônimo de "lindo" e significa "dotado de formas e proporções esteticamente harmônicas", tendo como antônimo o adjetivo "feio". Mas, quando dizemos que uma pessoa apareceu um <u>belo dia</u> na nossa casa ou que vamos receber um <u>belo aumento</u> de salário, não haverá risco de alguém pensar que "belo dia" é o mesmo que "bonito dia" ou que um "belo aumento" é o contrário de "feio aumento".

(b) ESPECIALIZAÇÃO NUM MEIO SOCIAL: um item lexical pode adquirir um certo número de significados específicos, cada qual aplicável em determinado campo de ação e atuação. A palavra "cadeira", num ambiente acadêmico, não significa apenas "peça do mobiliário", mas pode ser um sinônimo de "disciplina", palavra que também tem um sentido restrito ao meio escolar, onde quer dizer "matéria de ensino", diferente do significado comum de "obediência às regras e aos superiores".

(c) LINGUAGEM FIGURADA: um item lexical pode assumir um ou mais sentidos figurados, que coexistem lado a lado sem se confundirem e sem haver a perda do seu significado original. Aqui as novas acepções ocorrem por ação da metafórica ou da metonímia, figuras fundamentais para a atividade da língua. Na linguagem contemporânea, a palavra "monstro" assumiu o papel de qualificador positivo (*liquidação monstro, comício monstro*), e o verbo "chutar" expandiu seu uso no jargão esportivo e pode ser usado quando um jogador de basquete arremessa (= chuta) uma bola para a cesta: ambos por metáfora. Uma acepção nova, por metonímia, aconteceu com a palavra "trilha", usada para representar a música que toca num filme ou numa novela: a "trilha" e o "trilho", confundidos com os sulcos dos antigos discos de vinil, passam a representar a música que passa por esses trilhos, trilhas ou sulcos.

(d) PARÔNIMOS REINTERPRETADOS: dois itens lexicais de som semelhante e de significação diferente (de fato ou supostamente) tendem a ser considerados uma única palavra com dois sentidos ou então passam a ser duas palavras com uma única pronúncia. Ou seja, mudam do grupo da PARONÍMIA para o da POLISSEMIA (1 palavra com 2 sentidos) ou o da HOMONÍMIA (2 palavras com 1 pronúncia), conforme o caso. É o que se chama "etimologia popular". Assim, "fusível" vira "fuzil", "fígado" vira "figo" (criando HOMONÍMIAS, pois os significados não são aproximáveis) e o verbo "soltar" assume o significado de "soltar" quando uma pessoa diz que vai "soltar do ônibus" (neste caso, há POLISSEMIA, pois a significação dos dois verbos é aproximável).

(e) INFLUÊNCIA ESTRANGEIRA: um item lexical já existente na língua sofre influência da importação do significado de uma palavra estrangeira, o que cria a coexistência dos dois significados, o antigo e o novo, e origina a polissemia. O substantivo "cachorro" é, hoje, no português, sinônimo de um tipo de sanduíche de salsicha, acepção oriunda da importação do anglicismo "hot-dog".

Apesar do campo minado da polissemia, é preciso reconhecer que ela serve como um fator de economia e de flexibilidade para o léxico. Como lembra Ilari (2002, p.151), a polissemia "afeta a maioria das construções gramaticais". Seu exemplo mostra o caso do aumentativo dos nomes, como acontece com a palavra "Paulão". As razões para que alguém seja assim chamado podem ser muitas: "porque é alto, porque é grande, porque é grosseiro, porque é desajeitado, porque é uma pessoa com quem todos se sentem à vontade." Como conclui Ilari, é mesmo "difícil dizer até que ponto vale cada uma dessas explicações", já que "da ideia de tamanho passa-se à de um certo modo de ser e de relacionar-se".

Também encontraremos a POLISSEMIA no âmbito morfossintático. Ela é responsável por alterações na regência de alguns verbos, como "demorar", "custar" e "faltar", em virtude da aproximação de seus significados. Na linguagem do cotidiano, suas regências se homogeneizassem. É o que temos em (9-11)

(9) (Ela) demorou a fazer um sinal para nós.

(10) (Ela) custou a fazer um sinal para nós
[forma prestigiada: Custou-lhe fazer um sinal para nós./ Custou a ela fazer um sinal para nós].

(11) (Ela) faltou fazer um sinal para nós
[forma prestigiada: Faltou-lhe fazer um sinal para nós / Faltou a ela fazer um sinal para nós].

Os três verbos parece que assumiram os significados uns dos outros, ou seja, cada um ganhou uma nova acepção, a qual está em processo de incorporação à língua padrão. Como mostram esses exemplos, uma análise voltada para a variação dos meios ou dos modos de expressão de significados semelhantes leva à percepção de que os fenômenos de transferência de significado envolvem tanto a seleção lexical quanto a seleção de estruturas discursivas que são utilizadas metáforas ou metonímias. É a opinião de Maria Helena Marques (1990, p. 158), mas é também a nossa.

5.5. PARÁFRASE E PERÍFRASE

A PARÁFRASE é um tipo sofisticado de repetição que ocorre quando um enunciado possui a mesma informação que outro enunciado a partir do qual ele se origina. Essa palavra tem dois componentes:

PARA- (pref. grego: proximidade) + FRASE (elocução)

Geralmente, quem parafraseia uma sentença, um parágrafo ou mesmo um texto executa uma tarefa de reescritura no âmbito do léxico e da morfossintaxe, e não deveria comprometer o teor informativo, descritivo ou opinativo do texto original. Às vezes é a necessidade de reexplicação ou reapresentação do que se disse antes que pode levar alguém a fazer uso da paráfrase. No ambiente escolar, por exemplo, professor e aluno estão em permanente atividade da reelaboração, seja na hora em que o aluno pede ao professor que explique novamente o assunto, seja na hora em que o professor propõe numa avaliação que o aluno explique *como o protagonista conseguiu encontrar o mapa do tesouro.*

É improvável que uma PARÁFRASE não apresente alguma marca estilística ou ideológica de seu autor, que escolhe novos verbos, adjetivos, procura sinônimos, inverte sintagmas, muda os focos dos enunciados. Tudo isso tem alguma consequência pragmática, discursiva, sendo possível inclusive que o texto parafraseante fique melhor do que o original. Por isso, a paráfrase é, em suma, uma reescritura. Pode ser de suas próprias palavras e ideias, mas pode ser também a retomada de qualquer texto. No ambiente acadêmico, ao redigirmos um trabalho fruto de pesquisas e leituras, costumamos fazer citações literais, como a que vem logo a seguir, criada a partir da seguinte situação: alguém escreve um trabalho sobre leitura e precisa apresentar uma informação que recolheu num texto de Paulo Saenger publicado no livro *História da Leitura no Mundo Ocidental*, de Guglielmo Cavallo e Roger Chartier.

De que maneira essa pessoa deve transferir as informações do livro? Uma hipótese poderia ser esta:

> Paul Saenger (1998, p. 147) afirma que "os historiadores estão de acordo que, na Europa do Norte, o século XII foi amplamente reconhecido como o período crucial para as inovações nos campos do direito, da teologia, da filosofia e da arte. No entanto, para o historiador da leitura, é antes de tudo um século de continuidade e consolidação da escrita em palavras separadas, prática que, no século XI, tinha se tornado padrão, não apenas nas Ilhas Britânicas, mas também na França, Lorena e Alemanha. A introdução de espaços claramente perceptíveis entre cada palavra da frase, inclusive entre as preposições monossilábicas, teve como primeira consequência diminuir a necessidade de se ler em voz alta para compreender o texto. Esta nova apresentação textual foi complementada por outra alteração linguística igualmente significativa: a mudança das convenções sobre a ordem das palavras e sobre o reagrupamento de palavras gramaticalmente ligadas."

A transcrição foi literal (visível pela presença das aspas) e até deveria ter sido colocada numa diagramação diferente, em parágrafo com fonte menor, no formato citação. No entanto, o autor do trabalho tem a opção de achar que não deve recorrer à estratégia da citação literal, porque já a usou excessivas vezes ou simplesmente porque não quer fazer isso. Ele pode fazer uma paráfrase do texto de Saenger. Nesse caso, o crédito de autoria permanece, mas a forma de escrever é decidida pelo redator do trabalho acadêmico.

Poderia ficar assim:

> Como informa Paul Saenger (1998, p. 147), inovações nas áreas do direito, da teologia, da filosofia e da arte ocorrem de modo decisivo na Europa do Norte no século XII, fato que os historiadores confirmam sem contestações. Apesar disso, na história da leitura esse século tem outro tipo de importância, pois foi nele que se consolidou uma prática de escrita que já fora adotada como padrão no século anterior na Alemanha, França, Lorena e nas Ilhas Britânicas, onde surgiu no século VII: o uso de espaços em branco separando nitidamente cada palavra da frase. Essa maneira de escrever, que separava inclusive as preposições monossilábicas, fez com que a leitura em voz alta, antes indispensável, fosse sendo deixada de lado. A consolidação da escrita com espaços em branco aconteceu na mesma época em que se alteravam os hábitos de organização e agrupamento das palavras na frase.

Uma análise meticulosa dos dois textos deveria observar: (a) se todas as informações relevantes do texto original estão na reescritura; (b) se a alteração da ordem de apresentação dos dados compromete o significado do original; (c) se o texto original e a paráfrase estão compatíveis quanto ao gênero (ambos são textos acadêmicos); (d) se as substituições lexicais ou sintagmáticas efetuadas (por exemplo: *campos* virou *áreas*, *estão de acordo* virou *confirmam sem contestações*, *no entanto* virou *apesar disso*...) são morfossintaticamente adequadas.

Qual a melhor solução? Qualquer das duas, uma outra paráfrase, um misto de citação literal e paráfrase? Como em tudo, valerá o bom senso do redator.

Casos há em que a paráfrase tem características mais particulares do que essa que vimos na vida de um pesquisador universitário. Os dois pequenos parágrafos abaixo contêm um texto de divulgação do filme "A Esposa Japonesa"[26]. Um deles é o original, feito por uma videolocadora, o outro é a paráfrase:

(1) As cartas que Snehamoy e Miyage trocam entre si criam em ambos um forte sentimento. Ele mora na Índia, onde é professor. Ela cuida de uma mercearia no Japão. Os dois acabam se casando por correspondência, mas nenhum dos dois pode deixar o que faz para que possam morar juntos. Isso não diminui a força desse sentimento mantido à distância, embora Snehamow tenha de lidar com a presença da bela Sandhya, uma viúva que está sempre por perto.

(2) Snehamoy, professor numa vila da Índia, encontra uma amiga por correspondência, Miyage, que é gerente de uma mercearia no Japão. O casal, por cartas, constrói uma bela relação e até se casa. Infelizmente, é uma relação à distância, já que os dois não podem se encontrar devido a restrições particulares. Mas isso não afeta o amor ou a profundidade de seus sentimentos, apesar da presença da bela viúva, Sandhya, na vida de Snehamoy.

Qual é o original? Qual é a paráfrase? Não é preciso responder, pois o objetivo aqui é mostrar que o trabalho de reescrever/repetir o que outra pessoa já disse é uma operação comum – e não representa falsidade ideológica, pois nos casos científicos e acadêmicos o recurso precisa estar devidamente acompanhado dos créditos de autoria (*segundo Bakhtin... de acordo com Bechara... para Fiorin...*).

Voltemos ao parágrafo do exemplo e imaginemos que a tarefa é reescrever a mesma informação para publicar numa revista jovem. A paráfrase vai ter de ser diferente, escolhendo palavras que pareçam mais adequadas aos leitores da revista:

(3) O cara é professor num lugarzinho bem caído que fica na Índia. A garota toma conta de uma mercearia no Japão. Os dois ainda são do tempo em que as pessoas ficavam mandando cartas uma pra outra e aí acabam se amarrando, mesmo com tanta distância. Só que ela não pode ir pra Índia e ele

[26]"The Japanese Wife" é um filme indiano de 2010, dirigido por Apama Sen. No elenco, Rahul Bose, Raima Sen, Moushumi Chatterjee e Chigusa Takaku, atriz japonesa que faz o papel-título.

não pode ir pro Japão. Resumo da ópera – e maneiro: os dois continuam curtindo tudo isso numa boa. Acontece porém que tem uma viúva gatésima que fica dando em cima do cara.

Os exemplos (1-3) mostram que há variados recursos a serem empregados cumulativa e simultaneamente na construção de trechos, períodos ou parágrafos inteiros parafraseados. Como explica Ilari (2001, p. 140-61), uma parte desses recursos consiste em aplicar transformações de caráter sintático, e outra parte depende do conhecimento do léxico e da capacidade de percepção das equivalências de palavras e construções.

Vamos examinar, resumidamente, algumas das estratégias de redação contidas nos exemplos dados:

Exemplo (1)	Exemplo (2)	Exemplo (3)
Ele mora na Índia, onde é professor	Snehamoy, professor numa vila da Índia	O cara é professor num lugarzinho bem caído que fica na Índia
Ela cuida de uma mercearia no Japão.	Miyage cuida de uma mercearia no Japão	A garota toma conta de uma mercearia no Japão.
nenhum dos dois pode deixar o que faz para que possam morar juntos	os dois não podem se encontrar devido a restrições particulares	ela não pode ir pra Índia e ele não pode ir pro Japão
a presença da bela Sandhya, uma viúva que está sempre por perto	a presença da bela viúva, Sandhya, na vida de Snehamoy	tem uma viúva gatésima que fica dando em cima do cara

As mudanças podem ser lexicais (*ele, ela* x *Snehamoy, Myiage*) ou locucionais (*nenhum dos dois* x *os dois*), mas também podem ser morfológicas e microssintáticas (*Ele mora na Índia, onde é professor* x *Snehamoy, professor numa vila da Índia*) ou macrossintáticas[27] (*os exemplos 2 e 3 começam pela identificação dos personagens x o exemplo 1 começa falando das cartas*). No caso do texto (3), o dado que sobressai tem ainda um outro componente, a que chamaremos de "tom". A paráfrase, nesse caso, depende do domínio de um outro recurso, além dos dois mencionados por Ilari. A equivalência de palavras e construções do exemplo (3) como o primeiro ou com o segundo é léxico-semântica e morfossintática, mas não é pragmático-discursiva, já que o vocabulário agora é mais coloquial, íntimo, jovem. Ele precisa estar adequado ao público a que se destina a informação sobre o filme que tem uma viúva "gatésima" – *palavra que uso entre aspas, mas que no parágrafo hipotético da revista não precisa desse recurso gráfico, pois lá a gíria da juventude e o coloquialismo são o tom de redação esperado.* A paráfrase (3) também opta por não escrever os nomes dos dois personagens, talvez irrelevantes para o tipo de leitor da revista.

[27] Chamo de relações *microssintáticas* as que ocorrem no âmbito da oração. Há relações *midissintáticas* (no âmbito do período) e *macrossintáticas* (no âmbito do parágrafo e do texto).

Além de ser usada como alternativa de reescritura, a PARÁFRASE também pode ser usada como um componente da sequenciação textual, cuja finalidade é repetir com outras palavras o que o próprio texto disse. Nesse caso, a língua oferece certas expressões introdutórias típicas, como "isto é / ou seja / quer dizer / em outras palavras / em resumo / em síntese / em suma / ou melhor / explicando melhor". No exemplo que segue, a sequenciação acontece após o trecho "isso significa dizer que"

(4) Após deixar o poder, o presidente Lula planeja pedir recursos a organismos internacionais, como o Banco Mundial, para financiar ações de seu futuro instituto na África e na América Latina. Ele deseja envolver a ONG em grandes projetos de infraestrutura, que dependerão de ajuda externa para sair do papel. A ideia é fomentar o desenvolvimento de países pobres em setores como transporte e energia. O presidente tem dito a auxiliares que o Instituto Lula não se limitará a coordenar estudos e formular políticas públicas, como se discutiu inicialmente. **Isso significa que** a entidade terá pouco a ver com o antigo Instituto Cidadania, que ele comandou antes de assumir o governo. (*Folha de S.Paulo*: 21/11/2010)

Há uma informação que é "reexplicada":

(a) o Instituto Lula não se limitará a coordenar estudos e formular políticas públicas (e isso foi discutido inicialmente)

(b) o Instituto Lula (a entidade) tem pouco a ver com o antigo Instituto Cidadania

A expressão que introduz a paráfrase se coloca entre as duas: "Isso significa que". A intenção é explicar de novo que o Instituto Lula, diferente do que "se discutiu inicialmente", tem objetivos maiores do que se dizia antes.

Os próximos exemplos mostram outros casos de paráfrase sequencial.

(5) Qual foi, então, o objetivo do ônibus espacial? Construir uma estação espacial, disseram os responsáveis pela política espacial. E qual era, perguntamos então, o objetivo da estação espacial? Aprendermos a viver no espaço, disse a Nasa. **Em outras palavras**, vamos ao espaço para aprendermos a estar no espaço. Parece um tanto ou quanto sem sentido. Mas o fato é que, 40 anos atrás, havia o aspecto da aventura: os bravos astronautas, o foguete retumbante, a ousadia do pouso na Lua, o esforço e o gasto! São coisas que nunca vou esquecer. A cobertura das missões do programa Apollo foi um dos grandes marcos de minha carreira jornalística. (*Folha de S.Paulo*: 19/07/2009)

(6) A investigação da Aneel revelou também falhas dos técnicos de Furnas na operação do sistema elétrico de transmissão no momento em que se tentava restabelecer o fornecimento. A descoberta da falha levou a um jogo de empurra entre Furnas e ONS (Operador Nacional do Sistema Elétrico). **Em síntese**, os fiscais descobriram que a operação indevida das linhas cortou o fornecimento em boa parte do país justamente quando se tentava a recomposição. (*Folha de S.Paulo*: 27/10/2010)

(7) As seis unidades prisionais de Ribeirão e de Serra Azul abrigam 2.304 presos a mais do que a capacidade. São cerca de 5.900 presos para 3.596 vagas, **ou seja**, um deficit de 164% de vagas. Para sanar o problema, seriam necessárias mais três penitenciárias, que pelo padrão da SAP têm 768 vagas cada. (*Folha de S.Paulo*: 05/12/2010)

Os recortes de matérias de jornal mostram como o trecho que está à direita da expressão destacada repete (por reiteração, condensação ou reajuste informacional) o que foi dito antes. Não é nenhum delírio associar-se a paráfrase como recurso de construção de um texto com os casos que vimos de tautologia, sinonímia, polissemia... Também não há tanta distância entre a PARÁFRASE e a PERÍFRASE.

PERI- (pref. grego: em torno de) + FRASE (elocução)

O significado do prefixo grego "peri-" é "em torno de". Isso já nos dá uma pista de que toda pessoa que usa a PERÍFRASE fica "em torno da frase, ou seja, da elocução, da mensagem", mas não entra exatamente no assunto. Essa estratégia pode ser aconselhável por alguma razão discursiva, retórica. Vamos dizer que o escritor ou o falante precisa ganhar tempo, protelar a divulgação de uma decisão, valorizar o que vai revelar mais adiante.

No entanto, assim como há a perífrase expressiva, há a perífrase viciosa, chamada circunlóquio (e o prefixo agora é latino "circum-", que também significa "em volta de"). Nesse caso, o efeito vira defeito, e o que poderia ser uma boa estratégia de redação se transforma num fiasco. Em linguagem polida, o autor faz um "rodeio"; na linguagem popular, precisa mesmo é "encher linguiça".

Vamos ver um exemplo de texto "espichado" por perífrase. O que o redator tem para dizer é muito simples:

(8) O povo sabe que eleições livres fortalecem a democracia.

Mas... se é para "gastar o português" e aumentar a quantidade de palavras e de linhas, que tal escrever assim?

(9) As pessoas que falam a mesma língua têm costumes e hábitos idênticos, afinidade de interesses, enfim, uma história e tradições comuns, esses indivíduos estão convencidos e têm a inabalável e insofismável certeza de que a escolha, por meio do voto, de uma pessoa para ocupar um cargo público, majoritário ou não, torna forte e robustece o regime de governo que se caracteriza, em essência, pela liberdade do ato eleitoral, pela divisão dos poderes e pelo controle da autoridade, como forma de garantir a soberania popular.

O povo sabe que eleições livres fortalecem a democracia? O parágrafo que acabamos de ler não teve a pretensão de dizer isso de modo objetivo e direto. Nem usou as palavras "povo", "eleição" e "democracia". Foi mesmo um CIRCUNLÓQUIO...

(10) O novo sistema de contribuição monetária deve buscar modelo aderente à realidade e evitar experimentalismos tributários.

(11) Na sua multipluralidade significativa, a unidade da língua escrita situada entre dois espaços em branco muitas vezes vacila ao posicionar-se definitoriamente na conceituação que expõe numa folha de papel

Há um CIRCUNLÓQUIO na frase do exemplo (10), que poderia dizer apenas: "o novo imposto deve estar adequado à realidade". O mesmo acontece em (11). Será que "a unidade da língua escrita situada entre dois espaços em branco" não poderia ser apenas "palavra"? No caso de "multipluralidade significativa", o interessante é uso hiperbólico do prefixo *multi-*, pois "pluralidade" já é algo múltiplo. Por fim, "ao posicionar-se definitoriamente na conceituação que expõe numa folha de papel" ficaria bem mais claro se fosse apenas "ao tentar definir um conceito".

Vamos seguir com mais alguns exemplos de perífrase. O desafio é saber se cada uma delas é expressiva ou viciosa.

(12) Hoje, às oito horas, terá início, em todo o território nacional, a colheita de votos na maior e mais importante consulta popular de toda a história republicana. Dos 11 milhões de eleitores inscritos esperam os partidos que compareçam às urnas um mínimo de 8 milhões, em todo o país. Observadores extrapartidários consideram, entretanto, esses cálculos com algum pessimismo, levando em conta, sobretudo, a circunstância de não ter sido declarado feriado o dia de hoje.

(13) A obra ceciliana é, ao mesmo tempo, universal e atemporal, porque pertence ao seleto grupo de autores que se sobrepõem ao seu tempo e a todos os tempos, e sua obra se eterniza. Emprega o português clássico e usa com o mesmo desembaraço metros e rimas variados.

(14) Quero que o senhor aponte qual é o lado maior desse triângulo retângulo.

(15) Não falseie a verdade, menina. Não é porque seu pai entregou finalmente a alma ao Criador que vamos esquecer que ele enriqueceu por meios ilícitos.

O exemplo (12) é a transcrição de uma notícia publicada no dia 3 de outubro de 1950, data em que haveria "a colheita de votos" (*eleição*) "na maior e mais importante consulta popular de toda a história republicana" (*para Presidente da República*). A linguagem jornalística da época era dada a PERÍFRASES, como também se percebe no longo objeto direto que encerra o parágrafo. Em (13), o texto acadêmico enaltece as qualidades de Cecília Meireles com um texto de tamanho ampliado. Se fosse para dizer o mesmo em poucas palavras, bastaria escrever "Cecília Meireles é uma ótima escritora, e sua obra é eterna".

Em (12-13), a PERÍFRASE EXPRESSIVA foi usada para valorizar o texto, mas há casos em que ela pode ocorrer para tornar mais claro o entendimento, como em (14), ou para suavizar uma ideia mais forte, como nas três PERÍFRASES por EUFEMISMO da frase (15).

(14a) Quero que o senhor aponte a hipotenusa desse triângulo.

(15a) Não minta, menina. Não é porque seu pai morreu que vamos esquecer que ele foi um ladrão.

As perífrases expressivas e as viciosas se caracterizam sobretudo pela substituição de uma palavra ou sintagma por verdadeiros "torneios de frase". É o que se chama PERÍFRASE LEXICAL. Mas há também a PERÍFRASE MORFOLÓGICA, aquela em que se usa uma locução como substituta de uma palavra. As LOCUÇÕES ADJETIVAS, as LOCUÇÕES ADVERBIAIS e as CONJUGAÇÕES PERIFRÁSTICAS (locuções cujo auxiliar não conserva sua significação verbal) são alguns desses casos.

(16) Ela mora numa casa simples de subúrbio e pega o trem todos os dias.

(17) Foram feitas algumas insinuações de que ele voltará só para assistir à Copa.

(18) O cliente nunca havia entendido bem aquela explicação.

Os exemplos mostram que as perífrases morfológicas não têm necessariamente as finalidades que vimos nas perífrases lexicais (valorização, clareza ou suavização). Em (16), empregou-se a locução adjetiva "de subúrbio" em lugar de "suburbana" e a locução adverbial "todos os dias" em lugar de "diariamente". Em (17), a voz passiva verbal "foram feitas" em lugar da pronominal "fizeram-se". Em (18), a locução verbal "havia entendido" em lugar de "entendera".

Todas as formas analíticas que aprendemos nos estudos morfossintáticos são perifrásticas. E, no caso das CONJUGAÇÕES PERIFRÁSTICAS, cabe lembrar que o vocábulo da esquerda é o auxiliar gramatical, e o vocábulo principal concentra o significado lexical.

Em português há os seguintes tipos de locuções verbais:

(a) verbo *ter* ou *haver* + particípio = tempo composto [tinham ou haviam saído]
(b) verbo *ser* ou *estar* + particípio de verbo transitivo direto = voz passiva [era, estava ou ficava cercado pelos alunos]
(c) verbo *ir* + infinitivo = aspecto aproximativo de ação ou estado [ia falar / vai ser]
(d) verbo *estar* + gerúndio (ou preposição "a" + infinitivo) = aspecto durativo [estou escrevendo ou a escrever]
(e) verbo *ir* (sem indicar ação) + gerúndio = aspecto durativo [vou escrevendo]

Obs.: Os casos descritos excluem as locuções cujo auxiliar conserva sua significação verbal. Não há perífrase em locuções como "fomos conversando até o aeroporto", "preciso sair", "temos de conversar", etc.

Na sociedade contemporânea o fenômeno da perífrase é uma estratégia muito comum. Nestes tempos politicamente corretos, a perífrase que disfarça atitudes de discriminação e preconceito chega até a ser institucionalizada, como lemos na seguinte notícia, publicada em *O Globo* (setembro de 2005):

> Com o objetivo de chamar a atenção da sociedade para os "preconceitos nossos de cada dia", a Secretaria Especial dos Direitos Humanos elaborou e está distribuindo a cartilha do

"politicamente correto". A publicação reúne 96 palavras, expressões e piadas consideradas pejorativas e que revelam discriminações contra pessoas ou grupos sociais, como negros, mulheres, homossexuais, religiosos, pessoas portadoras de deficiência e prostitutas.

A cartilha do governo foi bastante criticada e recolhida em pouco tempo. Não nos interessa aqui examinar as implicações ideológicas das escolhas lexicais apresentadas nesse "manual"[28], mas podemos ver pela pequena amostra de alguns verbetes iniciados pela letra C que a mentalidade "politicamente correta" nem sempre é "semanticamente correta", pois o item lexical a ser banido é, na verdade, inocente. Preconceituoso é quem usa a palavra como marca de uma ofensa ou estigma. O vocabulário politicamente correto lembra a piada do sofá da sala: basta retirá-lo do léxico que a "infidelidade" desaparece? Eis o recorte da cartilha:

> **Caipira** – A pessoa que vive no campo, na roça. O dicionário *Houaiss* lista 72 sinônimos de caipira, quase todos de conotação pejorativa, refletindo um forte preconceito da sociedade brasileira. O caipira é tachado de rústico, rude, pouco instruído, cafona, brega, avesso ao convívio social, em oposição às pessoas que vivem nas cidades, consideradas cosmopolitas, elegantes, finas, sofisticadas. Essa última ideia firmou-se no País a partir do início dos anos 60, com a "Marcha para o Oeste" e a construção de Brasília, e foi alimentada pela ideologia da modernização conservadora e do "Brasil Potência", segundo a qual só haveria progresso e bem-estar social no asfalto das grandes cidades. Depois que esse mito foi destruído pela crise econômica e os problemas decorrentes do inchaço das periferias urbanas, está havendo uma grande revalorização dos valores culturais da vida no interior.
>
> **Ceguinho** – Expressão de menosprezo, que estigmatiza os cegos. Em geral, as pessoas privadas de visão preferem ser chamadas de cegas em vez de "deficientes visuais", "portadoras de deficiência visual" ou expressões eufemísticas semelhantes.
>
> **Comunista** – Termo utilizado até recentemente para discriminar ou justificar perseguições a qualquer militante de esquerda ou de causas sociais. Desde as revoluções que explodiram na Europa, no final dos anos 40 do século 19, e principalmente depois da Revolução Russa, em 1917, os adeptos do socialismo e do comunismo tornaram-se os principais alvos das polícias dos Estados liberais e dos propagandistas do capitalismo. Contra eles foram inventadas as piores calúnias e insultos, para justificar campanhas de perseguição que resultaram em assassinatos em massa, de caráter genocida, por exemplo, durante o regime nazista na Alemanha; o golpe de Estado de 1965, na Indonésia; e todos os golpes militares ocorridos nos países latino-americanos, incluindo o Brasil, nas décadas de 60 e 70.
>
> **Coxo** – Palavra estigmatizadora da pessoa que anda de maneira irregular por ser portadora de deficiência em uma ou nas duas pernas. A carga pejorativa do termo também é grande por ser essa uma das designações populares do diabo.
>
> **Crioulo** – Antiga designação do filho de escravos, hoje é um termo pejorativo e discriminador do indivíduo negro ou afrodescendente.

A hipálage "palavras preconceituosas" tem um lado perigoso: desloca para o léxico um problema da sociedade e insinua a ideia ingênua de que basta substituí-las para que a discriminação diminua ou acabe. Abaixo o preconceito... mas não é preciso desqualificar as palavras.

[28] Em http://www.dhnet.org.br/dados/cartilhas/a_pdf_dht/cartilha_politicamente_correto.pdf pode-se baixar a cartilha elaborada pela Secretaria Especial dos Direitos Humanos.

5.6. ANTONOMÁSIA E EPONÍMIA

Os intercâmbios funcionais entre substantivos próprios e comuns conjugam as ideias de "parte" e "todo". Esse tipo de relação semântica que costuma ocorrer, por exemplo, quando escrevemos um texto sobre uma pessoa ou sobre um lugar. É provável que tenhamos de pensar em algo que nos faça evitar a repetição desse substantivo próprio – caso em que entra em cena a ANTONOMÁSIA. Numa outra situação, o que está à nossa disposição não é uma palavra substituta, mas um substantivo próprio transformado metonimicamente em comum – caso da EPONÍMIA. Esses dois recursos estão interligados por uma espécie de cruzamento léxico-semântico.

Vamos ilustrar isso com a capa da revista Rolling Stone. Logo abaixo do nome de Rita Lee, aparece a expressão "Grande Estrela do Rock Brasileiro". Essa foi a opção da revista na edição que noticiava mais um aniversário da cantora. Rita tem porém outras alcunhas: "Musa do Rock", "Rainha do Rock" e até "Vovó do Rock", como aparece na sua página oficial. Seus fãs certamente não vacilariam em dizer que uma frase como "Rainha do Rock Brasileiro lança novo DVD" só pode ser atribuída à Musa dos Mutantes (eis aí outra).

Alcunhas, apelidos, epítetos, cognomes... Tudo isso é a mesma coisa que ANTONOMÁSIA, nome da figura que consiste em empregar um substantivo comum ou uma expressão substantiva como substituto de um nome próprio, seja nome de pessoa (ANTROPÔNIMO) ou de lugar (TOPÔNIMO). A motivação para que se crie uma alcunha é sempre metafórica ou metonímica, mas as razões para isso nem sempre são conhecidas.

Proponho um teste. Vamos ver se reconhecemos quem são os escritores baianos que ficaram conhecidos por estas antonomásias:

SIGNIFICANTE-BASE	=	ANTONOMÁSIA
(1) Castro Alves		( ) ÁGUIA DE HAIA
(2) Gregório de Matos		( ) HEMINGWAY DA BAHIA
(3) João Ubaldo		( ) RASPUTIM DA LINHA JUSTA
(4) Jorge Amado		( ) POETA DOS ESCRAVOS
(5) Rui Barbosa		( ) BOCA DO INFERNO

Os apelidos de Castro Alves e Gregório de Matos são muito conhecidos, "Poeta dos Escravos" e "Boca do Inferno". O de Rui Barbosa também, "Águia de Haia", dado por ter sido aclamado numa conferência de paz realizada em Haia no ano de 1907. Já o apelido "Hemingway da Bahia" para João Ubaldo Ribeiro é mais restrito (quem assim o apelidou foi seu amigo Glauber Rocha). E por que Jorge Amado é o "Rasputim da Linha Justa"? Quem assim se referia a ele era o modernista Oswald de Andrade, que adorava colocar apelidos ferinos em seus desafetos.

Mas o jogo das antonomásias pode ser com topônimos. Nosso próximo quadro deixará um dos lados em branco. Em vez de colocar o número correspondente nos parênteses, a tarefa é escrever o nome do lugar ou a antonomásia.

SIGNIFICANTE-BASE	=	ANTONOMÁSIA
(1)		(1) CIDADE MARAVILHOSA
(2) Estádio Paulo Machado de Carvalho		(2)
(3)		(3) PAÍS DO SOL NASCENTE
(4) Praia de Copacabana (RJ)		(4)
(5)		(5) TERRA DA GAROA

Rio de Janeiro é a "Cidade Maravilhosa", e São Paulo é a "Terra da Garoa". O Japão é o "País do Sol Nascente", e a praia de Copacabana é a "Princesinha do Mar". Mas qual é o apelido do estádio cujo nome oficial é Estádio Paulo Machado de Carvalho? Ele fica no bairro do Pacaembu, em São Paulo. Daí, por metonímia, o seu apelido. O nome do estádio é uma homenagem ao "Marechal da Vitória", chefe da delegação brasileira campeã do mundo de futebol em 1958 e 1962. É um caso muito peculiar, pois tanto como antropônimo quanto como topônimo, Paulo Machado de Carvalho tem antonomásia. Não será estranho imaginar que um dia alguém possa dizer que vai ver um jogo no "Estádio Marechal da Vitória".

E assim como acontece com os substantivos comuns, também aqui é possível conviver com uma concorrência semântica. São casos de homonímia (assunto que vimos no início deste capítulo). No caso dos antropônimos e dos topônimos, ela é muito comum. Afinal, Claudio é o nome do autor deste livro, mas é também o nome de um compositor, de um jogador de futebol, de um cantor, de um vendedor de pipocas, de um personagem de novela... Santa Cruz é o nome de uma cidade da Paraíba, de Pernambuco ou do Rio Grande do Norte? Ou é o nome de um bairro da zona oeste do Rio de Janeiro? Ou seria o nome de uma cidade de Cabo Verde, na África, ou de Aruba, nas Antilhas? Eis aí um topônimo verdadeiramente internacional, que está em todos esses lugares e mais ainda em Goa, na Jamaica, no Chile, nas Filipinas, nos Estados Unidos e, é claro, em Portugal, onde de certo modo boa parte dessa história começou. Portanto, não é surpresa falar em concorrência de antonomásias.

Um exemplo de cada:

A – Antonomásia de antropônimos: quem é o Gordo?
( ) Jô Soares [artista de tevê]
( ) Oliver Hardy [parceiro de Stan Laurel na dupla "O Gordo e o Magro"]
( ) Ronaldo [ex-centroavante da seleção brasileira]
( ) personagem da revista Tico-Tico [que vivia se metendo em confusões]

B – Antonomásia de topônimos: onde fica a Suíça Brasileira?
( ) no Rio de Janeiro [é a cidade de Nova Friburgo]
( ) no Rio Grande do Sul [é a cidade de Gramado]
( ) em São Paulo [é a cidade de Campos do Jordão]
( ) em Pernambuco [é a cidade de Garanhuns]

Nos dois quadros, podemos marcar as três primeiras opções, pois os apelidos "Gordo" e "Suíça Brasileira" são compartilhados pelos dois trios. A quarta opção do quadro A é de um menino gordo (adjetivo, com letra minúscula). Ele tem uns 10 anos e seu apelido também decorre de sua aparência: ele é o Bolota. Nesse caso, a concorrência segue outro caminho, pois há mais personagens de quadrinhos com esse apelido (e note que geralmente nem sabemos seu nome), inclusive uma menina comilona (Bolota foi criada em 1953 pela Harvey Comics) que compensa a gula usando sua força para ajudar o próximo. Quanto à quarta opção do quadro B, Garanhuns, ela é conhecida como "Cidade das Flores", o que certamente tem também uma boa concorrência, incluindo Holambra (cidade de São Paulo, cujo nome fundiu Holanda e Brasil) e Joinville-SC.

Repare como certos apelidos acabam ficando muito mais conhecidos do que os próprios nomes: Maracanãzinho, Zico, Dinamite, Grande Otelo, Chacrinha, Zé das Medalhas, Chacal, Sarney, Cascão... Quanta gente que ficou sem um nome porque ganhou outro.

Lugares famosos, vilarejos perdidos no mapa, pessoas comuns, personagens da história, políticos, artistas, atletas e escritores – todo substantivo próprio se enquadra da mesma forma nesse processo de combinação entre nome qualificado e qualificador do nome. Um estádio de futebol pode ser conhecido como o Caldeirão do Boca tanto quanto uma região do Brasil pode ser o Pulmão do Planeta. Se um bairro fica famoso como o Berço do Samba, por que não dizer que a minha cidade é o Túmulo do Funk? Alguém pode ser o Papai Papudo, o Patriarca da Independência, o Mestre do Suspense, o Deus da Raça, a Namoradinha do Brasil, a Musa do Verão, o Nazareno, o Careca do 302, a Desinibida do Grajaú. Tudo se admite nessa relação, desde que se estabeleça alguma coerência entre os dois componentes: de um lado o substantivo próprio, de outro o seu "apelido", sua ANTONOMÁSIA.

De todo modo, sempre que se usa uma expressão em vez de uma única palavra para se fazer essa substituição, diz-se que a ANTONOMÁSIA é também uma PERÍFRASE (pois substitui o que poderia ser expresso por um menor número de palavras). Isso quer dizer que esses dois termos, embora não sejam sinônimos, às vezes coincidem. Por exemplo, os ex-jogadores Romário e Sócrates têm ANTONOMÁSIAS (ou apelidos, epítetos, cognomes) muito conhecidas, "Baixinho" e "Doutor" (não há PERÍFRASE em nenhum dos dois casos). Mas chamar Pelé de "Rei do Futebol" e Zico de "Galinho de Quintino" é o que caracteriza uma ANTONOMÁSIA PERIFRÁSTICA.

Os dois trechos seguintes mostram o emprego da ANTONOMÁSIA como elemento de coesão textual: o primeiro é o recorte de uma notícia de jornal; o segundo reproduz os dois parágrafos iniciais de um texto acadêmico. Ambos se referem a Machado de Assis.

> Há três meses, o Ministério da Cultura anunciou que 2008 será o Ano Nacional de **Machado de Assis**. Em setembro, completam-se 100 anos da morte do **escritor carioca**. As editoras se apressam e colocam nas prateleiras, ainda em 2007, os primeiros lançamentos da comemoração.
>
> A humildade em tom de elegância, cortesia da mentalidade ainda romântica que **o escritor** cultivava, soa irônica às vésperas do centenário de sua morte. Hoje, quem declarar **o carioca** como o maior escritor da Literatura Brasileira vai encontrar poucas pessoas dispostas a discordar. Ao que parece, **o Bruxo** aprontou mais uma das suas. Adivinhou seu futuro e escondeu sua profecia sob o véu da ironia. (O ANO DO BRUXO, 2007)
>
> O jogo intertextual é um dos traços mais fascinantes da prosa de **Machado de Assis**. E, se é verdade que todo grande escritor é, antes de tudo, um leitor contumaz, isto se aplica perfeitamente a**o nosso Bruxo**, cujo intercâmbio com a literatura universal é um fator constituinte da natureza de seus escritos.
>
> Há, na ficção de **Machado**, uma enorme enciclopédia literária, a que ele faz alusões, de que faz citações (literais ou não), sempre pressupondo no leitor um parceiro à altura, capaz de decifrar-lhes as significações. O repertório é imenso. Desde *Contos fluminenses*, publicado em 1869, até o último romance, *Memorial de Aires*, cuja primeira edição é de 1908, ano da morte do **escritor**, **Machado** é um citador incansável. (SENNA, 2008, p. 7)

Machado tem um dos EPÍTETOS mais difundidos da literatura brasileira. Talvez seja muito difícil encontrar um texto sobre ele que não recorra à antonomásia "Bruxo do Cosme Velho" ou apenas "Bruxo". Observe-se porém que, para quem escreve, esse apelido é uma alternativa a mais para se evitar a repetição do nome do romancista. Aliás, como devemos agir ao escrever um texto longo sobre Machado. Quais os limites para se usar o seu nome? E para substituí-lo? Machado e suas anáforas: "escritor carioca", "o romancista", "o criador de Capitu", "o autor de Brás Cubas", "o fundador da Academia"...

*

O circuito semântico, como se vê, está sempre em movimento. Como num tabuleiro de xadrez, os significados mudam de lugar, avançam duas casas, ficam parados, recuam até a posição inicial. Enfim, tudo pode acontecer. No início deste item do livro, falamos de dois tipos de cruzamento léxico-semântico entre substantivos próprios e substantivos comuns. Na ANTONOMÁSIA, o substantivo comum vira substantivo próprio para ser seu equivalente. Mas há também as pessoas e personagens que perderam a propriedade de seu nome. Portanto, se é pertinente falar-se que, numa língua, existe o processo de "personificação" (exs.: o Hino Nacional, a Pátria), também se pode pensar num processo de "coisificação". Nesse caso, falamos de EPÔNIMOS[29], fenômeno resultante de uma metonímia que se baseia numa relação de contiguidade entre antropônimos e significações que não têm uma palavra própria para exprimi-las ou para as quais se propõe uma nova

[29] Repito a informação de que no livro *Morfologia: estudos lexicais em perspectiva sincrônica* faço minuciosa análise e interpretação do fenômeno da neologização pela eponímia no português (2011, p. 146-50).

denominação. Essa passagem a substantivo comum não caracteriza mudança de classe, mas de *subcategoria* (substantivo próprio > substantivo comum).

Há EPÔNIMOS sincrônicos, os que têm vínculos referenciais ainda muito nítidos com o antropônimo que lhes deu origem (*amélia, barbie, belzebu, camões, cupido, drácula, he-man*, quixote, sansão, tarzã...*), e há EPÔNIMOS diacrônicos, os que só podem ser assim identificados mediante uma informação histórica que contextualize sua criação a partir de um antropônimo (*baderna, carrasco, colt, gandula, gari, gilete, judas...*).

Marieta Baderna: dançarina italiana que esteve no Rio de Janeiro em 1851, provocando "um certo *frisson*" e cujos admiradores eram chamados de "os badernas".
["baderna" = arruaça, desordem, confusão]

Belchior Nunes Carrasco: algoz que teria vivido em Lisboa, antes do séc. XV.
[carrasco = indivíduo cruel, tirano]

Samuel Colt: inventor do revólver dessa marca.
[colt = revólver usado nas narrativas do velho oeste]

Bernardo Gandulla: futebolista argentino que atuou num clube do Rio de Janeiro no final da década de 1930 e que tinha o hábito de buscar as bolas que saíam de campo.
[gandula = apanhador das bolas que saem do campo]

Aleixo Gary: incorporador da empresa a cujo cargo esteve o serviço público de limpeza das ruas, no Rio de Janeiro do início do século XX:
[gari = varredor de rua]

King Camp Gillette: inventor e primeiro fabricante dessa lâmina e aparelho de barbear.
[gilete = lâmina de barbear, motorista ruim (barbeiro, navalha)]

Judas Iscariote: discípulo traidor de Jesus Cristo. [judas = traidor]

Os EPÔNIMOS, no entanto, não são criados apenas a partir de pessoas reais. Alguns se inspiram em seres fictícios, como é o caso da palavra *amélia* (= mulher amorosa, passiva e serviçal), significação extraída do contexto do samba "Ai! que saudades da Amélia", de autoria de Ataulfo Alves e Mário Lago, de 1942. A canção fala de uma "mulher de verdade", que "às vezes passava fome ao meu lado / E achava bonito não ter o que comer / Mas, quando me via contrariado, dizia: Meu filho, que se há de fazer!".

Podemos incluir nesses casos de EPÔNIMOS de base ficcional as referências a personagens de obras do cinema, do teatro, da televisão, da literatura e até da indústria de consumo. Esses EPÔNIMOS dependem da repercussão e permanência, na cultura e/ou imaginário da sociedade, dos antropônimos que os originaram. Muitos têm vida curta e saem de cena tão logo cesse sua presença na mídia (cf. Henriques, 2011, p. 147).

A partir dessas explicações e exemplos, bem se vê que as relações entre a EPONÍMIA e a ANTROPONÍMIA têm uma condição que as limita, pois a transposição de substantivo próprio para substantivo comum só ocorre mediante a atribuição de um sentido impessoal ao nome próprio. E só se pode fazer essa "ponte" tomando-se uma certeza ou suposição a respeito do ser humano real. Assim, ao princípio metonímico norteador da criação de um EPÔNIMO, devemos acrescentar a possibilidade de uma interpretação metafórica que justifique sua existência ou emprego.

E, como nas relações semânticas tudo pode acontecer, a roda das significações não para de girar. Os dois últimos exemplos focalizam a possibilidade de uma palavra mudar sucessivamente de sentido, primeiro por ANTONOMÁSIA, depois por EPONÍMIA. Em ambos, acontece uma situação bastante comum, na qual o traço físico de alguém é usado para denominá-lo, como vemos nos nomes dos personagens infantis Brotoeja, João Bafo-de-Onça, Capitão Gancho, Pererê, Sujismundo...

A primeira palavra é CAMÕES. O nome do grande poeta português é Luís Vaz de Camões (1524?-1580), autor de *Os Lusíadas*. Um traço físico se destacava no rosto de Camões: ele era caolho. Por causa disso, seu nome passou a ser usado, por eponímia, para designar pessoas "cegas de um olho". A passagem é metonímica e parte do raciocínio: se Camões (com maiúscula) é caolho, todo caolho é camões (agora com minúscula). Com isso, podemos dizer hoje que Camões era camões. Mas o circuito continua, e as metáforas estão no ar. Em algumas cidades brasileiras havia um ônibus cuja parte dianteira tinha apenas a cabine do motorista, com o lado direito recuado. A população colocou nesse ônibus o apelido de camões: era um "ônibus caolho" na interpretação popular, assim como também é caolho um prato popular que é a simplificação do bife a cavalo (que leva dois ovos). Quando o bife só vem acompanhado de um ovo, diz-se que é um bife à Camões.

(1) Camões (subst. próprio = Luís Vaz de Camões > (2) camões = caolho > (3) "camões" (gíria, subst. comum = ônibus) OU (4) "camões" (gíria, subst. comum = bife com um ovo).	
1 > 2 por eponímia	2 > 3 ou 4 por metáfora

A segunda palavra é GARRINCHA. Por causa das famosas pernas tortas de seu dono, o substantivo "garrincha" eponimizou-se exatamente com esse sentido, nas referências coloquiais a pessoas que têm algum tipo de arqueamento nas pernas. Acontece que o jogador Garrincha (Manuel Francisco dos Santos: 1933-1983) recebeu esse apelido porque gostava de caçar passarinhos (especialmente uma ave chamada garrincha, muito comum na sua cidade), e não porque tinha as pernas tortas. De posse dessas informações semânticas, fechamos o círculo:

(1) garrincha (subst. comum = passarinho) > (2) Garrincha (subst. próprio = Manuel Francisco dos Santos + (3) o "craque das pernas tortas" > (4) "garrincha" (gíria, subst. comum = pessoa com as pernas tortas).	
1 > 2 por antonomásia	2+3 > 4 por eponímia

A diferença entre "camões" e "garrincha" é que o primeiro começa o ciclo num substantivo próprio e termina com dois substantivos comuns, e o segundo começa e termina seu ciclo num substantivo comum. Se fosse o caso de fazer uma brincadeira com essas duas palavras, faria sentido reconhecer que o caso de "garrincha" (mais do que o de "camões") é um verdadeiro drible no circuito semântico da língua.

5.7. HIPONÍMIA E HIPERONÍMIA

Estamos vendo neste capítulo que é normal o significado de uma palavra se relacionar com os significados de outras palavras. As relações de sentido são o que ainda há pouco chamamos de "roda da semântica". Girando a roda passamos por sinônimos, antônimos, parônimos, homônimos, epítetos, antonomásias... Há relações que dispensam a observação fono-ortográfica; há outras que a exigem. Buscamos vínculos de equivalência, inclusão, oposição, hierarquia. A relação de sentido que nos interessa neste item do livro conjuga as ideias de "parte" e "todo".

HIPONÍMIA	HIPERONÍMIA
do significado específico para o geral	do significado geral para o específico

Como explica Lyons (1979, p. 483), "a HIPONÍMIA pode ser definida em função de uma implicação unilateral". Seus exemplos citam uma série com as palavras *flores*, *tulipas*, *rosas* e *violetas*, mostrando que a frase (1) poderia implicar as frases (2-3).

(1) Comprei flores.
(2) Comprei tulipas. Comprei rosas. Comprei violetas.
(3) Comprei tulipas, rosas e violetas.

Em vez de implicação unilateral, prefiro dizer "implicação convergente", pois quero insistir nas ideias de "parte" e "todo" (daí a ressalva sobre a citada unilateralidade). Em (2-3), temos os hipônimos *tulipas, rosas* e *violetas*. Em (1) temos o hiperônimo *flores*. Os três hipônimos convergem para o hiperônimo. Então, uma definição bem simples para essas palavras dirá que o HIPÔNIMO é a palavra particularizadora e que o HIPERÔNIMO é a palavra generalizadora.

Há relações de *hipo-...nímia* e *hiper-...onímia* quando ocorre a seguinte relação de sentido:

X faz **parte de** Y, e X **é um tipo de** Y

Durante a redação de um texto, quando precisamos evitar a repetição de uma palavra, temos à disposição uma ferramenta coesiva importante: os HIPERÔNIMOS e os HIPÔNIMOS.

HIPO- (prefixo grego)	**HIPER-** (prefixo grego)
posição inferior, subordinada (= *sob, sub*)	posição superior, elevada (= *sobre, super*)

Por exemplo: se nos pedirem uma pequena lista com o nome de quatro animais, talvez nossas lembranças imediatas recaiam sobre aqueles com os quais convivemos, como o cachorro, o gato, o cavalo e o papagaio. Talvez nos venham ideias menos óbvias e a lista seja feita de animais nada amistosos, como o lobo, o jacaré, o orangotango e o urubu. Também poderíamos fazer um rol apenas com os nomes daqueles que, quando se aproximam, nós é que ficamos hostis, como a barata, o rato, o morcego e a lacraia. Mas nada impediria que, em homenagem aos tempos "politicamente corretos", elaborássemos uma lista-denúncia, com nomes de animais já extintos ou em extinção, como o dinossauro, o mamute, o auroque e o dodó (extintos) ou o panda, o tucano, a ariranha e o mico-leão (em extinção).

Todos esses substantivos são específicos, se considerarmos que os tomamos pensando num termo genérico dado: a palavra "animal" é o HIPERÔNIMO, e cada bichinho citado é um dos HIPÔNIMOS.

HIPERÔNIMO (Y)		HIPÔNIMOS (X)
ANIMAL	➔	*cachorro, gato, cavalo, papagaio, lobo, jacaré, orangotango, urubu, barata, rato, morcego, lacraia, dinossauro, mamute, auroque, dodó, panda, tucano, ariranha, mico-leão*

No entanto, essa relação entre o termo geral e o termo específico pode ser outra. Uma palavra específica como "dinossauro", HIPÔNIMO em relação ao conjunto "animais", seu HIPERÔNIMO, pode fazer parte de um outro conjunto, onde assume o papel de termo genérico.

É o que mostram o quadro e a figura abaixo, com o agora HIPERÔNIMO "dinossauros"[30] e os HIPÔNIMOS que listam alguns de seus tipos:

HIPERÔNIMO (Y)		HIPÔNIMOS (X)
DINOSSAURO	➔	*braquiossauro, diplodoco, camptossauro, ancilossauro, hadrossauro, tiranossauro, estegossauro e celófise*

Dinossauros

Fonte: *Dicionário Mais* (1997 p. 171)

[30] A exemplificação que segue é uma adaptação do que escrevi em *Semântica e Estilística* (2009, p. 155-8).

Vamos examinar um texto de informação científica sobre um desses dinossauros. Marcamos em negrito todas as palavras ou expressões substantivas que se referem especificamente aos celófises. O objetivo é verificar como o redator colocou em uso as relações de sentido que o hiperônimo "dinossauro" possui.

> [1º §] Em 1947, em uma expedição ao Ghost Ranch, no Novo México, EUA, paleontólogos fizeram uma grande descoberta: um grande número de fósseis de **dinossauros**, mais tarde denominados **celófises**. Esses fósseis eram todos parte de um grupo provavelmente devastado por uma inundação no período triássico tardio. Os **animais** variavam de filhotes recém-saídos do ovo a adultos com pouco mais de dois metros de comprimento.
>
> [2º §] O corpo do **celófise** tinha uma cauda longa e esguia. Suas mandíbulas eram dotadas de dezenas de dentes afiados. O **celófise** era um predador incomum, pois vivia em grandes rebanhos, algo que não acontece no mundo atual. Animais como o caribu ou o gnu, que se alimentam pastando, vivem em rebanhos, mas o mesmo não ocorre com os **predadores**, que não vivem em grandes grupos. Áreas pisoteadas em torno do Ghost Ranch sugerem que os rebanhos de **celófises** migravam.
>
> [3º §] As patas traseiras do **animal** eram fortes e ágeis. Ele tinha pés com três dedos longos e um curto, e saltava rapidamente para escapar de <u>predadores de maior porte</u>, como o phytossauro, um animal semelhante ao crocodilo. As patas dianteiras do **celófise** eram pequenas e provavelmente não eram usadas para caminhar. O mais provável é que fossem usadas para recolher alimentos. A cabeça do **animal** era grande, com um focinho pontudo e olhos grandes. O **celófise** era um mestre da emboscada. É possível que **esse predador** com cerca de 45 quilos se alimentasse de peixes e, por isso, vivesse à margem de rios, caminhando entre a vegetação rasteira e sempre atento a inimigos. Também comia insetos, répteis semelhantes a lagartos e <u>outros pequenos dinossauros</u>.
>
> [4º §] Além dos esqueletos do Ghost Ranch, no Novo México, foram encontrados **celófises** no Painted Desert do Arizona. Os troncos petrificados encontrados lá, muitos com comprimento superior a 30 metros, mostram que aparência tinham as florestas pelas quais **esses dinossauros** corriam.
>
> [5º §] Eles estão entre os mais antigos (se não são os mais antigos) dinossauros da América do Norte. O nome **celófise** quer dizer "forma oca", em referência aos ossos ocos de suas pernas, que se assemelhavam aos ossos dos pássaros, desenvolvidos para ter o mínimo de peso com o máximo de força. A única espécie conhecida é o **Coelophysis bauri**.
>
> [6º §] Nas caixas torácicas de dois adultos encontrados no Ghost Ranch havia esqueletos de jovens **celófises**. Eles eram grandes e desenvolvidos demais para que fossem bebês ainda não nascidos. Isso sugere que os **celófises** podem ter sido canibais e que a presa teria sido engolida inteira.
>
> [7º §] Os parentes do **celófise** incluem o podoquessauro; o halticossauro e o protocompsógnato, da Alemanha; e o sintarso do Zimbábue e Arizona.
>
> *Fonte*: http://ciencia.hsw.uol.com.br/celofise.htm

Sem incluirmos na contagem as ocorrências em que o nome do animal foi substituído por outros processos coesivos (como os pronomes retos, oblíquos e possessivos ou a elipse), o texto empregou por dezenove vezes uma forma substantiva que nos informa algo sobre os celófises, sendo onze as passagens em que a opção foi pela própria palavra "celófise". Mas o redator também usou os HIPERÔNIMOS "animal" (três vezes), predador e dinossauro (duas vezes cada um) e o HIPÔNIMO SINÔNIMO Coelophysis bauri (uma vez). A estratégia mostra que, em cada parágrafo, o substantivo principal foi usado comedidamente, a saber: 1 vez no 1º; 3 vezes no 2º; 2 vezes no 3º; 1 vez no 4º; 1 vez no 5º; 2 vezes no 6º e 1 vez no 7º.

O terceiro parágrafo, que é o maior do texto, tem sete informações sobre o celófise. Duas delas aparecem com o próprio HIPÔNIMO, duas com o HIPERÔNIMO "animal", uma com o HIPERÔNIMO "predador" e duas (indiretas), com as expressões que sublinhamos "predadores de maior porte" (o que mostra o celófise como um predador de menor porte) e "outros pequenos dinossauros" (o que confirma que o celófise não é de grande porte).

A conclusão a que se chega é que o autor do artigo organizou adequadamente esse jogo alternativo entre o HIPÔNIMO e seus HIPERÔNIMOS (mais de um, como vimos pela explicação). Afinal, nessa relação entre o específico e o geral, uma série de silogismos se reproduz quando pensamos na progressão: assim como todo celófise é um dinossauro, todo dinossauro é um predador, e todo predador é um animal. A recíproca (partindo do geral para o específico), porém, é falsa, pois nem todo animal é predador, nem todo predador é um dinossauro e nem todo dinossauro é um celófise.

5.8. MERONÍMIA E HOLONÍMIA

Outro caso de relação de sentido que conjuga as ideias de "parte" e "todo" é o que envolve as palavras a partir da possibilidade de um significante integrar o significado de outro significante.

MERONÍMIA	HOLONÍMIA
cada parte de um todo	o todo em relação a cada uma das partes

Esse par lembra a relação entre hipônimos e hiperônimos? Sim, mas há uma diferença bem nítida. Se retornarmos para os quadros do item anterior, veremos no primeiro que todos os hipônimos são nomes de animais e no segundo que todos os hipônimos são nomes de dinossauros. A MERONÍMIA e a HOLONÍMIA não partem do princípio X faz parte de Y, e X é um tipo de Y, porque

X faz parte de Y, mas X <u>não</u> é um tipo de Y

Ou seja, "cachorro" e "morcego" fazem parte do conjunto "animais"; "cachorro" e "morcego" são dois tipos de animais. Isso mostra o que é hiponímia e hiperonímia. Quando dizemos que o morcego tem asa, cauda, cinco dedos (incluindo o polegar), pata e orelha reconhecemos que esses substantivos fazem parte do conjunto "morcego", mas essas palavras não são tipos de morcegos.

Se a palavra "cozinha" for tomada como holônimo, seus merônimos podem ser: fogão,

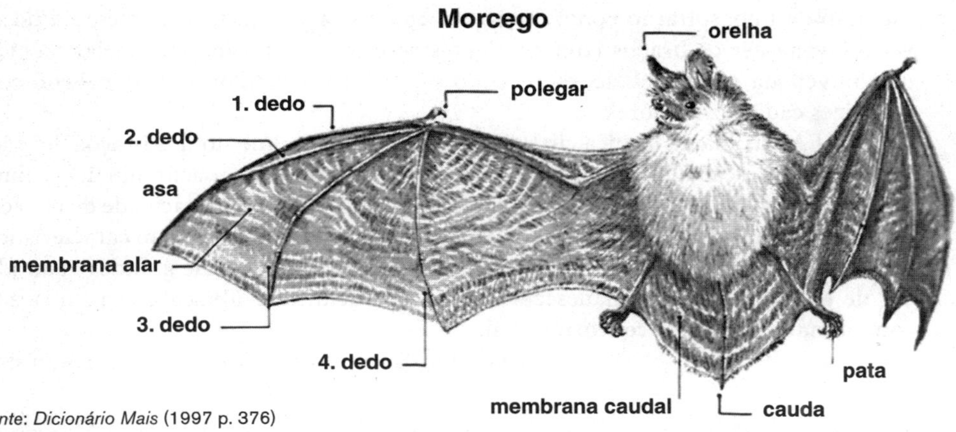

Fonte: *Dicionário Mais* (1997 p. 376)

pia, mesa, cadeiras, forno de microondas... Mas "cozinha" pode ser um dos merônimos de "casa", "apartamento" e fazer par com quarto, banheiro, sala, corredor, varanda...

MERO- (pseudopref. grego)	**HOL(O)**- (pseudopref. grego)
parte, pedaço	todo, totalidade

Essas relações de sentido entre a parte e o todo, entre o conjunto e o subconjunto repetem sob outra perspectiva o que vimos em capítulo anterior quando falamos de metonímias. Como denominar o que ocorre nas frases abaixo?

(1) As velas começam a despontar no horizonte.
["velas" é um MERÔNIMO de "embarcação" – é uma metonímia]

(2) O Vaticano ainda não anunciou o nome do novo Papa.
["Vaticano" é um HOLÔNIMO de "autoridades do Vaticano" – é uma metonímia]

Vamos examinar outro texto de informação científica. Ele aborda a cirurgia plástica dos braços e foi escrito pelo Dr. Alan Landecker. Novamente marcamos em negrito todas as palavras ou expressões substantivas que se referem especificamente aos braços, pois o objetivo é o mesmo: verificar como o redator colocou em uso as relações de sentido que o holônimo "braço" possui.

> [1º §] Muito antes de Madonna exibir **bíceps** lapidados, a atriz Jane Fonda, que ganhou o Oscar, em 72, com Klute, O Passado Condena, já havia se tornado um ícone de beleza criada às custas de malhação: são dela as primeiras imagens de **braços** com **contornos** definidos, provocando uma verdadeira corrida às academias. Desde então, a medicina também avançou, procurando desenvolver técnicas que privilegiam mulheres incapazes de ganhar o mesmo *shape* apenas levantando pesos – em muitas o envelhecimento natural dos **tecidos** e as variações de peso produzem depósitos de **gordura** e/ou flacidez de **pele** concentrados nas **faces lateral** e **posterior** dos **braços**. O resultado é um aumento da **circunferência** com perda da **definição muscular**, prejudicando o **contorno** estético.
>
> [2º §] O tratamento cirúrgico **dessa região** evoluiu, principalmente após a

inclusão da lipoaspiração como opção em casos selecionados. Atualmente é possível rejuvenescer os **braços** com excelentes resultados utilizando as várias técnicas disponíveis na especialidade, oferecendo significativas melhoras do **contorno** com cicatrizes cada vez menores.

[3º §] A escolha da técnica cirúrgica para o rejuvenescimento dos **braços** depende do tipo de alteração. Quando há aumento da **circunferência** por acúmulo de gordura, a lipoaspiração oferece resultados excepcionais graças à intensa capacidade de retração da **pele nessa região**. Na verdade, em poucos locais do corpo a pele tem características tão favoráveis a esse tipo de tratamento. Mesmo após a retirada de grandes quantidades de **gordura**, a **pele** remanescente é capaz de delinear a **musculatura** subjacente com ótima definição do **contorno** local.

Fonte: http://sentirbem.uol.com.br [link: colunistas]

A contabilidade de palavras do texto que indicam alguma parte do "braço" é grande. No 1º parágrafo, aparecem os seguintes MERÔNIMOS: *bíceps, contorno* (2 vezes), *tecidos, gordura, pele, face lateral, face posterior, circunferência* e *definição muscular.* Nos outros dois, a lista só recebe um acréscimo, *musculatura.* No mais, há a repetição de *contorno* (mais 2 vezes), *circunferência,* pele (2 vezes; não se incluiu a ocorrência de "pele" como MERÔNIMO de "corpo") e *gordura.*

O levantamento mostra que, ao se falar de "braço" no contexto de uma cirurgia plástica, o vocabulário envolvido é a princípio esse, pois todo braço tem *bíceps, contorno, tecidos, gordura, pele, face lateral, face posterior, circunferência, definição muscular* e *musculatura.*

O texto usou seis vezes o HOLÔNIMO "braço", quatro vezes com esse substantivo e duas vezes com a perífrase anafórica "essa região", na qual o substantivo "corpo", implícito ao lado de "região", funciona como HOLÔNIMO para "braço". Nessa nova relação de sentido, o HOLÔNIMO "braço" vira o MERÔNIMO "braço".

O quadro abaixo ilustra esses comentários:

> BÍCEPS, CONTORNO, TECIDOS, GORDURA, PELE, FACE LATERAL, FACE POSTERIOR, CIRCUNFERÊNCIA, DEFINIÇÃO MUSCULAR e MUSCULATURA fazem parte do BRAÇO: *todos esses substantivos* são merônimos; *braço* é o holônimo.
>
> BRAÇO faz parte do CORPO: *braço* é o merônimo; *corpo* é o holônimo.

Na construção do texto, o autor empregou com equilíbrio o vocabulário específico da área. Concentrou no primeiro parágrafo a referência aos componentes que importavam para sua argumentação. Foi bem sucedido no "jogo" da MERONÍMIA e da HOLONÍMIA e favoreceu o entendimento do leitor sobre o que é específico nas questões que envolvem a cirurgia plástica no braço.

*

Todos os fenômenos que vimos neste capítulo de algum modo nos levaram a observar que as relações de sentido entre as palavras se fazem a partir de interpretações e de representações. O enunciado dito numa situação real de comunicação passa por esse filtro, e todo falante realiza essa operação diante de cada constituinte de uma frase e de cada uma das partes desses constituintes. Chegar a um resultado satisfatório é colocar em permanente discussão e avaliação as seguintes relações de sentido: equivalência, oposição (e contraste), hierarquia, inclusão.

<table>
<tr><th>RELAÇÕES DE SENTIDO</th><th>POR...</th><th>FENÔMENO</th></tr>
<tr><td rowspan="4">EXCLUSIVAMENTE SEMÂNTICAS</td><td>equivalência</td><td>sinonímia, paráfrase, perífrase, antonomásia, eponímia, polissemia, tautologia, polissemia</td></tr>
<tr><td>oposição, contraste</td><td>antonímia, ambiguidade, polissemia</td></tr>
<tr><td>hierarquia</td><td>hiperonímia, hiponímia, polissemia</td></tr>
<tr><td>inclusão</td><td>holonímia, meronímia, polissemia</td></tr>
<tr><td rowspan="2">SEMÂNTICAS & FONO-ORTOGRÁFICAS</td><td>oposição, contraste</td><td>homonímia (com homofonia e/ou homografia)</td></tr>
<tr><td>oposição, contraste</td><td>paronímia</td></tr>
</table>

6

Semântica do Texto e do Contexto

O significado não é uma entidade e sim uma relação. Não é propriamente uma relação entre um item lexical e um objeto do mundo, mas uma relação entre uma expressão linguística e algo não linguístico.

As duas frases que iniciam este capítulo combinam comentários de Luiz Antônio Marcuschi (2004, p. 263) e José Borges Neto (22003, p. 10) sobre o maior problema da semântica: dizer o que é o significado.

A SEMÂNTICA LINGUÍSTICA, apontam alguns, associa as expressões das línguas naturais a entidades mentais e carece de uma caracterização formal das linguagens em que as representações semânticas são apresentadas. Essas restrições têm a pretensão de vincular a linguagem das representações semânticas aos princípios que regem a construção das linguagens formais dos lógicos. Esse é o papel da SEMÂNTICA FORMAL, mas há controvérsias também quanto a esse outro modo de estudar (e descrever) a natureza da significação.

Para Marcuschi (p. 270), "tudo indica que o melhor caminho não é analisar como representamos, o que representamos nem como é o mundo ou a língua e sim que processos estão envolvidos na atividade de referenciação em que a língua está envolvida". A questão é saber se esse processo constrói o significado, pois sua expressão se dá por meio de uma língua natural que nos oferece combinações sem limite, embora haja regras definidas e finitas, as quais demarcam representações semânticas para os constituintes. Das regras fonológicas, morfológicas e sintáticas derivam todas as "instruções" do sistema para que se produza o enunciado completo.

Nessa linha, não me parece o caso de se querer encontrar uma estabilidade para a semântica – algo que discutimos em vários momentos deste livro, pois sempre será preciso relativizar a "verdade" da correspondência (in)direta entre a linguagem e o mundo, combinados segundo normas semânticas contextualmente também variáveis. A verdade ou a falsidade de um enunciado está ligada à diferença entre o sentido e a referência, o que nos leva à discussão sobre o enunciado e seu conteúdo informativo[31].

Velhinha espanca estuprador

Uma idosa de 71 anos espancou um estuprador que invadiu sua casa com uma frigideira, em Hutchinson, no estado do Kansas, nos Estados Unidos. O suspeito foi identificado como Nonono Nononononono , de 25 anos, da foto ao lado. Dá para perceber que a velhinha não perdoou o rapaz. Foram vários golpes no rosto e no pênis de Nonono , até que ele ficasse imóvel, facilitando o trabalho da polícia local.

Jornal MAIS Vencer: 17/12/2010

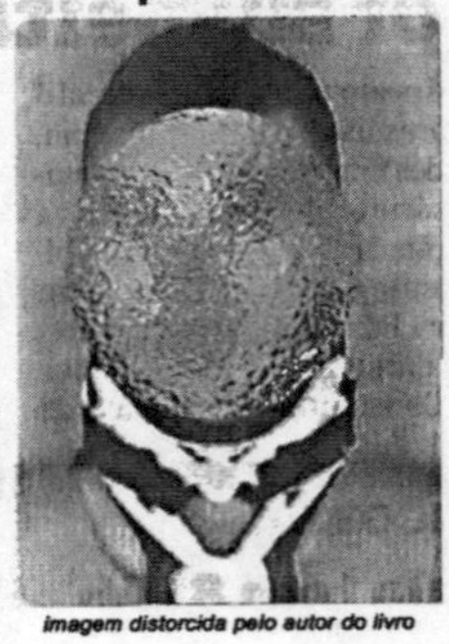

imagem distorcida pelo autor do livro

Usamos a linguagem para re(a)presentar fatos ou estados de coisas do "mundo real". Ela convive conosco sob a forma de textos em contextos (e não de frases soltas). Por isso, nossa opção agora será observar alguns textos e colocar em foco as relações entre sentido e referência.

O primeiro deles fala de uma idosa de 71 anos que "espancou um estuprador que invadiu sua casa com uma frigideira" (sic).

Esse texto fala de um mundo verdadeiro, onde não é de todo inverossímil que uma idosa de 71 anos espanque um estuprador. Mas há problemas nas relações entre sentido e referência:

(a) problema 1: uma idosa (ok, tem 71 anos) espanca um estuprador (ok, levou golpes no pênis) – com a frigideira que ele usou para invadir a casa?
(b) problema 2: a frigideira era da idosa (o sintagma está mal colocado), que a usou para se defender – onde estava a frigideira ou onde aconteceu o estupro?
(c) problema 3: a foto do estuprador (aqui desidentificado) mostra o seu rosto – "dá para perceber" golpes no pênis como prova de que a idosa não perdoou o rapaz?

O segundo é a letra de uma música de Cazuza, "Codinome Beija-Flor" (cd "Exagerado", 1985). Para falar de um romance recém-terminado, o poeta tem perguntas retóricas, propostas contraditórias e faz da relação de sentidos entre "eu" e "você" a polissemia do codinome e do beija-flor.

Pra que mentir, fingir que perdoou,
Tentar ficar amigos sem rancor
A emoção acabou, que coincidência é o amor:
A nossa música nunca mais tocou

Pra que usar de tanta educação
Pra destilar terceiras intenções
Desperdiçando o meu mel, devagarzinho, flor em flor
Entre os meus inimigos, Beija-Flor

Eu protegi seu nome por amor,
Em um codinome Beija-Flor

[31] Por esse motivo, evitamos até aqui mencionar a chamada SEMÂNTICA VERIFUNCIONAL, que se sustenta no conceito de verdade para buscar uma descrição do significado em função desse conceito. A Gottlob Frege (1848-1925) se atribui a distinção entre sentido e referência, base da SV.

Não responda nunca, meu amor,
pra qualquer um na rua Beija-Flor

Que só eu que podia,
Dentro da tua orelha fria,
Dizer segredos de liquidificador.

Você sonhava acordada
Um jeito de não sentir dor,
Prendia o choro e aguava o bom do amor.
Prendia o choro e aguava o bom do amor.

Ilari (2001, p. 131) diz que "uma boa maneira de entender as sentenças da língua consiste em imaginar que elas representam pequenas cenas nas quais diferentes personagens desempenham papéis necessários ao enredo (como no teatro)". Ele parte dessa frase para falar dos papéis temáticos determinados pelos verbos, mas nós vamos usá-la para mostrar que essa "imaginação de cenas" vale para textos referenciais (como a notícia da idosa espancadora) e para textos em que predominam as funções expressiva, poética...

Relativizando a "verdade" da correspondência (in)direta entre a linguagem e o mundo, cabe saber até que ponto as escolhas linguísticas empregadas no texto interferem no contexto (ou vice-versa). Por carregarem conotações afetivas que se agregam aos valores intelectivos, as palavras podem alterar o processo envolvido na atividade de referenciação. A primeira estrofe da canção fala de um romance que acabou, associa as palavras "amor" e "música" e se vale dos significados que ambas assumem no texto. As lacunas dos versos precisam de senhas que os próprios enunciados intencionalmente não fornecem. Na última estrofe a ênfase está na pessoa amada, como mostra o foco na palavra "você". Nas outras, predomina o foco no "eu", mas a interface não desaparece (seu nome, não responda, meu amor, tua orelha). Outro ponto importante na construção do sentido está nos questionamentos sobre as "finalidades das atitudes". A série "pra quê" tem infinitivos: mentir, fingir (que perdoou), tentar ficar (amigos), usar (de educação). São perguntas retóricas ou são afirmações de dúvidas quanto a atitudes específicas de um dos dois ou de ambos? A antonomásia "Beija-Flor" faz homonímia com "beija-flor", conduz a polissemia da flor do amor para dentro da orelha fria e nos leva à conclusão de que "a nossa música nunca mais tocou". É o único momento do poema em que a primeira pessoa do plural aparece explícita... Perto dela o advérbio que pode preencher a lacuna dessa relação de sentido, *nunca*.

Os comentários sobre os dois exemplos se organizaram harmonizando três espécies de contexto: o linguístico, o situacional e o experiencial. Mattoso Câmara (1974, p. 139) fala de uma significação básica que é inerente ao segmento fônico e independe dos contextos em que pode aparecer, mas adverte: "é uma significação fluida e cambiante, que assume vários *modos* de ser." Ele a compara "a um pano furta-cor, do qual cada tonalidade precisa dependa da posição em que nos colocamos em relação a ele" e conclui que, também para as palavras, "cada significação precisa depende do contexto em que se acha".

Juntando o "pano furta-cor" de Mattoso Câmara e as "pequenas cenas" de Ilari, voltamos aos "processos envolvidos na atividade de referenciação" de Marcuschi para buscar em Fiorin (2002, p. 73) a conclusão do raciocínio: "as línguas não são nomenclaturas que se aplicam a uma realidade pré-ordenada", pois são modos de interpretar o mundo.

A representação, os processos e a relação de sentidos que vimos (apenas em parte) nos dois primeiros textos é tarefa permanente na interpretação do mundo. O último exemplo deste capítulo é uma matéria publicada na revista *Domingo* (Jornal do Brasil, 18/05/2003). A jornalista Karla Candeia fala do monge capuchinho Marco d'Aviano.

> **Cappuccino:**
> **Papa beatifica monge que inspirou o nome da bebida**
>
> Você sabia que o cappuccino foi abençoado? Pois é, de alguma forma ele foi. O monge capuchinho Marco d'Aviano (1631-1699), um dos responsáveis por esse nome, foi beatificado pelo papa João Paulo II, no fim de abril, e está a um passo da canonização.
>
> Nascido Carlo Domenico em Aviano, Norte da Itália, decidiu dedicar a vida à defesa da fé cristã. Aliado dos imperadores cristãos, participou de campanhas militares e ajudou a selar a paz da Europa, unificando as potências católicas contra o exército otomano. Ficou conhecido pela sua pregação, mas sua fama aumentou ainda mais quando curou com sua bênção uma senhora que padecia havia 13 anos. Este e outros casos semelhantes lhe valeram a alcunha de "médico espiritual da Europa".
>
> 
>
> O curioso é que ele também é lembrado como o homem que inspirou, segundo a lenda, o nome do cappuccino, bebida apreciada em todo o mundo. Contam que, em 1683, após a Batalha de Viena, foram encontrados sacos de café abandonados pelos turcos. Os vienenses, achando aquele grão muito forte para seu paladar, o diluíram com creme e mel. A bebida era marrom, no mesmo tom do roupão usado pela ordem de Marco d'Aviano – daí a homenagem.
>
> Hoje o nome inspira bom gosto no sabor. A badalada bebida, feita à base de café, leite, chocolate e açúcar, é cada vez mais aprimorada. O segredo está na escolha dos ingredientes, que precisam ser de boa procedência.

Voltemos às relações de sentido e aos processos envolvidos na atividade de referenciação. Há relações de sentido entre o significado de um item lexical e o de outros itens lexicais, mas não só: os itens sintáticos, os itens pragmáticos e discursivos também ajudam a construir os elos entre a linguagem e o mundo. Em condições normais, artigos acadêmicos, textos jornalísticos e técnicos não avançam ao sabor do vento. A intencionalidade é uma das categorias principais da linguagem e, na produção de textos escritos, essa condição se realiza de modo muito mais proveitoso (ou perigoso, dependendo do ponto de vista) do que na expressão oral.

A matéria da revista *Domingo* é informativa e nos apresenta logo no título o que pretende comunicar: a beatificação de um monge. É uma declaração de SENTIDO EXTENSIONAL.

Não é algo que seja passível de polêmica. Documentos da Igreja certamente comprovarão a medida papal. O texto de Karla Candeia também fala que o monge "curou com sua bênção uma senhora que padecia havia 13 anos". São extensionais a bênção do monge e a cura da senhora (fatos que devem ter sido comprovados nos registros investigados pela Santa Sé). No entanto, a afirmação de que foi a bênção do monge que curou a senhora não se refere a um objeto palpável. A cura é algo real, mas a causa da cura não é um fato concreto, pois não é possível provar que foi a interferência da bênção do monge que curou a senhora. Lógico que a discussão sobre a atuação de uma força espiritual como instrumento de cura pode gerar acalorados debates. Também não se nega a possibilidade de que milagres existam. A única coisa certa é que não se pode provar sua existência. É uma questão de crença, convicção. Quando isso ocorre, estamos diante do SENTIDO INTENSIONAL

Como lembra Katz (1972, p. 234), a posição intensionalista de que há um grau autônomo de estrutura semântica nas línguas naturais envolve duas alegações: (a) de que, nesse nível, existem relações que determinam em parte a denotação de expressões, as condições de verdade de enunciados declarativos, as condições de se dar resposta a enunciados interrogativos, etc.; e (b) de que esses relacionamentos não podem ser convertidos aos que ocorrem em outros níveis da estrutura gramatical. É praticamente o mesmo que diz Greimas (1973, p. 28), ou seja, que "o aparecimento da relação entre os termos é a condição necessária da significação".

A redatora do texto, recolhendo uma notícia até certo ponto trivial, reuniu fatos peculiares, resultantes de sua observação a respeito das palavras e de seu conhecimento de mundo. Entre eles, a curiosa história da origem do nome da bebida, metonimicamente inspirado na cor da vestimenta dos monges capuchinhos, cujo nome é também metonímica e afetivamente inspirado na parte da indumentária que usam e que sempre colocam cobrindo a cabeça, o capuz – a terceira metonímia da série, pois "capuz" tem na origem mais remota a forma *capucium* ou *caputium*, derivada de *caput, itis* (cabeça). Isso significa que, a rigor, quando tomamos um cappuccino, estamos bebendo uma "cabecinha".

*

Nos estudos semânticos, as redes de significação do léxico geral estão sempre em condições de estabelecer uma conexão de sentido. O usuário tem o direito de colocar em funcionamento esse sistema que está à disposição de todos os membros de uma comunidade idiomática. Ao estudioso compete observar, descrever, interpretar e analisar – semanticamente, é claro, sempre "conversando com os seus botões"...

> Quem conhece o solo e o subsolo da vida, sabe muito bem que um trecho de muro, um banco, um tapete, um guarda-chuva, são ricos de ideias ou de sentimentos, quando nós também o somos, e que as reflexões de parceria entre os homens e as coisas compõem um dos mais interessantes fenômenos da terra. A expressão: "Conversar com os seus botões", parecendo simples metáfora, é frase de sentido real e direto. Os botões operam sincronicamente conosco; formam uma espécie de senado, cômodo e barato, que vota sempre as nossas moções. (Machado de Assis. *Quincas Borba*, cap. CXLII)

Parte II

Exercícios

No capítulo intitulado "O Mundo das Significações", o terceiro do livro *Estudos sobre o Léxico Românico* (1979, p. 44), Gerhard Rohlfs (1892-1986) diz: "De particular importância para as conexões entre língua e cultura se mostra o domínio da Semântica, que nem sempre desempenha o papel que deveria no ensino universitário." A crítica de Rohlfs pode ser expandida para outros níveis do ensino. Não é exagero dizer que o estudo da significação recebe muito pouca atenção nas aulas de língua portuguesa de qualquer fase da escolaridade. Rodolfo Ilari (2001, p. 11) considera essa uma das características do empobrecimento no ensino. E argumenta:

> O tempo dedicado a esse tema é insignificante, comparado àquele que se gasta com "problemas" como a ortografia, a acentuação, a assimilação de regras gramaticais de concordância e regência, e tantos outros, que deveriam dar aos alunos um verniz de "usuário culto da língua".

Não desempenhar "o papel que deveria" cria um desajuste cujas consequências são negativas para o ensino. Sobretudo, como lembra Ilari, "quando se pensa na importância que as questões da significação têm, desde sempre, para a vida de todos os dias". Isso sem falar no peso que se atribui às questões de interpretação de textos e de significação como instrumento de avaliação em exames importantes para ingresso em cursos superiores. Talvez fosse o caso de repetir todos os dias a lição de M. A. K. Haliday (1968), para quem "os professores precisam aprender a escutar a língua". Além disso, caberia chamar a atenção dos alunos para a presença da construção de sentido em todas as atividades (escolares e não escolares), o que certamente ajudaria na retificação da imagem que o estudo da Semântica tem no imaginário docente e discente.

Já que tudo é semântico, pois na linguagem tudo significa, e já que as operações semânticas ocorrem o tempo todo[32], uma boa estratégia para colocar em prática o estudo da Semântica é utilizar atividades que habituem o estudante ao convívio com a nomenclatura técnica e com a captação de variados aspectos do significado. Conciliar propostas de análise e interpretação teórica sobre a terminologia especializada pode ser um dos métodos, mas a principal questão é investir na expressão da língua real, seja nos confrontos entre verdade e falsidade, seja nas relações entre a forma linguística de um enunciado e os contextos e as situações em que ele ocorre. Por essa razão, não podemos perder de vista que a ênfase na discussão terminológica, nesse âmbito, é desmotivadora e prejudicial ao conhecimento do que é realmente importante no estudo dos significados.

Para se saber escrever, recomenda Othon Moacyr Garcia (1988, p. XI), "o melhor caminho a seguir é ensinar ao estudante métodos de raciocínio". O que se pretende nas propostas de atividades semânticas é aplicar a lógica, valer-se da razão para entender ou para avaliar a relação entre as coisas (entre o texto e o mundo, real ou imaginado) – e muito mais. Entre seus objetivos está a provocação/estimulação da capacidade de interpretar frases ou textos, captando variados aspectos do significado. Outra finalidade é gerar confrontos entre os princípios de verdade e de falsidade em relação ao significado. Também se pode promover a explicação das relações existentes entre a forma linguística de um enunciado e as situações ou ainda o contexto em que ele ocorre.

Para concluir, retomamos novamente as palavras de Ilari (2001, p. 12), que enfatiza: "as atividades voltadas para a significação não são contra outras práticas pedagógicas", o que se deseja é que o professor saiba combiná-las de modo adequado e proveitoso.

São essas as motivações para a segunda parte deste livro.

[32] Reaproveito aqui parte de duas citações que fiz no Prefácio: Bechara (2009, p. 29) e Ilari (2001, p. 11).

1

Modelo Discursivo

1. Observe a letra da canção "Fogo e Gasolina", de Pedro Luís e Carlos Rennó (cd "Passione", 2010), e faça uma tabela com duas colunas, uma para a palavra "EU", outra para a palavra "VOCÊ". Transcreva as palavras ou expressões usadas pelos autores para caracterizar cada uma das colunas. Ao final, interprete a coerência dos dados recolhidos, tanto do ponto de vista conceitual quanto semântico.

   Você é um avião e eu sou um edifício
   Eu sou um abrigo e você é um míssil
   Eu sou a mata e você é a motoserra
   Eu sou um terremoto e você a Terra.

   O nosso jogo é perigoso, menina
   Nós somos fogo, nós somos fogo
   Nós somos fogo e gasolina.

   Você é o fósforo e eu sou o pavio
   Você é um torpedo e eu sou um navio
   Você é o trem e eu sou o trilho
   Eu sou o dedo e você é o meu gatilho.

   O nosso jogo é perigoso, menina
   Nós somos fogo, nós somos fogo
   Nós somos fogo e gasolina
   Nós somos fogo, nós somos fogo
   Nós somos fogo e gás.

   Eu sou a veia e você é a agulha
   Eu sou o gás e você é a fagulha
   Eu sou o fogo e você é a gasolina
   Eu sou a pólvora e você a mina.

O nosso jogo perigoso combina
Nós somos fogo, nós somos fogo
Nós somos fogo e gasolina.

2. Para que um falante reconheça o valor comunicativo de um signo linguístico é preciso que ele associe o significante a algum significado.

   Pergunta-se:

   a) Supondo que uma pessoa não saiba que o apelido do Mártir da Inconfidência era Tiradentes, o que ela poderá entender quando ouvir a frase "Amanhã é dia de Tiradentes"?
   b) Supondo que uma pessoa não saiba que alguns clubes de futebol têm apelidos zoológicos, o que ela poderá entender quando ouvir a frase "O Urubu passou fácil pelo Galo"?

3. Em *Estruturas Léxicas do Português* (1979, p. 70-1), Mário Vilela define o que são classes lexicais.

   A classe lexical é uma classe de lexemas que, independentemente da estrutura do campo lexical, entram em relação por meio de um "classema", isto é, por meio de um traço distintivo comum que funciona em toda uma categoria verbal. As classes lexicais são constituídas por traços de significação que podem funcionar num só ou em vários campos lexicais. Assim, por exemplo, *jovem, inteligente, gago* não constituem, entre si, oposições imediatas como *velho, jovem, novo,* pois pertencem a diferentes campos lexicais, mas comportam-se, relativamente à possibilidade de combinação com substantivos, de modo análogo – combinam-se apenas com substantivos que designam um "ser humano". Estes adjetivos formam um paradigma com base no traço (classema) "ser humano".

   Estas classes manifestam-se através da distribuição gramatical e/ou lexical, isto é, pelo fato de os lexemas pertencentes a uma classe aparecerem em combinações gramaticais e/ou lexicais análogas. A classe é o traço de conteúdo que define uma classe.

   Numa enumeração sumária de classes lexicais, feita com o intuito de se esclarecer o conceito respectivo, temos: nos substantivos, classes como "ser vivo", "ser humano", "ser não vivo", "ser não humano", "coisa" (= classes de natureza lexemática), "masculino", "feminino", "neutro" (classes gramaticais que se combinam com as classes lexemáticas); nos adjetivos, classes positivas e negativas (que justificam combinações do tipo: *bonito e bom, grande e justo, pequeno e delicado* (adjetivos que pertencem à mesma classe) ou combinações adversativas do tipo *pobre mas honesto,* etc. (adjetivos pertencentes a classes diferentes); nos verbos, há classes como "transitivo" e "intransitivo" que ainda se podem subdividir em "transitivo sem voz passiva", "transitivo com voz passiva e complemento direto facultativo" ou "com complemento direto obrigatório"; ou ainda verbos cuja significação verbal indica orientação em direção ao sujeito ou a partir do sujeito: *tomar, agarrar, receber, comprar / deixar, dar, conceder, vender, etc.*

   a) O autor diz que "jovem, inteligente, gago, velho e novo" são exemplos de adjetivos que se comportam de modo análogo no que diz respeito a quê? Apresente exemplos concretos (encontráveis na linguagem referencial) que coloquem em cheque a afirmação do autor e comente-os.

b) Os adjetivos de "classe positiva e negativa" de que fala o trecho justificam combinações comuns no cotidiano, mas que podem ser subvertidas, especialmente na linguagem literária, jornalística, publicitária. Retomando dois dos três pares citados (bonito e bom / pequeno e delicado), complete as frases abaixo com mais dois adjetivos que mantenham a coerência de cada par. Depois, comente os resultados.

– O dia era bonito, bom, ________________ e ____________________.

– Fiz-lhe um convite pequeno, delicado, ______________ e ____________.

c) Os verbos cuja significação "indica orientação em direção ao sujeito" citados por Mário Vilela são "tomar, agarrar, receber, comprar". Já a série "deixar, dar, conceder, vender" exemplifica verbos cuja significação "indica orientação a partir do sujeito". Explique essa diferença.

4. Usamos a linguagem para re(a)presentar fatos ou estados de coisas do "mundo real". Ela convive conosco sob a forma de textos em contextos (e não de frases soltas). Por isso, para que haja sentido, é preciso haver um modo de ajustar as relações entre sentido e referência.

Leia atentamente o texto da notícia publicada em 26/07/2010 no jornal Vencer e responda às seguintes questões:

a) Por que é correto afirmar que esse texto fala de um mundo verdadeiro?

b) Por que é também correto dizer que, nele, há problemas entre sentido e referência?

26 DE JULHO DE 2010 **VENCER - O JORNAL CAMPEÃO**

■ SEQUESTRO NA BAIXADA

Homem ataca ex-companheira

Homem faz a ex-mulher refém com a faca e a estuprou em um matagal

O desempregado Robson Nononono Nono Nononon, de 33 anos, foi preso, ontem, em Queimados, acusado de sequestrar, violentar, e agredir a ex-mulher Teresa Cristina Nononono

Segundo a polícia, ele a levou para um matagal nas proximidades, onde a agrediu com a faca e a estuprou. Uma vizinha de Teresa viu a ação e chamou a polícia. Robson foi preso. Com ele foi apreendido uma faca. Rosana disse que temia ser morta:

- Ele ficou me furando com a faca, me agrediu muito. O tempo todo fiquei tentando acalmá-lo, mas tinha certeza de que sairia morta.

Policiais do 24º BPM (Queimados) cercaram a área e desarmaram o homem.

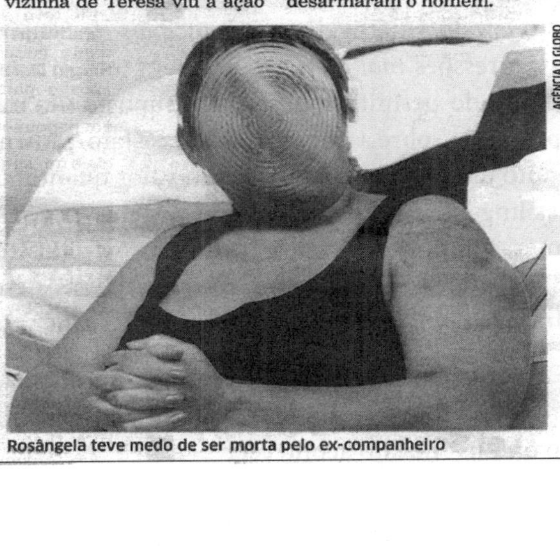

Rosângela teve medo de ser morta pelo ex-companheiro

5. A letra de "Olhos nos Olhos", canção composta por Chico Buarque (cd "Meus Caros Amigos", 1976), contém a mensagem de uma mulher para seu antigo amor. Conservando o registro de linguagem e fazendo as adaptações e os ajustes formais necessários, transponha o texto para o formato de carta.

   Quando você me deixou, meu bem,
   Me disse pra ser feliz e passar bem.
   Quis morrer de ciúme, quase enlouqueci,
   Mas depois, como era de costume, obedeci.

   Quando você me quiser rever
   Já vai me encontrar refeita, pode crer.
   Olhos nos olhos,
   Quero ver o que você faz
   Ao sentir que sem você eu passo bem demais
   E que venho até remoçando,
   Me pego cantando, sem mais, nem por quê.
   Tantas águas rolaram,
   Quantos homens me amaram
   Bem mais e melhor que você.

   Quando talvez precisar de mim,
   Cê sabe que a casa é sempre sua, venha sim.
   Olhos nos olhos,
   Quero ver o que você diz.
   Quero ver como suporta me ver tão feliz.

6. Em dezembro de 2007, o jornal *O Globo* publicou a seguinte notícia:

   > Ao barrar Romário em 2004, quando era técnico do Fluminense, Alexandre Gama ficou conhecido em todo o país após a famosa frase do Baixinho irritado: "O cara mal entrou no ônibus e já quer sentar na janela". Quase quatro anos depois, quem está "entrando no ônibus" é o eterno camisa 11, que se aventura como treinador do Vasco.

Oswald Ducrot diz em *Princípios de Semântica Linguística* (1977, p. 265-6) que as expressões *mal* e *quase* "parecem ter em comum o fato de a sua introdução num enunciado permitir que seja pressuposto um determinado fato e que seja posta uma apreciação sobre a importância desse fato". Afirma também que "tal valor apreciativo é muito difícil de distinguir de um valor quantitativo, pois as indicações de quantidade, nas línguas naturais, raramente podem ser consideradas medidas objetivas; marcam, antes, a importância que o locutor associa ao fato apontado".

O autor se refere ao uso dessas palavras à esquerda de seus pares sintáticos, como em "o cara *mal entrou* no ônibus" ou "o cara *quase entrou* no ônibus".

Tomando por base a frase usada na notícia, reescreva-a fazendo as substituições propostas. Depois, comente os resultados, explicando em que frases a ideia de "entrar no ônibus" de fato aconteceu.

a) troque "mal" por "quase";
b) troque "mal" por "quase não";
c) troque "mal" por "nem bem";
d) troque "mal" por "nem... ainda".

7. Tomando por base a imagem de uma constelação que Ferdinand de Saussure empregou para explicar as associações que as palavras mantêm entre si (cf. p. 77), parta da palavra "sonolento" e forme duas séries de cinco palavras: uma apenas por razões formais, outra por razões morfossemânticas.

8. Reescreva os parágrafos abaixo, corrigindo os empregos equivocados das palavras HOMÔNIMAS e PARÔNIMAS.

a) Nossos colegas pediram despensa do serviço porque reconhecem terem infligido o regulamento. Por não terem comprido o disposto, colocaram em cheque suas carreiras e por hora vão espiar suas culpas numa xácara longínqua.
b) Graça na cidade a notícia de que há um mandato contra nós, que representamos o seguimento mais descriminado da população. Mas não vão caçar a nossa voz. Vamos recorrer para que essa medida não possa sortir efeito.

9. No livro *Uma Gramática de Valências para o Português* (1996, p. 58), Francisco da Silva Borba diz que "os verbos de processo expressam um evento ou sucessão de eventos que afetam um sujeito paciente ou experimentador". Segundo ele, é por essa razão que eles "traduzem sempre um *acontecer* ou um *experimentar*, isto é, algo que se passa com o sujeito ou que ele experimenta".

Boa parte dos estudos que falam em relações temáticas defende que há um número limitado de papéis temáticos. Os mais comuns seriam o AGENTE (aquele que tem a iniciativa da ação), o ALVO (o componente que é afetado diretamente pela ação), o INSTRUMENTO (aquilo de que o agente se vale para praticar a ação), o BENEFICIÁRIO (aquele a quem a ação beneficia ou prejudica) e o EXPERIENCIADOR (aquele que é afetado pela informação psicológica contida no verbo) .

Observe os papéis temáticos (do tipo causa e efeito) dos verbos das frases seguintes e explique semanticamente o que acarretou a mudança sintática em cada par.

a) A menina acordou / O barulho acordou a menina.
b) A partida começou / O juiz começou a partida.
c) A garrafa quebrou / O turista quebrou a garrafa.
d) As portas abriram / O vento abriu as portas.

10. A manchete do jornal avisa: "NÁUTICO JOGA COM O PAISSANDU NO SEU CAMPO".
Por que a manchete do jornal contém AMBIGUIDADE ?

11. A FRASEOLOGIA integra o campo dos estudos do léxico, sendo um dos interesses da LEXICOLOGIA. Ocupa-se das combinações estáveis de unidades léxicas constituídas, no mínimo, por duas palavras gráficas e, no máximo, por uma frase completa.

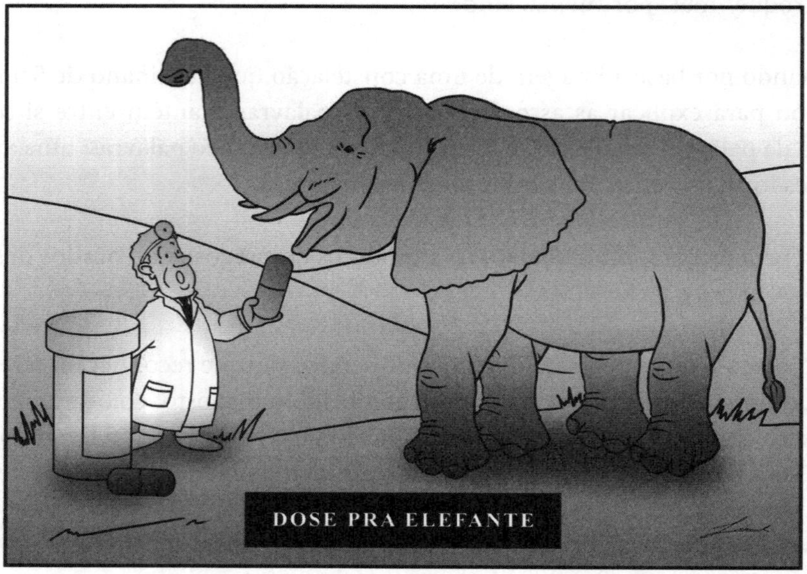

a) Uma frase solta como "isso é dose pra elefante" pode servir para ilustrar a diferença entre a linguagem literal e a linguagem figurada. Como essa expressão pode ser entendida, em cada uma dessas hipóteses?
b) Cite mais cinco expressões idiomáticas que contenham nomes de animais e explique seus significados.

12. Suponha que você é jornalista e recebe a tarefa de escrever uma coluna para a revista. O espaço é limitado em algo equivalente a uma folha A4, mas o tema é amplo: A História da República no Brasil. Uma das suas estratégias redacionais, com certeza, será evitar as PERÍFRASES. Por quê?

13. Sua tarefa jornalística, agora, é expandir consideravelmente o texto, pois o espaço é grande e não faz mal ser chamado de afetado, excessivo, rei dos CIRCUNLÓQUIOS... Leia a versão normal das notícias abaixo e dobre o tamanho do parágrafo.
a) "O escritor colombiano Gabriel García Márquez, ganhador do prêmio Nobel de literatura em 1982, publicará antes do fim de 2011 um novo livro sobre o amor."
b) "Sabe quem está comemorando 60 anos de vida? O Recruta Zero. Em homenagem às seis décadas do personagem, começa nesta quinta uma exposição no SESC Vila Mariana, em São Paulo."

14. Ligue para uma empresa que faça o atendimento pelo telemarketing e anote cinco exemplos de frases que contenham "fórmulas de rotina" semelhantes a "obrigado por ter aguardado".

15. "Não saia daí, nós voltamos já" & "Veja hoje no Jornal Nacional" são chamadas de tevê que usam o imperativo. Ambas representam um modo "polido" de interlocução com o telespectador. No entanto, frases imperativas escritas podem gerar malentendidos, pois não há como reproduzir a entonação desejada.

    Escreva quatro frases que exemplifiquem o emprego do modo imperativo exprimindo ideias de ordem, conselho, convite, pedido. Depois interprete cada uma delas e explique as possíveis ambiguidades.

16. Faça como os modelos e complete as lacunas coerentemente, observando as relações semânticas, morfossintáticas e fono-ortográficas. Ao final, comente alguns dos paralelismos.

Modelos:
Você já <u>esteve</u> em Petrópolis? A Adriana <u>Esteves</u>
Eu aro a terra <u>depois do nascimento</u> da planta, mas o Édson <u>Arantes do Nascimento</u>.
O pai da Malu <u>Mader</u> é o Malu <u>Fader</u>?
Eu prefiro <u>igreja</u>. O Otávio <u>Mesquita</u>.
Ele <u>assume</u> o que fez, mas o Arnold Schwarzenegger.

Grupo I:

a) Eu não vou ________ a parede. O Juca Kfouri.
b) Todos morrem ____________________. A Alanis Morrissete.
c) Eu pulo ________________. O Luciano do Valle.
d) Eu nunca __________ nos EUA, mas a Marilyn Monroe.
e) Você _________ um papel que nem a Betty Faria.
f) Eu acordo ______________. E o Edir Macedo.
g) Você não _________ dinheiro, mas o Frankenstein.
h) Eu estou ________ de casa. O Silvester Stalone.
i) Eu escovo os dentes ___________ ao dia. O Joãozinho Trinta.
j) Eu prefiro chá ______________. O Clark Kent.
k) Eu não _____________ das fãs, mas o Chiquinho Scarpa.
l) Eu bico ____________. A Daniela Bicalho.
m) Eu vou _______________ os dentes e a Ruth Escobar.
n) De um lado, o poeta _________________; de outro, o Antônio Carlos Secchin.
o) Enquanto eu ________________, o Luiz Carlos Travaglia.

Grupo II:

a) Ninguém queria ir ao cinema. A Cassia ________.
b) Ao ver uma modelo você fala: "Bonita". O Miguel __________.
c) Nosso vocabulário difere. Eu digo quarto e Mattoso _________.
d) Sírio Possenti é um cara alegre, o Rodolfo ________.
e) Eu perco minhas moedas, mas o Celso _________.
f) No meu cabelo fiz escova, a Ingedore _______.
g) Meu cavalo é preto. O do Camilo Castelo ________.
h) Eu digo "Dê cá os pés", e o Luís _______.
i) Ela gosta de porcelanas, o Manuel ________.
j) Paulo Coelho é um escritor criticado. O Jorge ________.
k) O Pateta usa teclado; o Mickey _________.
l) Eu adoro foto panorâmica, a Roberta _________.
m) Costumo perder documentos. O Juca _________.
n) Eu vi, tu viste, meus pais viram. Até o __________.
o) Eu quero que o Gregory seja santo; a Débora ______ que o Gregory _______.

17. A charge tem como legenda apenas a palavra WINDOWS. Suponha que ela seja usada para ilustrar uma propaganda de computadores e crie uma sublegenda para ela.

18. Os textos seguintes foram extraídos de fontes diversas. Sua tarefa é completar as lacunas com a palavra colocada entre parênteses que lhe pareça mais apropriada. Depois, identifique as palavras que não podem preencher as lacunas coerentemente.

a) "Manhã", poema de autoria de Murilo Mendes (1972, p. 128).

As estátuas sem mim não podem mover os __________ (braços / seios)
Minhas antigas namoradas sem mim não podem amar seus __________ (maridos / esposos)
Muitos versos sem mim não poderão __________ (viver / existir).
É inútil deter as aparições da __________ (divindade / musa)
É difícil não amar a __________ (existência / vida)
Mesmo explorado pelos outros __________ (indivíduos / homens)

É absurdo achar mais realidade na lei que nas __________ (estrelas / sereias)
Sou poeta __________________________ (irrefutavelmente / irrevogavelmente).

b) "Negue", canção de Adelino Moreira e Enzo de Almeida Passos, gravada em 1960.

Negue o seu amor, o seu _________ (passado / carinho)
Diga que você já me ___________ (esqueceu / perdeu)
Pise machucando com _________ (vontade / jeitinho)
Esse coração que ________ (ainda / nunca) é seu.
Diga que o meu pranto é ___________ (covardia / desumano)
Mas não esqueça que você foi minha um ________ (ano / dia)
Diga que já não me ________ (quer / vê)
Negue que me __________ (enganou / pertenceu)
Que eu mostro a boca ___________ (molhada / marcada)
E ainda ____________ (marcada / molhada)
Pelo ___________ (beijo / jeito) seu

c) "Você anuncia e todo o mundo presta atenção", chamada publicitária da revista *CartaCapital* (agosto/2010).

Na hora de anunciar, escolha a revista que _________ (oferece / dá) a ___________ (chance / oportunidade) de participar da formação dos consumidores de amanhã. *Carta na Escola* traz uma ___________ (plêiade / seleção) das matérias de *CartaCapital* e ainda ________ (proporciona / oferece) sugestões e atividades pedagógicas __________ (elucubradas / elaboradas) por especialistas. Tudo para ajudar o professor e contribuir _________ (para / com) o futuro nas salas de aula de todo o Brasil. Sua empresa não vai ___________ (faltar / ausentar-se), vai?

d) "Chaplin: uma Vida", depoimento de Geraldine Chaplin sobre o livro escrito por Stephen Weissman sobre seu pai.

Este livro, sempre _________ (provocador / ofensivo) e algumas vezes _______ (impiedoso / doloroso), é uma leitura reveladora, um __________ (inebriante / importante) elemento para a compreensão da ________ (genialidade / inventividade) e da arte de meu pai e uma reflexão ______ (única / típica) sobre o _________ (mistério / segredo) da criatividade.

19. Nota publicada em novembro de 2010 na coluna de Ancelmo Gois (*O Globo*) informa:

Oswaldo Montenegro, o músico, rebate acusação de Ferreira Gullar, publicada aqui, de que seu poema "Metade" é um plágio de "Traduzir-se", do poeta: – Esta confusão acontece há tempos, e venho há anos tentando esclarecê-la. As duas obras são completamente distintas, embora abordem, ambas, a dualidade humana – diz.

O cantor afirma que só conheceu "Traduzir-se" no fim dos anos 1980: – Vi, por pesquisas, que o poema de Gullar foi publicado em 1980, ou seja, cinco anos após a publicação de "Metade".

Mas Gullar, como se sabe, não pensa assim.

Compare os dois textos, interprete as relações semânticas que há entre ambos e explique por que, por razões lógicas, não procede a acusação de plágio.

<table>
<tr>
<th>Metade (Oswaldo Montenegro)
(gravado no lp “Trilhas”,
de 1977)</th>
<th>Traduzir-se (Ferreira Gullar)
(extraído de Na Vertigem do Dia, 1980)
(gravado por Fagner no lp “Traduzir-se”, de 1981)</th>
</tr>
<tr>
<td>Que a força do medo que tenho
Não me impeça de ver o que anseio;
Que a morte de tudo em que acredito
Não me tape os ouvidos e a boca;
Porque metade de mim é o que eu grito,
Mas a outra metade é silêncio...
Que a música que eu ouço ao longe
Seja linda, ainda que tristeza;

Que a mulher que eu amo seja pra sempre amada
Mesmo que distante;
Porque metade de mim é partida
Mas a outra metade é saudade...

Que as palavras que eu falo
Não sejam ouvidas como prece
E nem repetidas com fervor,
Apenas respeitadas como a única coisa que resta
A um homem inundado de sentimentos;
Porque metade de mim é o que ouço
Mas a outra metade é o que calo...

Que essa minha vontade de ir embora
Se transforme na calma e na paz que eu mereço;
E que essa tensão que me corrói por dentro
Seja um dia recompensada;
Porque metade de mim é o que penso
Mas a outra metade é um vulcão...

Que o medo da solidão se afaste
E que o convívio comigo mesmo
Se torne ao menos suportável;
Que o espelho reflita em meu rosto
Um doce sorriso que me lembro ter dado na infância;
Porque metade de mim é a lembrança do que fui,
A outra metade eu não sei...

Que não seja preciso mais do que uma simples alegria
para me fazer aquietar o espírito
E que o teu silêncio me fale cada vez mais;
Porque metade de mim é abrigo
Mas a outra metade é cansaço...

Que a arte nos aponte uma resposta
Mesmo que ela não saiba
E que ninguém a tente complicar
Porque é preciso simplicidade para fazê-la florescer;
Porque metade de mim é plateia
E a outra metade é canção...

E que a minha loucura seja perdoada
Porque metade de mim é amor
E a outra metade... também.</td>
<td>Uma parte de mim
é todo mundo;
outra parte é ninguém:
fundo sem fundo.

Uma parte de mim
é multidão;
outra parte estranheza
e solidão.

Uma parte de mim
pesa, pondera:
outra parte
delira.

Uma parte de mim
almoça e janta;
outra parte
se espanta.

Uma parte de mim
é permanente;
outra parte
se sabe de repente.

Uma parte de mim
é só vertigem;
outra parte,
linguagem.

Traduzir-se uma parte
na outra parte
– que é uma questão
de vida ou morte –
será arte?

Fonte: Poesia Completa e Prosa, 2008, p. 293-4.</td>
</tr>
</table>

20. "Nos últimos tempos se reconhece cada vez mais a importância da linguagem das crianças no desenvolvimento de certas zonas do léxico", diz Gerhard Rohlfs (1979, p. 112-3), que comenta um caso pitoresco de etimologia.

> Disso se infere que várias designações de animais que até agora haviam permanecido envoltas na obscuridade etimológica se podem aclarar de um modo muito simples graças a uma pequena canção infantil: uma daquelas primitivas canções que em qualquer lugar se põem a cantar as crianças quando brincam com animais. O exemplo mais conhecido no mundo românico é o nome espanhol de *mariposa*, palavra que não significa nada além de "senta-te ao solo, Maria" (*Maria, posa*).
>
> A mesma imagem aparece no Tirol italiano, onde a mariposa é chamada *bassa téra*, isto é, "baixa-te à terra". De maneira semelhante, a *luciérnaga* (em português, *vaga-lume* ou *pirilampo*) se chama na Ligúria e na Itália meridional *cala-bassa* "vem abaixo". Este mesmo animalzinho se chama na Sicília *luci-luci-picarru* "ilumina, ilumina, pastor".

Pesquise a etimologia e a sinonímia das palavras "mariposa", "pirilampo" e "vaga-lume" e comente os resultados.

21. Nestes tempos politicamente corretos, a PERÍFRASE que disfarça atitudes de discriminação e preconceito já chegou até a ser (provisoriamente) institucionalizada. Sem que seja preciso entrar no mérito das implicações ideológicas das escolhas lexicais que promovem essa substituição, suponha que você recebeu a incumbência de criar variantes "corretas" para os seguintes itens detectados por um "caçador de palavras". Acrescente a eles mais alguns casos de nomes (de lugares, pessoas ou personagens) que deveriam passar pelo mesmo tratamento.

(a)

(b)

(c)

(d)

(a) Vamos fazer um seminário sobre o livro *Dialeto Caipira*, de Amadeu Amaral. Começaremos falando que o nome do livro deveria mudar para *Dialeto* ______ ______________________.

(b) Em Macau, trocaremos o nome do logradouro da foto, que passará a se chamar "Escada ______________________________.

(c) O personagem de um conhecido desenho da Warner não poderá mais se chamar Gaguinho e se chamará ______________________________.

(d) Todas as matérias sobre o palhaço Carequinha precisarão de correção, e o artista que consagrou o bordão "tá certo ou não tá?" será assim identificado: ______________________

22. A REFERÊNCIA é assim definida por R. Ilari (2001, p. 176): "operação linguística por meio da qual selecionamos, no mundo que nos cerca, um ou mais objetos (isto é, pessoas, coisas, acontecimentos) específicos, tomando-os como assunto de nossas falas."

    Exemplificam o uso de referências os substantivos próprios e alguns tipos de pronomes (pessoais, possessivos, demonstrativos e relativos) ou advérbios. Reconheça, nas frases abaixo, quais as referências indicadas pelas palavras sublinhadas.

    a) "Zito Pereira entrou na Catedral da Sé pela primeira vez quase se desculpando por perturbar aquele silêncio sagrado. Sentou num canto próximo a uma pilastra e ficou observando o teto da igreja." (Luiz Ruffato)
    b) "Quando eu estou aqui, eu vivo este momento lindo". (R.Carlos e E.Carlos)
    c) "Pensar numa flor é vê-la e cheirá-la / E comer um fruto é saber-lhe o sentido." (A. Caeiro)
    d) "A primeira vez que vi Teresa / Achei que ela tinha pernas estúpidas / Achei também que a cara parecia uma perna." (M. Bandeira)
    e) "Marina, você faça tudo / Mas faça o favor / Não pinte esse rosto que eu gosto / E que é só meu." (D. Caymmi)

23. Fatores geográficos, culturais, políticos, econômicos podem acarretar influências de uma língua sobre outra[33]. Todas as línguas que estabelecem algum tipo de contato estão sujeitas a uma mútua interferência, e isso deve ser visto como um fenômeno natural, embora passível da necessária reflexão sobre a validade e necessidade de uso.

    Observe na tirinha o uso de um anglicismo e comente a observação do personagem no último quadrinho.

24. Numa crônica intitulada "Completude de A a ZZZ" (publicada em *O Estado de S.Paulo*, de 08/09/2001), Luís Fernando Verissimo comenta com bom humor o lançamento da primeira edição do Dicionário Houaiss. No início da crônica, Verissimo se refere a uma hipótese bastante original de confecção de dicionário.

    Quando lhe perguntaram que obra ele gostaria de ter escrito, Jorge Luis Borges (diz a lenda) respondeu: "A décima primeira edição da Enciclopédia Britânica." Mas ninguém

[33] No livro *Morfologia: estudos lexicais em perspectiva sincrônica* faço minuciosa análise e interpretação dos casos de empréstimos linguísticos no (e do) português (2011, p. 140-5).

ainda teve a ideia – bom, talvez o Borges sim – de escrever um dicionário como se escreve um romance. Ou um romance em forma de dicionário, inventando verbetes e aproveitando as definições para desenvolver um enredo, atribuindo exemplos do uso da palavra a personagens recorrentes. Tipo: "**falbetim** s.m. objeto cônico usado em jogos amorosos, citado por Moura quando interpelou Celina no terraço depois da festa do Ademar (ver **bizizi**) e disse: 'Não minta! Vi o falbetim no quarto', fazendo-a corar e..."

Um dicionário assim, inventado e com diálogos em sequência, ficaria mais parecido com o Aurelião, pois o Houaiss não dá exemplos e não cita ninguém.

Mas, talvez para compensar a falta de literatura alheia, é mais **rechechê** (ver abaixo) do que o Aurelião, como na sua primeira definição de saudade: "sentimento mais ou menos melancólico de incompletude" –, o que nos leva, claro, a uma busca frenética à letra I, na secreta e maldosa esperança de que não conste incompletude. Consta. Sei que já houve reclamações, mas incompletude é um sentimento que ninguém pode ter depois de folhear o Houaiss, ou apenas, como eu fiz, pular, criticamente, de a a zzz. Só pelo peso dá para ver que não falta nada.

Sim, de a a zzz. O último verbete do Houaiss – depois de zwingliano referente ao zwinglianismo pregado pelo suíço Ulrich Zwingli, que provavelmente também envolvia objetos cônicos (e é o último verbete do Aurelião, pelo menos da edição que eu tenho), zwitterion e zwitteriônico, termos da química, e z-zero (bóson neutro, felizmente) – é zzz, "cujo emprego mais comum", diz o Houaiss, "é interjetivo, p. ex., em legendas de histórias em quadrinhos".

(...) Mas por que outras convenções interjetivas não tiveram a mesma consideração de zzz? Desconfio que os três zês entraram no fim de improviso e por charme, um pouco como garis sambando atrás da escola luxuosa que passou, e que acabam sendo a coisa mais memorável do desfile. Ou um toque final de simpática frivolidade para mostrar que os autores também têm senso de humor e que pode haver mais riso num dicionário do que o quá-quá-quá entre quapoia e quáquer. Ou apenas uma provocação com o principal concorrente, que jamais se lembraria de listar zzz como palavra. Uma brilhatura para deixar o Aurelião fazendo grrrr.

A comparação com uma escola de samba não é **vestidão** (ver abaixo). O Houaiss (cuja pronúncia certa, segundo o Joaquim Ferreira dos Santos, deve lembrar vários mineiros se espantando ao mesmo tempo) é um luxo. Capas, papel, projeto gráfico – tudo de primeiro grupo. Como deve ser, porque um dicionário é como uma constituição. Ao mesmo tempo, um guia prático do que pode e do que não pode, um livro de instruções para o entendimento social e a solenização da experiência comum de uma nação, no caso, a experiência da mesma língua. Portanto, além da impressão de completude, um dicionário precisa dar uma impressão de monumentalidade. Mesmo que, como a Constituição, ele também saia em versões de bolso e em CDs, precisa ter uma versão oficial com peso, durabilidade e grandiosidade – nada, enfim, para se ler na cama sem o risco de afundar o esterno. E o Houaiss tem esse aspecto solene de algo que chegou para ficar – ao contrário das constituições brasileiras, que têm a solenidade mas não têm a permanência.

Discute-se o que deve estar na constituição e o que deve ser regulado por fora, e é a mesma discussão sobre que palavras merecem ser "oficializadas" num dicionário, ou sobre quando um estrangeirismo, um neologismo ou uma gíria podem sair da clandestinidade e ser enquadrados nas leis da língua. A gíria, principalmente, é um problema. Encontrar uma gíria que caiu em desuso e continua no dicionário (como "brasa" usado como elogio) provoca o mesmo sentimento mais ou menos melancólico de encontrar artigos na Constituição brasileira como os que estabelecem o limite dos juros e o que um salário mínimo deve valer – um sentimento de **brasilitude** (ver abaixo)

> (...) Poderia haver um Dicionário Reivindicativo da Língua Portuguesa, não com todas as palavras que existem, mas com palavras que não existem e deveriam existir. Como as que usei acima, **rechechê** (elaborado, prolixo, um pouco preciosista, como em zzz, disse Celina, comentando o discurso rechechê do conde Álvaro), **vestidão** (gíria, significando descabido, inadequado, exagerado) e **brasilitude** (o mesmo que brasilidade, mas no mau sentido). E coisas como **flanfo**, que, se existisse, seria claramente o nome de sujeirinha no umbigo.

Transcreva sob a forma de verbete os seis neologismos que Verissimo criou em sua crônica, citando os exemplos romanescos apresentados por ele ou criando os exemplos, no caso de três delas. Coloque-os em ordem alfabética e invente (se for o caso) uma etimologia coerente para os cinco vocábulos. Depois, crie mais quatro neologismos coerentes com as formações encontradas no texto e complete as fichas lexicográficas seguindo o modelo de ficha adotado no dicionário Houaiss (cf. ilustração contida no item 2.3 da primeira parte deste livro). Organize tudo em ordem alfabética.

25. Michael Jackson morreu no dia 25 de junho de 2009. A notícia foi a principal manchete das edições de jornais e revistas espalhados pelo mundo.

NASCEU NEGRO, FICOU BRANCO E VAI VIRAR CINZA

POR QUE ELE NÃO MORREU

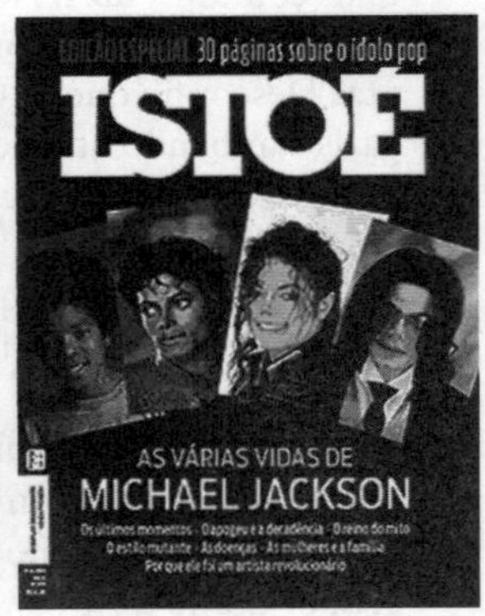

AS VÁRIAS VIDAS DE MICHAEL JACKSON

As palavras escolhidas para dar a informação nos permitem tratar do tema INFERÊNCIA e PRESSUPOSIÇÃO. A inferência dedutiva é que todos sabem quem é Michael Jackson e que ele morreu. Logo, nenhum jornal surpreenderá o leitor propriamente com a notícia, mas com algum dado novo sobre a morte ou com a maneira como redigirá as informações.

A observação do levantamento de manchetes sobre a morte de MJ pode nos servir para identificar frases neutras e frases com algo tendencioso implícito no enunciado. Assinale-as justificando sua resposta.

a) Goodbye, Michael Jackson (*O Dia*, RJ)
b) Nasceu negro, ficou branco e vai virar cinza. Descanse em Paz (*Meia Hora*, RJ)

c) O pop perde seu rei (*O Globo*, RJ)
d) Michael Jackson 1958-2009 (*Extra*, RJ + revista *Veja* + revista *Época*)
e) Morre Rei do Pop (*Jornal do Brasil*, RJ)
f) Morre Michael Jackson aos 50 anos (*Folha de S.Paulo*)
g) Aos 50, morre o rei do pop (*O Estado de S.Paulo*)
h) Abuso de medicamentos pode ter parado Rei do Pop (*Agora*, SP)
i) "Morre Michael Jackson" (*A Tarde*, SP)
j) Coração mata Michael Jackson (*O Correio do Povo*, RS).
k) Adeus ao rei do pop (*Zero Hora*, RS)
l) Por que ele não morreu (*O Estado de Minas*)
m) Lenda Pop (*O Correio Brasiliense*, DF)
n) O Fim (*O Correio*, BA)
o) As várias vidas de Michael Jackson (revista *IstoÉ*)

26. Observe a charge abaixo e explique por que o efeito de humor se baseia num aspecto léxico-semântico.

27. O ACRÓSTICO é um tipo de poesia em que as primeiras letras (às vezes, as do meio ou do fim) de cada verso formam, em sentido vertical, um ou mais nomes ou um conceito, máxima etc. Escolha o nome de uma pessoa que seja importante para você e escreva um acróstico em que as primeiras letras dos versos formem a frase "eu admiro o(a)________________".

28. O LIPOGRAMA é um tipo de texto que se constrói com a omissão deliberada de uma ou mais letras. Consta que o lipograma mais antigo foi escrito pelo poeta grego Laso de Hermione e se intitula "Ode ao Centauro". Nele, o autor não usou a letra "sigma" (S). Não há registro de escritor brasileiro que tenha se dado a essa tarefa, mas cabe citar o caso de um escritor português de origem castelhana, Alonso de

Alcalá y Herrera (1599-1662) que publicou, em 1641, cinco novelas lipogramáticas exemplares: "Os Dois Sóis de Toledo" (sem a letra A), "A Carroça com as Damas" (sem a letra E), "A Pérola de Portugal" (sem a letra I), "A Peregrina Eremita" (sem a letra O) e "A Serrana de Sintra" (sem a letra U)[34].

Dois outros exemplos são representativos na literatura ocidental: (a) Ernest Vincent Wright (1872-1939), escritor norte-americano, que publicou em 1939 o romance *Gadsby*, uma história com mais de 50.000 palavras sem usar a letra E; (b) Georges Perec (1938-1982), escritor francês, que publicou em 1969 o romance *La Disparition*, também omitindo a vogal E, a mais usada no francês[35].

Propõe-se:

a) Usando como tema a mesma ideia das contradições do ser humano (nossas metades, nossas duas partes), presente nos versos de O. Montenegro e F. Gullar, escreva um soneto sem a vogal O.
b) Supondo que vá estrear em breve uma sátira aos filmes de James Bond, intitulada "Brasília contra 007", escreva uma nota para publicar na sessão de cinema do jornal. Não use a letra U.

29. Uma reportagem da revista *Veja* sobre correção de linguagem suscitou uma brincadeira na internet. A distribuição do "Manual para falar bem" percorreu correios eletrônicos, blogues e páginas variadas[36].

Inspirados por ela, os internautas propuseram exemplos de expressões "populares" a serem substituídas por expressões "eruditas":

MANUAL PARA FALAR BEM	
EVITE A EXPRESSÃO POPULAR e	**USE A EXPRESSÃO ERUDITA**
Conversa mole pra boi dormir.	Prosopopeia flácida para acalentar bovinos.
Pagar o maior mico	Creditar o primata-mor.
Nem que a vaca tussa.	Sequer considerar a possibilidade de a fêmea bovina expirar fortes contrações rino-bucais.

[34] Estão reunidas no livro *Varios Effetos de Amor en Cinco Novelas Exemplares* (Imprenta de Manuel da Sylva. Lisboa, 1641).

[35] A OULIPO (Ouvroir de Littérature Potentielle, algo como "Laboratório de Literatura Potencial") é um grupo de escritores (sobretudo de língua francesa) e matemáticos que têm por objetivo escrever obras usando técnicas deliberadas de obstrução – não apenas as do lipograma. Foi fundada em 1960 por Raymond Queneau e François Le Lionnais. Entre seus membros mais notáveis, citam-se os nomes de Italo Calvino, Oskar Pastior e Jacques Roubaud. Sua página na internet é: http://www.oulipo.net/

[36] Digite a palavra **gíria** neste site e veja uma lista ampla: http://mais.uol.com.br/

Faça o mesmo, completando as linhas adequadamente.

EVITE A EXPRESSÃO POPULAR e	USE A EXPRESSÃO ERUDITA
a)	Ejetar saliva acompanhada de insetos da família dos vespídeos geralmente dotados de ferrão.
b)	Sequer considerar a utilização de um longo pedaço de madeira.
c)	Deglutir anfíbio anuro.
d) Empurrar com a barriga.	
e) Levar tudo na flauta.	
f) Onde foi que amarrei a minha égua?	
g) Estar mais feliz do que pinto no lixo.	
h) Levar um pé no traseiro.	
i) Ter o rabo preso.	
j) Botar as manguinhas de fora.	

30. No Prefácio do livro *O Intervalo Semântico*, de Carlos Vogt (1977, p. 14), Oswald Ducrot comenta a importância de algumas partículas "que voltam sem cessar no discurso".

> Primeira etapa: (...) tudo na língua é comparação ou, pelo menos, muita coisa – muito mais do que se pensa habitualmente. Em especial estas partículas que voltam sem cessar no discurso (mas, também, mesmo, ainda...), e que a linguística tradicional considera com um certo desprezo – ainda que, sem elas, o discurso perca toda organização, toda coerência e toda vida, e se reduza a uma sucessão de exemplos de gramática. Estas partículas, desde que se experimente descrevê-las um pouco minuciosamente, revelam-se como comparações implícitas. Mesmo que estabeleçam uma concessão, um excesso, uma compensação, terminam sempre por confrontar dois dados, por colocá-los na balança. Empregar essas palavras já é colocar-se fora das coisas que se diz, no seu intervalo. O leitor verificará que o mesmo acontece com o JÁ da frase precedente. Se o empreguei, é que eu não estava mais naquilo que dizia. É que eu pensava numa outra afirmação que virá ampliar a primeira, e dar-lhe seu pleno valor. Eu me colocava, e tentava colocar o leitor, a meio caminho desta nova afirmação, no movimento de realização que conduz, de uma a outra, que conduz a esta segunda etapa de que vamos falar agora.
>
> Esta segunda etapa é uma concepção particular do comparativo, uma concepção que chamarei "constitutiva". Para compreendê-la é preciso interrogar-se primeiramente a respeito do que se faz, na vida de todos os dias, quando comparamos dois termos A e B.

Concentremos nossa atenção apenas nas palavras por ele citadas: *mas, também, mesmo, ainda* e *já*. O texto que transcrevemos a seguir empregou essas palavras algumas vezes. É um editorial, publicado na *Folha de S.Paulo* de janeiro de 2011.

Divisão Americana

Uma nova legislatura tomou posse no Congresso dos EUA na semana que passou. A oposição, vitoriosa, pretende reverter as principais políticas aprovadas até agora por Barack Obama. Estão na mira dos republicanos, que passam a controlar a Câmara dos Representantes **mas** não o Senado, a reforma da saúde e o crescente deficit do governo federal.

(...) A liderança da Câmara **já** programa, para a próxima semana, votação para tentar derrubar a reforma da saúde. **Mesmo que** consiga os votos necessários, o Senado, **ainda** sob controle democrata, não confirmará o contraprojeto.

A promessa de reduzir o deficit público se mostra **ainda** mais difícil de ser cumprida, sobretudo quando a economia americana **ainda** se encontra nos estágios iniciais de recuperação da mais grave crise desde a Depressão dos anos 30. Cortar gastos não é tarefa fácil em qualquer peça orçamentária de países democráticos – e os republicanos, nos EUA, se definem politicamente pela defesa da redução de impostos.

Do ponto de vista eleitoral, **também** tende a ser pequeno o efeito das resistências do novo Congresso. A grande maioria dos americanos **já** se divide ideologicamente em relação aos assuntos postos na pauta pelos republicanos. E deve permanecer assim até o pleito presidencial de 2012.

Crucial para Obama, até lá, será a recuperação da economia e, sobretudo, do emprego – o que poderá fazer a diferença na recuperação de sua popularidade.

Sua tarefa será reescrevê-lo sem usar nenhuma delas (estão em negrito). Ao final, compare a reescritura com o original e comente o resultado.

Eis os trechos:

a) Estão na mira dos republicanos, que passam a controlar a Câmara dos Representantes **mas** não o Senado, a reforma da saúde e o crescente deficit do governo federal.
b) A liderança da Câmara **já** programa, para a próxima semana, votação para tentar derrubar a reforma da saúde.
c) **Mesmo que** consiga os votos necessários, o Senado, **ainda** sob controle democrata, não confirmará o contraprojeto.
d) A promessa de reduzir o deficit público se mostra **ainda** mais difícil de ser cumprida, sobretudo quando a economia americana **ainda** se encontra nos estágios iniciais de recuperação da mais grave crise desde a Depressão dos anos 30.
e) Do ponto de vista eleitoral, **também** tende a ser pequeno o efeito das resistências do novo Congresso.
f) A grande maioria dos americanos **já** se divide ideologicamente em relação aos assuntos postos na pauta pelos republicanos.

CHAVES DE RESPOSTA

1. Coluna do pronome EU: edifício, abrigo, mata, terremoto, pavio, navio, trilho, dedo, veia, gás, fogo pólvora; Coluna do pronome VOCÊ: avião, míssil, motosserra, Terra, fósforo, torpedo, trem, gatilho, agulha, fagulha, gasolina, mina. Comentário [sugestão]: A letra pode ser interpretada como um conjunto de metáforas de caracterização de dois amantes que vivem um relacionamento de alto risco. Para construir essa ideia, os autores buscaram pares de palavras entre as quais se pudesse perceber a noção da complementaridade, como se uma delas servisse como causa

para a outra. De todos os pares, o único que destoa quanto à ideia de junção de risco é "trem/trilho". Nos demais, a união do eu+você é sempre de consequências devastadoras. Na primeira estrofe, por exemplo, as palavras "avião" e "míssil" utilizadas para qualificar o "você" da canção podem ser associadas às palavras "edifício" e "abrigo", vinculadas a "eu". Essa associação denota uma situação de abalo de grandes proporções, pois ainda é muito forte e recente na nossa cultura a imagem dos aviões que se chocaram contra as torres do WTC em 11 de setembro de 2001. Deve-se notar também que o caráter explosivo do relacionamento descrito é uma via de mão dupla, o que pode ser constatado observando a lista de palavras. Em alguns momentos a palavra que remete a um elemento detonador está associada ao "eu" (dedo/fogo), mas o oposto também ocorre (míssil/torpedo/fagulha).
N. do Autor: Também é pertinente levar em conta o fato de essa música ter servido como tema para o casal de amantes Clara (Mariana Ximenes) e Fred (Reynaldo Gianecchini), na novela Passione, exibida pela Rede Globo em 2010. Nesse caso, a junção de fogo e gasolina se insere no contexto da narrativa, já que ambos são os vilões na trama. Eles vivem cenas fortes de sexo na novela e se unem para dar um golpe em Totó (Tony Ramos), camponês italiano que está prestes a receber uma grande herança. A união explosiva do que diz a letra com o que fazem os personagens é altamente coerente, ainda mais quando se descobre que Fred se aproveita de Clara para tirar proveito próprio e que Clara por sua vez também se vinga de Fred. Em suma, a junção de fogo e gasolina é realmente um jogo perigoso, que combina, mas gera prejuízo para todos.

2. (a) Amanhã é dia de ir ao dentista; (b) A ave de rapina passou fácil pelo macho da galinha.

3. (a) O autor diz que eles se combinam "apenas com substantivos que designam um *ser humano*". No entanto, frases do dia a dia mostram que esses adjetivos podem se combinar com *seres não humanos* ou *inanimados* (exs.: país jovem, cachorro inteligente, retrato velho, carro novo). Da lista citada, parece-nos que apenas gago é, na língua comum, exclusivo de seres humanos. //
(b) [sugestões] O dia era bonito, bom, ensolarado e tranquilo & Fiz-lhe um convite pequeno, delicado, gentil e educado.
Comentário [sugestão]: A combinação só é coerente porque os substantivos-alvo são dia e convite . Pode-se reparar, por exemplo, que nem a quadra de adjetivos de dia serve completamente para convite (convite ensolarado?), nem a quadra de convite serve para dia (dia gentil? dia educado?). No entanto, se o substantivo fosse momento , qualquer dos oito adjetivos poderia ser combinado. A conclusão é que essa parceria entre adjetivos e substantivos precisa de uma acomodação semântica, pois há palavras cujos traços criam restrições de combinação. Potencialmente, porém, qualquer adjetivo pode se combinar com um adjetivo, sendo tarefa do usuário da língua desfazer essas restrições, se assim desejar.
(c) [sugestão] A classificação se baseia numa ideia de direcionamento da ação indicada por esses verbos: no primeiro caso, a ação recai sobre o sujeito (tomar o dinheiro, agarrar a bola, receber um presente, comprar um livro); no segundo, a ação não recai no sujeito, mas procede dele (deixar a sala, dar um presente, conceder a palavra, vender um livro). Atente-se para o fato de que esses mesmos verbos podem ter valores semânticos diferentes, como acontece quando o sujeito é inanimado (o quadro tomou a parede toda, o casaco agarrou na porta, o jornal deu a notícia).

4. (a) infelizmente não é inverossímil que um homem sequestre, violente e agrida sua ex-mulher (na foto, desidentificada); (b) um problema de referência é superficial e está em "foi apreendido uma faca"; o outro é mais grave: se o nome da ex-mulher é Teresa Cristina, quem é a Rosana que temia ser morta?

5. [livre] Espera-se que o texto produzido inclua as reminiscências, argumentos, ações e ambientes citados na canção, admitindo-se eventuais acréscimos, desde que não descaracterizem a versão original.

6. As trocas são: (a) o cara quase entrou no ônibus; (b) o cara quase não entrou no ônibus; (c) o cara nem bem entrou no ônibus; (d) o cara nem entrou ainda no ônibus.
Na reescritura (a), a ideia é negativa (o cara não entrou no ônibus, embora estivesse bem perto de conseguir fazer isso). Na reescritura (b), a ideia é positiva, pois a negação do NÃO anula a negação do QUASE (o cara de fato entrou no ônibus). Na reescritura (c), a ideia também é positiva, pois a negação NEM desfaz a possibilidade antonímica de BEM diante de MAL (o cara de fato entrou no ônibus). Na reescritura (d), a ideia é negativa por força do advérbio NEM, embora amenizada pelo advérbio AINDA (o cara não entrou, mas tudo indica que ele entrará).
Comentário [sugestão]: Um enunciado com MAL ou sem MAL pressupõe que, de fato, a ideia expressa pelo verbo aconteceu, ou seja, quando se diz o cara mal entrou no ônibus , entende-se que ele entrou realmente no ônibus. Nessa posição, o advérbio MAL não tem como função primária atribuir ao verbo um valor de depreciação. Na frase da notícia, antecedida de MAL, a ideia de entrar recebe uma limitação muito mais temporal do que espacial (equivale a acabou de entrar ou entrou há pouco). A comparação entre os efeitos do QUASE e do MAL nos mesmos enunciados deve mostrar que há uma certa simetria no que fica subentendido com cada um dos dois: MAL ENTRAR (a ação de entrar se realiza, mas foi recente) & QUASE ENTRAR (a ação de entrar NÃO se realiza, mas foi iminente).

7. [sugestões] série formal, apenas com palavras que rimam com "sonolento": vento, ferimento, pulguento, sanguinolento, avarento // série morfossemântica, com palavras da mesma família etimológica: sono, sonífero, soneca, sonoterapia, sonâmbulo.

8. (a) Nossos colegas pediram dispensa do serviço porque reconhecem terem infringido o regulamento. Por não terem cumprido o disposto, colocaram em xeque suas carreiras e por ora vão expiar suas culpas numa chácara longínqua. // (b) Grassa na cidade a notícia de que há um mandado contra nós, que representamos o segmento mais discriminado da população. Mas não vão cassar a nossa voz. Vamos recorrer para que essa medida não possa surtir efeito.

9. Os verbos dos quatro pares de frases têm, na sentença da esquerda, um único argumento (o sujeito) e, na sentença da direita, dois argumentos (o sujeito e o objeto direto). Observe-se que a primeira frase de cada par é sempre um resultado e que só na segunda frase aparece a causa. Por isso, o que era sujeito (nenhum deles era o agente, todos eram o beneficiário) na frase da esquerda passa a objeto direto na frase da direita.

10. Porque o possessivo tanto pode se referir ao campo do Náutico como ao do Paissandu.

11. (a) Na primeira hipótese, "isso é dose pra elefante" pode se entendido como alguma bebida ou medicamento especial para paquidermes; na segunda, como sinônimo de algo muito exagerado. // (b) [sugestões] "cantar de galo" significa "mandar"; "ser um leão de chácara" significa "trabalhar como segurança numa festa"; "estar no mato sem cachorro" significa "estar perdido"; "tomar gato por lebre" significa "enganar-se"; "escovar urubu" significa "estar em má situação ou desempregado".

12. Porque o conteúdo proposto é excessivo e não haverá necessidade de "esticar" o tamanho das frases.

13. [sugestões]
(a) O renomado e conhecido escritor e pensador colombiano Gabriel García Márquez, autor do aclamado romance *Cem Anos de Solidão* e ganhador do prêmio Nobel de Literatura em 1982, publicará antes do final do ano de 2011 um novo livro sobre o amor, que irá se juntar a outros títulos como *O Amor nos Tempos do Cólera* e *Do Amor e Outros Demônios*.
(b) Sabe quem está comemorando 60 anos de vida? O Beetle Bailey!!! Provavelmente você não conhece ninguém com esse nome, mas foi assim que o desenhista americano Mort Walker, hoje com 87 anos, batizou o soldado mais preguiçoso do planeta, que no Brasil ficou famoso como Recruta Zero. Em homenagem às seis décadas do personagem, começa nesta quinta uma exposição no SESC Vila Mariana, na capital paulista."

14. [sugestões] "Todas as nossas ligações são gravadas" / "O Banco XXX agradece a sua ligação" / "Um momento, que eu vou estar transferindo a sua ligação" / "Sua ligação é muito importante" / "Só mais um momento".

15. [sugestões] ORDEM: Saia da minha frente imediatamente! / CONSELHO: Tenha cuidado quando falar com ela. / CONVITE: Venha e traga sua família. / PEDIDO: Por favor, leve a mochila da sua irmã.
Comentário: As frases sugeridas minimizaram os riscos de ambiguidade porque continham elementos auxiliares que favoreciam a compreensão da ordem, do conselho, do convite ou do pedido. Mas nada impede que uma frase que comece com "por favor" seja dita num tom de voz autoritário e signifique na prática uma ordem e não um pedido. Ou que a frase "Saia da minha frente", em vez de ordem, contenha um apelo desesperado de alguém que corre em busca de socorro num hospital.

16. Grupo I [sugestões]: a) Eu não vou *furar* a parede. O Juca Kfouri. / b) Todos morrem *uma só vez*. A Alanis Morrissete. / c) Eu pulo *do barranco*. O Luciano do Valle. / d) Eu nunca *morei* nos EUA, mas a Marilyn Monroe. / e) Você *fez* um papel que nem a Betty Faria. / f) Eu acordo *mais tarde*. E o Edir Macedo. / g) Você não *tem* dinheiro, mas o Frankenstein. / h) Eu estou *perto* de casa. O Silvester "Stalonge". / i) Eu escovo os dentes *três vezes* ao dia. O Joãozinho Trinta. / j) Eu prefiro chá *gelado*. O Clark Kent. / k) Eu não *fujo* das fãs, mas o Chiquinho Scarpa. / l) Eu bico *cebola*. A Daniela Bicalho. / m) Eu vou *ariar* os dentes e a Ruth Escobar. / n) De um lado, o poeta *molhado pela chuva*; de outro, o Antônio Carlos Secchin. / o) Enquanto eu *fico dormindo*, o Luiz Carlos Travaglia.
Grupo II: a) a) Ninguém queria ir ao cinema. A Cassia *Kiss*. / b) Ao ver uma modelo você fala: "Bonita". O Miguel *Falabella*. / c) Nosso vocabulário difere. Eu digo quarto e Mattoso *Câmara*. / d) Sírio Possenti é um cara alegre, o Rodolfo *Ilari*. / e) Eu perco minhas moedas, mas o Celso *Cunha*. / f) No meu cabelo fiz escova, a Ingedore *Koch*. / g) Meu cavalo é preto. O do Camilo Castelo *Branco*. / h) Eu digo "Dê cá os pés", e o Luís *de Camões*. / i) Ela gosta de porcelanas, o Manuel *de Barros*. / j) Paulo Coelho é um escritor criticado. O Jorge *Amado*. / k) O Pateta usa teclado; o Mickey *Mouse*. / l) Eu adoro foto panorâmica. A Roberta *Close*. / m) Costumo perder documentos. O Juca *Chaves*. / n) Eu vi, tu viste, meus pais viram. Até o *Clodovil*. o) Eu quero que o Gregory seja santo; a Débora *Kerr* que o Gregory *Peck*.
Comentários [sugestão]: Os emparelhamentos mostram que as palavras (independente de sua classificação gramatical, de sua grafia ou mesmo de sua procedência) têm uma massa sonora que pode se aproximar ou se igualar

à massa sonora de outras palavras ou de locuções. Nesse sentido, poderiam ser formados grupos distintos de ocorrências, como "o homonímico locucional" (Kfuri = que fure / Morrissete = morre sete), "o homonímico lexical" (Faria = faria / Chaves = chaves), "o paronímico locucional" (de Camões = dê cá as mãos / Clodovil = Clodô viu) ou o "paronímico lexical" (Secchin = sequinho / Travaglia = trabalha).

17. [livre] Espera-se que a sublegenda seja coerente com a imagem e que, se possível, explore a identificação entre as palavras "windows" e "janela".

18. (a) A transcrição correta do poema é a que segue: "As estátuas sem mim não podem mover os braços / Minhas antigas namoradas sem mim não podem amar seus maridos / Muitos versos sem mim não poderão existir. // É inútil deter as aparições da musa / É difícil não amar a vida / Mesmo explorado pelos outros homens / É absurdo achar mais realidade na lei que nas estrelas / Sou poeta irrevogavelmente."
A única palavra que parece não se ajustar ao texto é "seios" (1º verso), tendo em vista se relacionar com o verbo "mover" (apesar disso, a ideia de "mover os seios" não é de todo incoerente). No penúltimo verso, não haveria incoerência dizer "sereias" em vez de "estrelas", pois o poeta também poderia, de alguma forma, comparar a realidade da lei com a das sereias. Nos demais versos, a substituição não mudaria o significado do verso, mas poeticamente talvez houvesse variações de expressividade.

(b) A transcrição correta da letra é a que segue: "Negue o seu amor, o seu carinho / Diga que você já me esqueceu / Pise machucando com jeitinho / Esse coração que ainda é seu. // Diga que o meu pranto é covardia / Mas não esqueça que você foi minha um dia / Diga que já não me quer / Negue que me pertenceu / Que eu mostro a boca molhada / E ainda marcada / Pelo beijo seu.
A única palavra que fica incoerente no texto é "nunca" (4º verso). Nos demais versos, observados os pares de rima, as mudanças não causariam problemas de sentido, embora resultassem numa situação amorosa bastante diferente da original.
(c) O texto original diz: "Na hora de anunciar, escolha a revista que oferece a oportunidade de participar da formação dos consumidores de amanhã. Carta na Escola traz uma seleção das matérias de CartaCapital e ainda oferece sugestões e atividades pedagógicas elaboradas por especialistas. Tudo para ajudar o professor e contribuir com o futuro nas salas de aula de todo o Brasil. Sua empresa não vai faltar, vai?"
A palavra "plêiade" se refere a seres humanos e, portanto, é a única que a rigor ficaria incoerente no texto. Além disso, destoa do nível de linguagem praticado na mensagem, crítica que também se pode fazer a "atividades elucubradas", em vez de "elaboradas". Na frase final, a escolha por "ausentar-se", em vez de "faltar", desfaria a pretensão de mais coloquialidade demonstrada na escolha da frase interrogativa. Cabe ainda observar que, na versão original, o redator preferiu repetir o verbo "oferecer", e isso talvez devesse ser evitado.
(d) O texto original diz: "Este livro, sempre provocador e algumas vezes doloroso, é uma leitura reveladora, um importante elemento para a compreensão da genialidade e da arte de meu pai e uma reflexão única sobre o mistério da criatividade."
Há duas opções que merecem ressalvas: o uso enigmático do adjetivo "inebriante" contrariaria o teor objetivo do depoimento; e o adjetivo "típica" esvaziaria o valor da leitura, que a filha tanto destaca com seu comentário. Também parece estranho dizer que o livro é "sempre ofensivo", mas que é uma leitura reveladora. No entanto, essa substituição não é de todo incoerente, pois os sentimentos da autora podem mesmo ser conflitantes diante da leitura de um livro sobre seu pai.

19. [sugestão] As relações semânticas entre os dois textos se estabelecem na coincidência da temática da dualidade do homem: suas metades, suas duas partes. No texto de Montenegro, os pares são: grito x silêncio; partida x saudade; ouvir x calar; pensamento x vulcão; lembrança x ignorância; abrigo x cansaço; plateia x canção; amor + amor. No texto de Gullar, os pares são: todo mundo x ninguém; multidão x estranheza e ninguém; pesar e ponderar x delirar; almoçar e jantar x se espantar; permanente x repentino; vertigem x linguagem. Como se vê, não há nenhuma coincidência entre os pares dos dois textos, exceto o fato de eles caracterizarem as duas metades do eu-lírico.
A acusação de Ferreira Gullar não procede porque, como explica o compositor, a canção "Metade" foi gravada por Montenegro em 1977, no lp "Trilhas", enquanto o poema foi publicado em 1980. Assim sendo, como Montenegro poderia ter plagiado o poema de Gullar três anos antes? Será que foi o contrário? Óbvio que não, falar de nossas contradições (nossas metades, nossas duas partes) é um tema recorrente na literatura, como se vê nesta frase de Caio Fernando Abreu, colhida na internet: "Tenho uma parte que acredita em finais felizes, em beijos antes dos créditos... enquanto outra acha que só se ama errado."

20. A etimologia de "mariposa" está no texto citado, mas é curioso ver que, por um lado, não há sinonímia para o nome do inseto, mas que, por outro, é ampla a sinonímia de seu sentido figurado "prostituta". No caso de "pirilampo" (que brilha como fogo, segundo informa o Dic. Etim. de JPedro Machado), a única sinonímia é "vaga-lume".

Nenhum dos dois tem sentido figurado registrado em dicionário. A etimologia de "vaga-lume" mostra que se trata de uma palavra formada por eufemismo, pois provém de "caga+lume". Uma parte de sua sinonímia procede dessa mesma base: abre-cu, caga-fogo, caga-lume, cudelume, fere-lume, lampíride, lampírio, lampiro, lumeeira, lumeeiro, luzecu, luze-luze, luzica, mosca-de-fogo, muá, noctiluz, pirífora, pirilampo, uauá.

21. [sugestões] (a) Dialeto do Falar Interiorano; (b) Escada do indivíduo que apresenta irregularidade permanente ou provisória ao caminhar; (c) Repetidorzinho de sílabas; (d) Sem-Cabelinho.
Outros casos: Tonto (índio amigo do Cavaleiro Solitário), Cascão (personagem da Turma da Mônica), Pau Grande e Sumidouro (cidades do RJ), Curralinho (cidade do PR e do PA), Anta Gorda (cidade do RS).

22. (a) *Zito Pereira* é o personagem do conto; *Catedral da Sé* é uma igreja de São Paulo; *aquele* é o tipo de silêncio praticado numa igreja; *igreja* é a Catedral da Sé // (b) *aqui* é o lugar em que se encontra o emissor do enunciado; *este* é que acontece (o momento) junto do enunciador // (c) os pronomes *la* retomam a ideia de "flor"; o pronome *lhe* retoma a ideia de "sentido" // (d) *Teresa* é a mulher de quem o poeta fala; *ela* retoma "Teresa"; *cara* é uma referência indireta a Teresa (= cara dela) // *Marina* é a destinatária; *você* e *esse* retomam "Marina" (esse rosto = rosto de Marina); o relativo *que* retoma "rosto".

23. [sugestão] Os significados do substantivo "saguão" dão conta da necessidade comunicativa dos falantes do português. Entretanto, a generalização do termo inglês "hall" criou uma espécie de competição lexical entre ambos. O que, do ponto de vista oral, parece devidamente incorporado ao português tem, no entanto, um problema fono-otográfico de difícil solução: a pronúncia de "hall" é idêntica à do substantivo "rol". Talvez isso atue como um fator de inibição do aportuguesamento completo da palavra, pois escrever "rol dos elevadores" (= espaço) constituiria homonímia com "rol dos elevadores" (= relação).

24. As seis palavras criadas por Verissimo são *bizizi, brasilitude, falbetim, flanfo, rechechê* e *vestidão*. As fichas lexicográficas, organizadas verticalmente, combinam o que está na crônica com sugestões de resposta. Quanto aos neologismos complementares, sua datação coincidirá com a da redação da resposta.

bizizi s.m. [datação 2001]
Acepção: reunião festiva promovida por nobres e políticos, despojada de protocolo.
Ex.: *Moura e Celina estiveram no b. do deputado Ademar*
Etimologia: *origem onomatopaica*

brasilitude s.m. [datação: 2001]
Acepção: o mesmo que brasilidade, mas no mau sentido.
Ex.: *Celina disse que sentia um pouco de b. naquele bizizi.*
Etimologia: *top. Brasil + i + (t)ude*

falbetim s.m. [datação: 2001]
Acepção: objeto cônico usado em jogos amorosos.
Ex.: *Moura interpelou Celina no terraço depois da festa do Ademar e disse: Não minta! Vi o f. no quarto, fazendo-a corar e...*
Etimologia: *it. falbetino* (secXVI) "cone pequeno".

flanfo s.m. [datação: 2001]
Acepção: nódoa de poeira acumulada no umbigo.
Ex.: *Celina não queria acreditar, mas era verdade: Moura estava fabricando um f. avermelhado.*
Etimologia: *gr. phlamphos, eos-ous* "tecido fino".

rechechê adj.2gên. [datação: 2001]
Acepção: elaborado, prolixo, um pouco preciosista
Ex.: *Celina comentou o discurso rechechê do conde Álvaro.*
Etimologia: *fr. recheché* (1809) "envolto em fita multicolorida de seda".

vestidão adj.2gên. [datação 2001]
Acepção [Regionalismo: Brasil. Uso: informal.]: descabido, inadequado, exagerado.
Ex.: *A comparação que Celina fez não foi v.*
Etimologia: vestido + inho.

25. São frases neutras as que estão reproduzidas nas opções (D), (F), (I), (J) e (N). São tendenciosas no enaltecimento explícito ao mito as frases (C), (E), (G), (H), (K), (L) e (M). A frase (A) não é totalmente neutra porque o uso da palavra inglesa "goodbye" pode ser interpretado como culturalmente irônico. O trecho da letra (B) é tendencioso e contraditório, mistura humor fúnebre com ironia e depois propõe o "descanse em paz". Na letra (O), é possível entender – retirado o humor de mau gosto – o mesmo que na letra (B), pois na ideia das várias vidas de MJ certamente está a questão da cor de sua pele. é também uma manchete tendenciosa.

26. As palavras que levam o indivíduo a exclamar de susto são parônimas: IPTU e PITU. A inferência que se faz é que, para um beberrão contumaz, o aumento do IPTU é irrelevante, mas o aumento no preço da cachaça é inaceitável.

27. [livre]

28. [livres]

29. (a) Cuspir marimbondos; (b) Nem a pau; (c) Engolir sapo; (d) Impulsionar com a proeminência externa do abdômen; (e) Considerar a totalidade das cousas como se tocasse um instrumento de sopro também conhecido como pífaro; (f) Em que local fixei firmemente com amarras a fêmea equina de minha propriedade; (g) Sentir-se extremamente venturoso, superando o regozijo dos frangos recém-natos ao se locupletarem no recipiente de detritos; (h) Receber na região glútea o impulso da extremidade do membro inferior de outrem; (i) Encontrar-se retido pelo prolongamento caudal; (j) Exibir exageradamente as pequenas partes da vestimenta que recobrem parcialmente os braços.

30. [sugestões] (a) A reforma da saúde e o crescente deficit do governo federal estão na mira dos republicanos, que estão com controle apenas na Câmara dos Representantes, pois no Senado não o conquistaram.
(b) Para não perder tempo, a liderança da Câmara programa, para a próxima semana, votação para tentar derrubar a reforma da saúde.
(c) Admitindo-se que consiga os votos necessários, o Senado, que manteve o controle democrata, não confirmará o contraprojeto.
(d) A promessa de reduzir o deficit público está muito mais difícil de ser cumprida, sobretudo quando a economia americana permanece nos estágios iniciais de recuperação da mais grave crise desde a Depressão dos anos 30.
(e) Do ponto de vista eleitoral, tende igualmente a ser pequeno o efeito das resistências do novo Congresso.
(f) A grande maioria dos americanos agora se divide ideologicamente em relação aos assuntos postos na pauta pelos republicanos.
Comentário: A reescritura precisou às vezes fazer um "contorno sintático" para tentar manter o significado original.

2

Modelo Objetivo

1. O signo linguístico é a associação convencional entre uma palavra ou expressão e o seu valor comunicativo. Essa afirmação se refere à dicotomia ________________ / ________________.
2. Nos estudos semânticos é importante a definição de signo linguístico, que inclui as noções de *significante* e ________________, de ________________ e *substância*, as relações ________________ e *paradigmática* e o conceito de ________________ e *linearidade* do signo, o que implica saber fazer a distinção entre os enfoques *sincrônico* e ________________.
3. Os cinco parágrafos transcritos a seguir podem ser classificados a partir das suas relações de sentido (internas e externas). Marque (A) se ele contiver coerência, mas não coesão; (B) se contiver coesão, mas não coerência; (C) se contiver coesão e coerência; (D) se não contiver nem coerência nem coesão.

Primeiro texto ( ):

No verão de 2010 eu viajei para Maceió. Uma boa escolha foi a que você fazia quando resolveu estudar veterinária. Eu gostava de chiclete de hortelã, porque agora não ando muito de bicicleta. Os braços cruzados de sua esposa significam que amanhã não ia chover. Ainda bem que é sábado. O livro de poesias ficou preso no suspensório.

Segundo texto ( ):

Parece que vai fazer sol, embora uma andorinha só não faça verão. As andorinhas são aves que se alimentam de insetos, o que me faz lembrar minha avó, que dizia: "quem não tem cão caça com gato". Eu, por exemplo, tive dois gatos, um marrom e um de louça. Eles quebraram num dia de muita ventania. Talvez ainda seja possível retomar aquela conversa sobre os insetos, mas eu realmente não entendo muito disso, porque o que eu gosto mesmo de fazer é escrever roteiros de cinema.

Terceiro texto ( ):

O prato principal oferecido aos passageiros do voo 444 era frango, massa com creme, molho de tomate com manjericão e orégano. Havia uma segunda opção: carne com molho de tomate. Também faziam parte do cardápio queijo camembert, laranja mandarina e torta de maçã. No jantar, havia salada de massas, espetinhos de peixe e damasco. Para a sobremesa noturna, as alternativas eram bolo de chocolate e frutas. Os comissários de bordo foram muito atenciosos conosco.

Quarto texto ( ):

Carnaval, festa popular. Passistas na avenida. Samba. Mangueira. Delírio na passarela. Corpos suados, batuque frenético. Gritos, vibração. Quanta alegria! Bandeiras agitadas. Verde e rosa. Rosa e verde. Parada da bateria. Desfile grandioso. Olha o tempo! Jamelão, Gigi, Narcisa, Dona Zica. Cartola, cadê vocês? Festa é festa. O negócio é comemorar. Chora, cavaco.

Quinto texto ( ):

Uma vez, eu me lembro, era eu ainda uma criança que ia a pé para a escola perto de casa. Naquela manhã, estava atrasado e andava depressa para não ser barrado pelo Seu Manoel, porteiro do colégio, a quem a gente entregava a caderneta. Estava no meio do caminho quando vi passar uma moça e duas meninas de cabelos cacheados. Aquele fato me fez pensar como seria se eu tivesse uma irmã. Foi então que comecei a viajar na imaginação, me distraí e, pela primeira vez, cheguei atrasado à escola.

4. Complete os espaços abaixo coerentemente:
   (a) O sintagma "utensílios de cozinha" é um HIPERÔNIMO destas cinco palavras: ____________________.
   (b) João, Mariana, Betão e Milene têm menos de 12 anos e são HIPÔNIMOS de ____.
   (c) Meu time é conhecido pela ANTONOMÁSIA ____________________
   (d) A definição é "a saliência da cartilagem tireoide", o nome popular é "gogó", mas o EPÔNIMO é ____________________.
   (e) Entre os MERÔNIMOS obrigatórios de qualquer automóvel, citemos quatro: ____________________

5. Reconheça se as afirmativas são verdadeiras (V) ou falsas (F), corrigindo-as conforme o caso.
   a) ( ) O estudo do léxico segundo suas peculiaridades históricas, geográficas, gramaticais, sociais, culturais e políticas é tarefa da LEXICOLOGIA.
   b) ( ) A LEXICOGRAFIA tem como objeto de estudo a descrição do léxico de uma ou mais línguas, a fim de produzir obras de referência, principalmente dicionários.
   c) ( ) Um dos objetivos da TERMINOLOGIA é reunir um conjunto vocabular próprio de uma ciência, técnica, arte ou atividade profissional.
   d) ( ) As denominações mais usuais para os estudos que fazem a análise crítica dos dicionários são LEXICOGRAFIA TEÓRICA ou METALEXICOGRAFIA, termos que servem para distinguir uma dimensão teórica nos estudos que têm como foco as questões que envolvem a confecção de dicionários.

e) ( ) O conjunto de entradas de um dicionário chama-se VERBETE ou NOMINATA, indicando cada um dos itens que nos dão informações sobre uma palavra.

f) ( ) Os dicionários gerais se estruturam num modelo alfabético, diferindo dos dicionários específicos, que são organizados por ideias.

6. Para Aparecida Barbosa (1996, p. 245-9), um item lexical polissêmico é aquele que preserva uma unidade de significado, isto é, a sua unidade é garantida pelo núcleo semântico comum aos múltiplos setores de traços semânticos. Com efeito, esse núcleo comum é que permite ao falante identificar um único signo linguístico em suas diferentes realizações no discurso.

A partir dessas considerações, reconheça, dentre as frases abaixo, aquelas que contêm no par sublinhado um exemplo de POLISSEMIA.

a) ( ) "O <u>romance</u> cujo fim é instantâneo ou indolor não é <u>romance</u>." (L. F. Verissimo)
b) ( ) "Esse amanhecer mais <u>noite</u> que a <u>noite</u>." (C. D. de Andrade)
c) ( ) "Os verdadeiros versos não são para <u>embalar</u>, mas para <u>abalar</u>." (M. Quintana)
d) ( ) "A alma de <u>outrem</u> é <u>outro</u> universo." (F. Pessoa)
e) ( ) "A religião <u>amansa</u> os bravos e <u>alenta</u> os fracos" (Marquês de Maricá)
f) ( ) <u>Parto</u> de onde for para fazer o <u>parto</u> do meu amor.
g) ( ) Não me <u>compete</u> decidir quem <u>compete</u> pelo Brasil nas Olimpíadas.
h) ( ) A roupa de quem está no <u>xadrez</u> não devia ser listrada, mas <u>xadrez</u>.
i) ( ) O guarda me pediu a <u>carta</u>. Eu só tinha a <u>carta</u> que minha mãe me escreveu.
j) ( ) A <u>peça</u> de teatro se desenrola durante um leilão de <u>peças</u> de porcelana.

7. O quadro abaixo contém antropônimos e antonomásias. Sua tarefa é completar os espaços em branco de modo a estabelecer a equivalência semântica.

SIGNIFICANTE-BASE	=	ANTONOMÁSIA
(-) Martha Rocha		(-) A ETERNA MISS BRASIL
(a)		(a) O ADORÁVEL VAGABUNDO
(b)		(b) O VELHO GUERREIRO
(c) Dalton Trevisan		(c)
(d) .		(d) O PAI DA LINGUÍSTICA NO BRASIL
(e) Roberto Carlos (o cantor)		(e)

8. O próximo quadro contém TOPÔNIMOS e ANTONOMÁSIAS. A tarefa é a mesma: completar os espaços em branco de modo a estabelecer a equivalência semântica.

SIGNIFICANTE-BASE	=	ANTONOMÁSIA
(-) SporTV		(-) CANAL CAMPEÃO
(a) Roma		(a)
(b)		(b) TERRA DE NOEL ROSA
(c)		(c) CIDADE SORRISO
(d)		(d) BERÇO DA CIVILIZAÇÃO
(e) Rio São Francisco		(e)

9. Depois de perder duas eleições, o candidato finalmente consegue se eleger. Seu redator capricha no discurso de posse, que começa assim: "Minha gente, finalmente nossas propostas foram entendidas pelos eleitores, e nós vamos ratificar tudo que prometemos."

   Por engano, o eleito troca "ratificar" por "retificar" e cria um mal-estar na plateia, que reconhece nele a figura de

   (a) um demagogo, que não mantém as promessas de campanha.
   (b) um oportunista, que só quer beneficiar seu partido político.
   (c) um deselegante, que critica o voto soberano do povo.
   (d) um despreparado, que não entende nada de política.
   (e) um revolucionário, que troca as palavras para criar confusão.

10. O informativo sobre o livro *Almanaque da TV*, publicado numa revista diz:

    Principal responsável pela reunião da família brasileira em um único cômodo do lar desde a década de 40, a história da televisão no país é contada com muito bom humor através de casos e mais casos que aconteceram na telinha. O *Almanaque da TV* passeia pela teledramaturgia, os grandes apresentadores e programas de auditório, as musas e musos, os *reality shows* e muitos outros gêneros que fizeram a televisão brasileira se tornar um marco na história do próprio Brasil. Em suma, é mais um título para entrar na galeria de *best-sellers* da coleção sobre essa "máquina de fazer doidos".

    Sobre as expressões "em suma" e "máquina de fazer doidos", é correto afirmar.

    (a) A expressão "em suma" introduz a primeira PARÁFRASE, que resume o que foi dito antes, e a expressão "máquina de fazer doidos" é uma segunda PARÁFRASE, que evita a repetição da palavra "televisão".
    (b) A expressão "em suma" introduz a primeira PERÍFRASE, que resume o que foi dito antes, e a expressão "máquina de fazer doidos" é uma segunda PERÍFRASE, que evita a repetição da palavra "televisão".
    (c) A expressão "em suma" introduz uma PARÁFRASE que resume o que foi dito antes, e a expressão "máquina de fazer doidos" é uma PERÍFRASE que evita a repetição da palavra "televisão".
    (d) A expressão "em suma" introduz uma PERÍFRASE que resume o que foi dito antes, e a expressão "máquina de fazer doidos" é uma ANTONOMÁSIA que evita a repetição da palavra "televisão".

(e) A expressão “em suma” introduz uma ANTONOMÁSIA que resume o que foi dito antes, e a expressão “máquina de fazer doidos” é uma PARÁFRASE que evita a repetição da palavra “televisão”.

11. Uma das questões a observar atentamente no tratamento de palavras chamadas SINÔNIMAS é a que distingue um termo do outro por razões profissionais ou dialetais ou afetivas.
Veja os pares abaixo e assinale nos parênteses a alternativa adequada, sendo

(A) quando a primeira palavra for mais coloquial do que a outra
(B) quando a primeira for mais afetiva do que a outra
(C) quando a primeira palavra for mais técnica do que a outra
(D) quando a primeira palavra for privativa do português do Brasil.

( ) gestante / grávida	( ) balada / festa
( ) farofa / farinha	( ) fofinho / simpático
( ) dentada / mordedura	( ) trem (ferroviário) / comboio
( ) rosto / cara	( ) canjica / papa
( ) dindinha / madrinha	( ) divórcio / rompimento

12. Os anúncios abaixo são chamadas institucionais de dois jornais brasileiros. Observe os aspectos semânticos empregados em ambos e depois assinale a opção que contém uma interpretação correta a seu respeito.

(a) O jogo de sentidos que as duas propagandas contêm se baseia na POLISSEMIA da palavra *papel* e na HOMONÍMIA entre *folha* (de papel) e *Folha* (nome de um jornal).
(b) As duas propagandas se valem da SINONÍMIA entre as palavras *papel* e *folha* para criarem um vínculo interinstitucional jornalístico.
(c) A AMBIGUIDADE das duas propagandas não gera duplicidade de sentido porque o leitor do jornal sabe diferenciar o que significam as palavra *papel* e *folha*.
(d) A concorrência entre os dois jornais paulistas gerou a PARONÍMIA da propaganda com a palavra *folha*, o que não ocorreu na chamada do jornal carioca.
(e) O significado da palavra *jornal* é diferente nas duas chamadas: na primeira, a ideia é de “noticiário”; na segunda, a ideia é de “gazeta, periódico”.

13. A cantora Marina Lima aparece na capa das duas matérias de jornal.

Qual dos comentários abaixo analisa corretamente as relações de sentido entre as duas frases que fazem uso do nome da cantora?

O Globo, 05/11/2000

Jornal do Brasil, 15/12/2000

(a) Há identidade fono-ortográfica nas duas chamadas como elemento gerador de AMBIGUIDADE.

(b) Há HOMONÍMIA na primeira matéria e PARONÍMIA na segunda, ambas pela associação com o sobrenome da cantora.

(c) Há valores de REFERENCIAÇÃO nas palavras "lima" e "linda" usadas por PRESSUPOSIÇÃO nas chamadas.

(d) Há POLISSEMIA no sobrenome da cantora, o que gera o recurso ortográfico empregado nas duas matérias.

(e) Há INFERÊNCIA nas duas chamadas, mas só na segunda há um componente IMPLÍCITO que justifica a informação.

14. No saguão de entrada do andar térreo do Pavilhão João Lyra Filho, na Universidade do Estado do Rio de Janeiro (UERJ), existe um marco alusivo à sua inauguração, em 15/03/1976. Por sua aparência e localização, a área que o cerca é costumeiramente indicada como um ponto de encontro ou de espera para alunos, servidores e visitantes. A comunidade universitária batizou esse ponto de modo especial, como se pode constatar na mensagem distribuída pela ASDUERJ (Associação de Docentes da UERJ) e nas duas imagens subsequentes.

CONVOCAÇÃO: Ato pela progressão na carreira, 8/12, às 12h, no queijo.

Pergunta-se: que ocorreu do ponto de vista semântico com a palavra "queijo" no ambiente universitário uerjiano?

(a) Houve uma expansão semântica decorrente da METAFORIZAÇÃO da palavra *queijo* como consequência de sua HOMONÍMIA com o nome do alimento.
(b) Houve um desvio semântico decorrente da METONIMIZAÇÃO da palavra *queijo* como consequência de sua HOMONÍMIA com o nome do alimento.
(c) Houve uma inversão semântica, tomando-se para a palavra *queijo* um de seus valores literais e transformando-o em valor figurado pelo processo chamado de PARONÍMIA.
(d) Houve uma condensação semântica decorrente, primeiro, da METONIMIZAÇÃO da palavra *queijo* e, depois, de sua METAFORIZAÇÃO como indicador de um local no prédio.
(e) Houve um deslocamento semântico decorrente, primeiro, da METAFORIZAÇÃO da palavra *queijo* e, depois, de sua METONIMIZAÇÃO como indicador de um local no prédio.

15. "Em geral, não podemos determinar a referência de uma expressão sem considerar seu contexto de enunciação." São palavras de John Lyons (1979, p. 320), às quais agrupamos as de Francisco da Silva Borba (1973, p. 293-4), ao afirmar que "o contexto tem uma ação confinada nos limites entre os quais a significação pode variar" e que, "além de estabelecer se uma palavra é empregada em sentido próprio ou figurado, o contexto permite interpretar de modo correto as modificações semânticas."

As duas imagens seguintes mostram expressões que não são usadas no português do Brasil. O contexto, no entanto, é suficiente para que possamos determinar sua referência. O que significam "nadador salvador" e "BDteca"?

a) nadador salvador

b) banda desenhada

16. Um relatório da Associação Nacional de Jornais (ANJ) revelou que, nos últimos doze meses, foram registrados no Brasil 31 casos de violação à liberdade de imprensa. **Destes**, dezesseis são decorrentes de sentença judicial – em geral, proferida por juízes de primeira instância.

    Nesse segmento do texto, o pronome demonstrativo destacado se refere a

    (a) relatórios (b) jornais
    (c) meses (d) casos (e) atentados

17. Pediram a um professor de Semântica uma carta de referência a respeito de um ex-aluno que se candidatara a uma vaga de professor de Semântica numa faculdade de Letras. A resposta do professor foi a seguinte:

    Prezado Senhor:

    O domínio que Jonas tem da língua portuguesa é excelente, e ele sempre participou das aulas com assiduidade e interesse.

    Atenciosamente

    O que se conclui da leitura da carta?

18. A frase "A vizinha do médico, que entrou com muita pressa em casa, não pagou o condomínio" é ambígua por causa do emprego do pronome relativo.

    Reescreva a frase desfazendo a ambiguidade e informando que foi a vizinha que entrou em casa com muita pressa.

19. Seu raciocínio baseia-se, contudo, numa falsa comparação. Primeiramente, porque a alocação de novos recursos nada tem a ver, em princípio, com o impacto tecnológico. O avanço deste não acarreta necessariamente impacto positivo daquela.

Na frase final, os pronomes demonstrativos exercem função

(a) anafórica e catafórica, respectivamente
(b) catafórica e anafórica, respectivamente.
(c) dêitica, ambos.
(d) anafórica, ambos
(e) catafórica, ambos

20. As palavras *quirógrafo* e *manuscrito* apresentam _______________ diferentes, mas possuem o mesmo _______________.

CHAVES DE RESPOSTA

1. significante / significado.

2. Nos estudos semânticos é importante a definição de signo linguístico, que inclui as noções de *significante* e SIGNIFICADO, de FORMA e *substância*, as relações SINTAGMÁTICA e *paradigmática* e o conceito de ARBITRARIEDADE e *linearidade* do signo, o que implica saber fazer a distinção entre os enfoques *sincrônico* e DIACRÔNICO.

3. A marcação correta é: (D), (B), (C), (A), (C).

4. (a) [sugestão] panela, frigideira, liquidificador, batedeira e bule; (b) [sugestão] crianças; (c) [sugestão] o Mais Querido do Brasil; (d) pomo de adão; (e) motor, roda, volante e freio.

5. São verdadeiras as quatro primeiras afirmações. A quinta é falsa porque é o conjunto de verbetes que se chama "nominata". A última é falsa porque tanto os dicionários gerais como os específicos podem ser estruturados num modelo alfabético, ou seja, "palavra por palavra".

6. (a) NÃO: a mesma palavra usada duas vezes com o mesmo significado / (b) SIM: noite = desesperança, escuridão (1) e espaço de tempo entre o ocaso e o nascer do sol (2). / (c) NÃO: palavras parônimas / (d) NÃO: palavras diferentes, embora da mesma família etimológica. / (e) NÃO: verbos diferentes, embora do mesmo campo conceitual / (f) NÃO: palavras homônimas / (g) SIM: competir = caber (1) e concorrer (2) / (h) SIM: xadrez = cadeia (1) e tecido com desenhos quadriculados (2) / (i) SIM: carta = carteira de motorista (1) e missiva (2) / (j) SIM: peça = texto teatral (1) e cada uma dos elementos de uma coleção.

7. (a) Charles Chaplin, o "Carlitos" / (b) Abelardo "Chacrinha" Barbosa / (c) O Vampiro de Curitiba / (d) Mattoso Câmara Jr. / (e) O Rei.

8. (a) Cidade Eterna / (b) Vila Isabel / (c) Curitiba, Porto Alegre, Niterói (RJ), Bom Despacho (MG) compartilham esse apelido / (d) Mesopotâmia / (e) Rio de Integração Nacional ou O Velho Chico.

9. (A)

10. (C)

11. (C), (D), (A), (C) e (B) na coluna da esquerda; e (A/D), (B/D), (D), (D) e (C) na coluna da direita.

12. (A)

13. (B)

14. (E)

15. (a) salva-vidas; (b) histórias em quadrinhos.

16. (D)

17. Jonas é bom em português, mas não em Semântica.

18. A vizinha do médico, que entrou muito apressada em casa, não pagou o condomínio OU A vizinha do médico, a qual entrou com muita pressa em casa, não pagou o condomínio.

19. (D) **20.** étimos / significado.

PARA FAZER MAIS EXERCÍCIOS

(1) *Roteiros de Semântica e Pragmática: teoria e prática*, de Luiz Marques de Souza. Rio de Janeiro: Ed. do Autor, 1984.

(2) *Introdução à Semântica: brincando com a gramática*, de Rodolfo Ilari. São Paulo: Contexto, 2001.

(3) *Introdução ao Estudo do Léxico: brincando com as palavras*, de Rodolfo Ilari. São Paulo: Contexto, 2002.

(4) *Curso de Semântica*, de James R. Hurford e Brendan Heasley. Canoas-RS: Ed. ULBRA, 2004.

Parte III

Aplicações Léxico-Semânticas

A observação do léxico em uso é uma forma de relacionar os conteúdos vistos até aqui (e praticados na parte de exercícios) com questões de interesse para a compreensão do significado. Os capítulos seguintes, escritos especialmente para este livro, contêm abordagens semântico-lexicais a partir de textos literários, jornalísticos e publicitários. Os colegas André Valente, Flávio Aguiar Barbosa, José Carlos de Azeredo, Nelly Carvalho e Rosane Monnerat mostram, com sensibilidade, a semântica em funcionamento, na língua real, praticada por escrito. Seus textos ilustram bem a ideia que defendemos de que a aplicação dos estudos semânticos a um *corpus* específico pode se constituir numa alternativa proveitosa.

N. do Autor:
Por razões comerciais ou técnicas, foi preciso adaptar algumas das imagens que ilustram os exemplos dos próximos capítulos.

1

Aspectos Semânticos na Linguagem Midiática

Por André Valente

A semântica foi, nos últimos cinquenta anos, objeto de estudo tanto da Gramática como da Linguística. Qual seria, no entanto, o objeto de estudo da semântica? Na tentativa de resposta, as linguistas portuguesas Ana Cristina M. Lopes e Graça Rio-Torto afirmam que "a significação é o ponto de partida e o ponto de chegada de toda atividade linguística, pelo que é incontornável o lugar nuclear da semântica nas gramáticas das línguas naturais."

Concordamos com a visão das autoras no que respeita ao estudo semântico na atualidade:

> Assumimos que a Semântica se ocupa dos significados explícitos, convencionais e invariantes das expressões linguísticas, aqueles que permanecem estáveis independentemente das situações de uso. Assumimos ainda que o significado linguístico codifica informação sobre o mundo e desempenha um papel de relevo na configuração dos nossos estados mentais.

Considerada a ciência da significação, a semântica estuda, fundamentalmente, os significados das palavras, das frases e dos textos. Sobre eles, há estudos nos âmbitos sincrônico e diacrônico. Aqui privilegiarei uma abordagem de caráter descritivo/sincrônico dos cinco aspectos semânticos – polissemia, homonímia, sinonímia, antonímia e paronímia.. Apresentarei também algumas considerações sobre hiponímia e hiperonímia. Todos os exemplos a utilizar foram retirados da linguagem midiática.

OS ASPECTOS SEMÂNTICOS

1. Polissemia, homonímia e sinonímia

O agrupamento de tais aspectos semânticos justifica-se pela apresentação de traços comuns no que concerne à relação significante/significado. Observem-se as seguintes considerações de diversos autores.

A polissemia é, segundo Francisco da Silva Borba, "a propriedade que a palavra tem de assumir vários significados num dado contexto". É definida por E. Genouvrier e J. Peytard "como o contrário da sinonímia, já que se trata do relacionamento de um só significante com vários significados... há polissemia quando uma só palavra (ou sintagma ou lexia) está carregada de vários sentidos". Palmer estuda, comparativamente, polissemia e homonímia e, na tentativa de estabelecer a diferença, afirma que "se uma forma tem vários significados, nem sempre se pode dizer com segurança se se trata de um exemplo de polissemia (existe uma palavra com vários significados), ou de homonímia (existem várias palavras com o mesmo significado)".

Indaga, então, Palmer:

> O problema está, contudo, em decidir quando se trata de polissemia e quando se trata de homonímia. Perante uma forma escrita que tem dois significados, devemos dizer que se trata de uma palavra com diferentes significados (polissemia), ou de duas palavras diferentes com a mesma forma (homonímia)?

Há estudos semânticos que recorrem à etimologia para diferençar polissemia de homonímia. Neles se reconhece que é difícil estabelecer a diferença. Lyons (1982, p. 142) chega a sugerir que se deve deixá-la de lado, mas vários autores utilizam a sincronia e a diacronia. Gonzales, Hervás e Báez afirmam que homonímia e polissemia "são fenômenos semânticos que se relacionam. A homonímia pode chegar a ser polissemia, e a polissemia, homonímia. Ambas pertencem ao mesmo caso de significação múltipla: um significante com vários significados. É difícil traçar uma linha divisória entre ambas. Se as palavras coincidem foneticamente em sua evolução histórica (coincidência de estrutura fonológica), dá-se a homonímia (que é um fenômeno diacrônico). Sincronicamente, a homonímia é uma polissemia, numa palavra com duas significações. Diacronicamente, trata-se de dois semas que não têm nada em comum, mas estão ligados ao mesmo monema.

(A) "Corte os pulsos!"

O anúncio da Intelig Telecom apresenta uma charge com a expressão polissêmica "cortar os pulsos", que necessita da linguagem não verbal para pleno entendimento do duplo sentido: economia nas ligações telefônicas e ferimento em parte do corpo. Deve-se ressaltar, ainda, o caráter irônico decorrente da fala do chefe, manifesto na construção morfossintática calcada na seleção lexical das formas verbais e do sintagma nominal "conta telefônica".

(A) cortar os pulsos

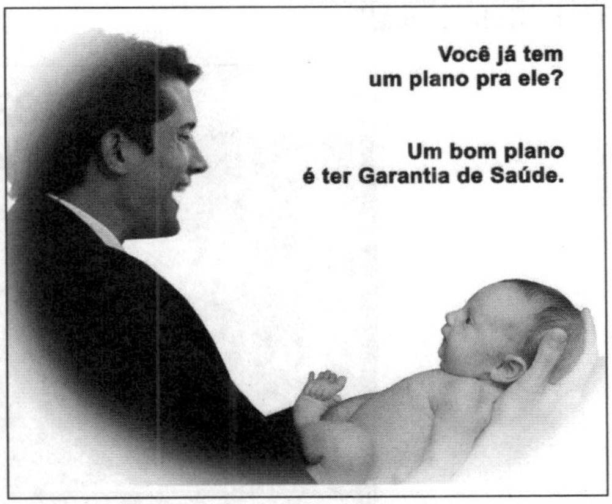

(B) plano (de vida + de saúde) para ele.

(B) "Você já tem um plano pra ele?"

O anúncio da Garantia de Saúde explora a carga semântica do signo verbal "plano", presente na pergunta "Você já tem um plano pra ele?", acompanhada da imagem de um pai que se encanta com o filho recém-nascido, e na resposta de caráter metalinguístico: "um bom plano é ter Garantia de Saúde". O anúncio corrobora a difícil distinção entre polissemia e homonímia perfeita, como destacaram semanticistas do porte de John Lyons. No anúncio em tela, a distinção se torna mais difícil ainda em decorrência da repetição da palavra "plano", o que sinalizaria a presença de homonímia: a presença de dois significantes iguais com significados diferentes. Não se pode excluir da leitura a presença de um signo polissêmico com dois significados: "plano como projeto de vida" e "plano como plano de saúde".

(C) "No fundo, no fundo"

(C) no fundo (da verdade + do mar)

Há, no anúncio da Petrobras, um criativo uso da expressão polissêmica "no fundo, no fundo", que tanto nos remete à profundidade do mar para encontro de petróleo como ao sentido mais comum de "em verdade". É importante destacar que tal expressão não costuma apresentar, no cotidiano, caráter polissêmico. A polissemia depende da contextualização, o que implica o uso complementar da linguagem não verbal.

(D) "Beleza real"

Beleza real

BEM FEZ A família real portuguesa, quando, entre as belezas do Rio, escolheu para viver justamente o belo cenário da foto. A Quinta da Boa Vista, do Jardim Zoológico e do Museu Nacional, anda especialmente bonita nestes dias ensolarados de primavera. Comprove com as sapucaias floridas em violeta que emolduram o caminho até o palácio onde viveram os monarcas. O parque, projetado por Auguste Glaziou, paisagista francês que veio para o Brasil em meados do século XIX, tem na aleia de sapucaias uma de suas mais apreciadas paisagens. O caminho foi solicitado a Glaziou pelo próprio Imperador Dom Pedro II, contribuindo para a imponência do palácio. Uma beleza carioca.

(D) beleza (da realidade + da "realeza").

A polissemia manifesta-se de forma rara na matéria publicada na coluna de Ancelmo Gois, em *O Globo* (09/11/2010). O sintagma nominal tem como elemento nuclear / determinado o substantivo "beleza" e como modificador / determinante, o adjetivo "real". Não é muito comum ter como signo polissêmico um adjetivo, principalmente por ser elemento de natureza periférica. A combinação da linguagem verbal com a não verbal comprova a presença da polissemia no signo "real". Pode-se entender, então, que o termo possui dois sentidos: um ligado a "nobreza/realeza" e outro ligado a "realidade". Cabe destacar que o local da foto é uma alameda em frente ao Museu Nacional UFRJ, dentro da Quinta da Boa Vista, em São Cristóvão, conhecido como Bairro Imperial.

2. Antonímia e paronímia

Enquanto a antonímia tem vasto emprego na linguagem midiática, a paronímia é encontrada em poucos exemplos. A primeira costuma apresentar-se com auxílio de prefixos de sentido negativo ou de prefixos de sentido oposto. De forma mais elaborada, aparece por meio de heterônimos, a preferida da mídia. Palmer, entre outros, ressalva que "a antonímia apresenta diferentes tipos de oposição. Palavras como adjetivos podem, por exemplo, ser consideradas em termos de grau, relativamente à qualidade que indicam. *Larga* pode opor-se à forma *estreita* e admitir gradações: larga, muito larga e mais larga do que outra."

Há autores que contestam oposições clássicas como nascer x morrer. Para eles, poder-se-ia falar aqui em início e fim de processo, o que constituiria um caso de antonímia.

Já a segunda (paronímia), constituída por significantes parecidos com significados diferentes, costuma aparecer nos compêndios gramaticais mais como pretexto para exercícios de ortografia do que por sua expressividade semântica. Convém relembrar que não se devem confundir os parônimos com os homônimos homófonos, dado que nestes existe, pelo menos, uma igualdade: a dos significantes sonoros. Assim, "vez" e "vês" são homônimos homófonos e "ratificar" e "retificar", parônimos.

(E) sucessos & fracassos

B

O ocaso do acaso

Empresários que assumem a política cultural de outras empresas decretam uma nova era de critérios mais profissionais e menos emocionais para o financiamento de cultura

(F) ocaso & acaso

(E) "Sucessos e fracassos"

A riqueza semântica do anúncio da CBN reside na combinação de dois aspectos semânticos: a antonímia e a polissemia. Enquanto aquela está calcada na oposição entre os heterônimos "sucessos" e "fracassos", esta apoia-se no duplo sentido dos mesmos termos. Assim como se podem combinar funções da linguagem na elaboração de uma mensagem, também se podem mesclar aspectos semânticos na construção de um texto. O *slogan* da CBN é "A rádio que toca notícias". A carga polissêmica da forma verbal "toca" estabelece coesão com a forma verbal "ouça" e dá coerência ao texto.

(F) "O ocaso do acaso"

A paronímia presente na primeira página do Caderno B do *Jornal do Brasil* convida a uma reflexão sobre a polêmica questão dos apoios culturais. O jogo linguístico a partir dos parônimos "ocaso" e "acaso" remete-nos à famosa dicotomia razão x emoção: esta ligada ao espontaneísmo; aquela, ao profissionalismo. Corrobora tal visão a seguinte passagem do texto: "Empresários... decretam uma nova era de critérios mais profissionais e menos emocionais para o financiamento da cultura." Os novos tempos exigem, então, o "ocaso", o "fim/final", do "acaso", do "acontecimento fortuito". O profissionalismo, apoiado na razão, cobra o término da improvisação, pautada pela pura emoção: o ocaso do acaso.

3. Hiponímia e hiperonímia

Para John Lyons (1979), hiponímia e hiperonímia constituem uma relação entre "um lexema mais específico, ou subordinado, e um lexema mais geral ou superordenado", como em "vaca/animal", "rosa/flor", "honestidade/virtude". Convém relembrar que a hiponímia difere da meronímia pelo fato de esta constituir a "parte de um todo", como em "pétala/flor". Lyons observa, ainda, que "rosa", "tulipa" e "narciso" são co-hipônimos, uma vez que cada um deles é hipônimo de "flor".

(G) "Os donos do Rio"

Observe-se o anúncio publicado pelo jornal *O Globo*:

POLICIAIS, POLÍTICOS, JORNALISTAS, ENGENHEIROS, EMPRESÁRIOS, DENTISTAS, ADVOGADOS, FUNCIONÁRIOS PÚBLICOS, FRENTISTAS, VENDEDORES, ARTISTAS PLÁSTICOS, COSTUREIRAS, ECONOMISTAS, CONTADORES, PUBLICITÁRIOS, TAXISTAS, MÚSICOS, ESCRITORES, MÉDICOS, ENFERMEIROS, ARQUITETOS, ATLETAS, PROFESSORES, PSICÓLOGOS, ESTUDANTES, SOCIÓLOGOS, COMERCIANTES, COMERCIÁRIOS, JUÍZES, PROMOTORES, DEFENSORES PÚBLICOS, ELETRICISTAS, BOMBEIROS, GARÇONS, MOTORISTAS, COZINHEIROS, DONAS DE CASA, AUTÔNOMOS, RADIALISTAS, POETAS, PINTORES, MECÂNICOS, FOTÓGRAFOS, ASSISTENTES SOCIAIS, MARCENEIROS, PEDREIROS, FILÓSOFOS, CIENTISTAS, CINEASTAS, CRONISTAS, CRÍTICOS, SALVA-VIDAS, BANCÁRIOS	**O RIO É NOSSO.** O Rio de Janeiro está unido. A hora é de apoiar as ações em defesa dos cidadãos. E você pode ajudar. Qualquer informação é importante. Com a sua participação, podemos construir um Rio de Janeiro de paz. Disque Denúncia **2253-1177** O GLOBO

(G) os donos do Rio

Lançado no período de um inédito combate à violência tão presente na cidade do Rio de Janeiro, o texto constitui uma apologia aos habitantes do Rio. A primeira parte pode ser entendida como agrupamento de hipônimos – policiais, políticos, jornalistas... – em relação a um hiperônimo que remete, inicialmente, à ideia de profissões. A sequência com a frase O RIO É NOSSO também permite a leitura de que todos são trabalhadores englobados por um signo maior: cariocas. Note-se que o anúncio traz um chamamento à cidadania, marcado linguisticamente pela passagem "A hora é de apoiar as ações em defesa dos cidadãos".

*

Conclui-se pelos exemplos e comentários que, de fato, a semântica envolve, como lembram as autoras portuguesas citadas no início deste capítulo, "o conhecimento intuitivo do significado das palavras de uma língua, das regras que presidem à construção de predicações e dos mecanismos que garantem a sequencialização de enunciados no plano discursivo textual". E os textos midiáticos são uma boa fonte para as aplicações léxico-semânticas.

2

Um Estudo sobre a Palavra "Cachaça"

Por Flávio Aguiar Barbosa

O poeta paulista Martins Fontes (1884-1937) disse certa vez que não há de haver nada mais triste do que duas pessoas sentadas em frente de uma garrafa de água mineral. Já o dramaturgo inglês William Somerset Maugham (1874-1965), na sobriedade de seus noventa anos, deu aos mais jovens o seguinte ensinamento:

> Quando tiverem alcançado a minha idade descobrirão que às seis da tarde a vida começa a tornar-se um tanto difícil; mas, se tomar um pouco de whisky, enfrentar a noite fica bem mais fácil.

Pode até a literatura estar repleta de bons bebedores, mas o que acaba valendo mesmo é a sabedoria popular, que diz: "Se alguém está alegre, é porque, na certa, bebeu." Mais moderna é a variação carioca do *slogan* oficial "Se for dirigir, não beba", que mereceu com a réplica "Ah, dirigir pra quê? Vamos continuar bebendo."

No livro *Feijão, Angu e Couve*, Eduardo Frieiro (1889-1992), escritor e professor mineiro, focalizou a presença da cachaça na vida de seus conterrâneos. No quarto parágrafo dessa bela crônica (1966, p. 240), lê-se:

> A cachaça, como o vinho, alegra o coração. Sobretudo o do homem pobre, que tem no copo o seu remédio de males. A cachaça dos cem nomes não é só o aperitivo de virtudes muito apreciadas, mas ainda um poderoso estimulante para levantar as energias. Para levantá-las até o limite em que as abaixa e anula, sempre que provoque embriaguez de segundo e terceiro graus. Abaixa e degrada, muita vez, como aconteceu nos tempos

> bíblicos ao patriarca Noé. Esse homem justo e perfeito, que achara graça diante do Senhor, aplicou-se depois do dilúvio à vida agrícola, plantou uma vinha e, tendo bebido do vinho, embebedou-se e apareceu nu na sua tenda. Ficou o exemplo para os que bebem sem moderação.

A cachaça alegra o coração e faz o homem criar um dos maiores tesouros lexicais do português. É o que mostra o trabalho intitulado "Cachaça não é água não? Um Estudo sobre a Sinonímia da Cachaça" (ainda inédito), ao qual recorro para exemplificar a expressividade das relações entre léxico e semântica. A sinonímia da palavra CACHAÇA, conforme o levantamento que toma por base o que está registrado no verbete do *Dicionário Houaiss* (2006) é a que aparece no item (d) da ficha abaixo:

CACHAÇA
(a) datação: 1635 Atas da Câmara de Salvador (vol. I, p. 281)
(b1) substantivo feminino
1 *Diacronismo antigo.* espuma grossa que se forma durante a primeira fervura do caldo de cana us. na produção de açúcar, e dele retirada para servir de alimento (ger. na forma de beberagem fermentada) ou para obtenção de bebida alcoólica
2 *Diacronismo antigo.* bebida fermentada feita da borra ('substância') do caldo de cana, ou do cabaú ('calda grossa'), e servida aos animais e aos escravos dos antigos engenhos
3 aguardente obtida da destilação da borra do caldo de cana, ou do cabaú, ou do caldo de cana extraído esp. para esse fim, após ter passado por processo prévio de fermentação alcoólica; aguardente de cana. 3.1 esse tipo de aguardente, quando produzido sob condições especificadas e controladas quanto à matéria-prima, ao processo de produção (equipamento, fermentação) e ao resultado (teor alcoólico, impurezas etc.)
4 *Derivação: por metonímia.* dose ('porção') de cachaça ('aguardente')
5 *Derivação: por metonímia. Regionalismo: Brasil (dialetismo).* bebedeira
6 *Derivação: por extensão de sentido. Regionalismo: Brasil. Uso: informal.* qualquer bebida alcoólica, esp. destilada 7 *fig. B* gosto, preferência, inclinação, atração *<os livros policiais são a sua cachaça>*. 7.1 *Derivação: por extensão de sentido.* aquilo que se faz com entusiasmo; paixão, mania, vício
8 *Derivação: sentido figurado. Regionalismo: Brasil.* algo ou alguém predileto, que desperta permanente interesse ou paixão, ou que está constantemente ocupando os pensamentos ou ações de alguém *<desde que se aposentou e deixou de sair, os netos são a sua cachaça>*
(b2) substantivo de dois gêneros
9 *Derivação: por metonímia. Regionalismo: Brasil.* quem bebe muita cachaça ('aguardente', 'bebida alcoólica'); cachaceiro, bêbado, beberrão
(c) LOCUÇÕES
cachaça da ou de cabeça *B* cachaça ('aguardente') que é a primeira a se condensar e gotejar, na destilação cf. *aguardente da cabeça* • cachaça do coração *B* a que se condensa na fase intermediária da destilação, após a cachaça da cabeça, e que é a usualmente comercializada • cachaça do rabo *B* aquela produzida nos estágios finais da destilação, ger. imprópria para consumo por conter muito óleo e substâncias tóxicas • pensar que cachaça é água *B infrm. B infrm.* equivocar-se numa comparação, numa opinião

(d) SINÔNIMOS/VARIANTES[37]

como subst. fem.: abre, abre-bondade, abre-coração, abrideira, abridora, aca, ácido, aço, acuicui, *a-do-ó*, água, água-benta, água-bórica, água-branca, água-bruta, *água-de-briga*, *água-de--cana*, *água-de-setembro*, água-lisa, água-pé, *água-pra-tudo*, *água-que-gato-não-bebe*, *água--que-passarinho-não-bebe*, aguardente, aguarrás, agundu, alicate, alpista, alpiste, amarelinha, amorosa, anacuíta, angico, aninha, apaga-tristeza, *a-que-incha*, *aquela-que-matou-o-guarda*, *a-que-matou-o-guarda*, aquiqui, arapari, ardosa, ardose, ariranha, arrebenta-peito, assina-ponto, *assovio-de-cobra*, azeite, azougue, azulada, azuladinha, azulina, azulzinha, *bafo-de-onça*, *bafo-de-tigre*, baga, bagaceira, baronesa, bataclã, *bicarbonato-de-soda*, bicha, bichinha, bicho, bico, birinaite, birinata, birita, birrada, bitruca, boa, *boa-pra-tudo*, *bom-pra-tudo*, borbulhante, boresca, braba, branca, brande, branquinha, brasa, braseira, braseiro, brasileira, brasileirinha, brava, briba, cachacinha, *cachorro-de-engenheiro*, caeba, café-branco, caiana, caianarana, caianinha, calibrina, camarada, cambraia, cambrainha, camulaia, cana, cana-capim, cândida, canguara, canha, canicilina, caninha, caninha-verde, canjebrina, canjica, *capote-de-pobre*, cascabulho, cascarobil, cascavel, catinguenta, catrau, catrau-campeche, catuta, cauim, caúna, caxaramba, caxiri, caxirim, caxixi, cem-virtudes, *chá-de-cana*, chambirra, *champanha-da-terra*, chatô, chica, chica-boa, chora-menina, chorinho, choro, chuchu, cidrão, cipinhinha, cipó, *cobertor-de-pobre*, cobreia, cobreira, coco, concentrada, congonha, conguruti, corta-bainha, cotreia, crislotique, crua, cruaca, cumbe, cumbeca, cumbica, cumulaia, cura-tudo, danada, danadinha, danadona, danguá, delas-frias, *delegado-de-laranjeiras*, dengosa, desmanchada, desmanchadeira, desmancha-samba, dindinha, doidinha, dona-branca, dormideira, ela, elixir, engenhoca, engasga-gato, espanta-moleque, espiridina, espridina, espírito, *esquenta-aqui--dentro*, esquenta-corpo, esquenta-dentro, *esquenta-por-dentro*, estricnina, extrato-hepático, faz-xodó, ferro, *filha-de-senhor-de-engenho*, *filha-do-engenho*, *filha-do-senhor-do-engenho*, fogo, fogosa, forra-peito, fragadô, friinha, fruta, garapa-doida, gás, gasolina, gaspa, gengibirra, girgolina, girumba, glostora, goró, gororoba, gororobinha, gramática, granzosa, gravanji, grogue (*CAB*), guampa, guarupada, homeopatia, *iaiá-me-sacode*, igarapé-mirim, imaculada, imbiriba, incha, insquento, isbelique, isca, já-começa, jamaica, januária, jeriba, jeribita, jinjibirra, juçara, junça, jura, jurubita, jurupinga, *lágrima-de-virgem*, lamparina, lanterneta, lapinga, laprinja, lebrea, lebreia, legume, levanta-velho, limpa, limpa-goela, limpa-olho, limpinha, linda, lindinha, linha-branca, lisa, lisinha, maçangana, maçaranduba, maciça, malafa, malafo, malavo, malunga, malvada, mamadeira, *mamãe-de-aluana* (ou aluanda ou aruana ou aruanda ou luana ou luanda), mamãe-sacode, manduraba, mandureba, mangaba, mangabinha, marafa, marafo, maria-branca, *maria-meu-bem*, maria-teimosa, mariquinhas, martelo, marumbis, marvada, marvadinha, mata-bicho, mata-paixão, mateus, melé, meleira, meropeia, meu-consolo, miana, *mijo-de-cão*, mindorra, minduba, mindubinha, miscorete, mistria, moça-branca, moça-loura, molhadura, monjopina, montuava, morrão, morretiana, mulata, mulatinha, muncadinho, mundureba, mungango, *não-sei-quê*, negrita, nó-cego, nordígena, número-um,

[37] Na relação de sinônimos, estão em itálico os compostos de três ou mais elementos que perderam o hífen na reforma ortográfica de 2008. Sua classificação gramatical mudou: passaram de substantivos compostos a sintagmas nominais, na maioria dos casos. Para os objetivos do estudo, seriam retirados do *corpus* os casos de fraseologia (expressões com verbo, como "aquela que matou o guarda" ou "água que passarinho não bebe") – aqui mantidos. A edição consultada foi a versão 2.0 do *Dicionário Houaiss*, de 2006. Na edição de 2009 (reduzida), o total de sinônimos de "cachaça" caiu para 28: abrideira, aço, água-benta, aguardente, bagaceira, birita, branca, branquinha, brasa, braseira, braseiro, calibrina, cana, caninha, dengosa, engasgagato, ferro, goró, malvada, manguaça, muamba, parati, pinga, pura, purinha, tempero, uca, veneno.

óleo, *óleo-de-cana*, *omim-fum-fum*, oranganje, oroganje, orontanje, oti, otim, otim-fifum, *otim-fim-fim*, panete, parati, parda, parnaíba, patrícia, *pau-de-urubu*, *pau-no-burro*, pau-selado, *pé-de-briga*, pela-goela, pelecopá, penicilina, perigosa, petróleo, pevide, pílcia, piloia, pilora, pindaíba, pindaíva, pindonga, pinga, pingada, pinga-mansa, pinguinha, piraçunnunga, piribita, pirita, pitianga, pitula, porco, porongo, preciosa, prego, presepe, pringomeia, pura, purinha, purona, quebra-goela, quebra-jejum, quebra-munheca, quindim, rama, remédio, restilo, retrós, rija, ripa, roxo-forte, *salsaparrilha-de-brístol*, samba, santa-branca, santamarense, santa-maria, santinha, *santo-onofre-de-bodega*, *semente-de-arrenga*, sete-virtudes, sinhaninha, sinhazinha, sipia, siúba, sorna, *sumo-da-cana*, *sumo-de-cana-torta*, *suor-de-alambique*, *suor-de-cana-torta*, supupara, suruca, tafiá, tanguara, teimosa, teimosinha, tempero, terebintina, tiguara, tindola, tíner, tinguaciba, tiguara, tiquara, tira-calor, tira-juízo, tira-teima, tira--vergonha, titara, tiúba, tome-juízo, três-martelos, três-tombos, uca, uma-aí, unganjo, upa, *urina-de-santo*, vela, veneno, venenosa, virge, virgem, *xarope-de-grindélia*, *xarope-dos-bebos*, xarope-galeno, ximbica, ximbira, xinabre, xinapre, zuninga [deixaram-se de registrar, locuções, fraseologia e os nomes de cachaça com misturas, assim como os das cachaças feitas com outra coisa que não a cana-de-açúcar]; ver tb. como subst.fem.: sinonímia de *mania*

(e) ANTÔNIMOS

como subst.2g.: ver antonímia de *beberrão*

(f) ETIMOLOGIA

origem controversa. segundo JM, der. de *cacho* 'conjunto, grupamento de flores ou frutos', este do lat. *capŭlus,i* 'punhado, empunhadura', ligado ao esp. *cacha*, que Corominas prefere relacionar ao lat.vulg. **cappula*, ambos cog. de *capĕre*, cf. [1]*cap-*; Nascentes observa que, em Portugal, *cachaça* significou 'vinho de borras' e, p.ext., no Brasil, aplicou-se o nome à 'aguardente feita de com borras de melaço', o que afastaria qualquer étimo afr. e dificultaria interpretá-lo como fem. de *cachaço* 'parte gorda e grossa do pescoço do porco'; há quem vincule o voc. à cog. do v.lat. *coquĕre* 'cozer, cozinhar, amadurecer, digerir, madurar, (no sentido físico e moral)', cf. *coz-*; outros o ligam a *cacho* 'cabeça, pescoço, inflorescência, ajuntamento de flores ou frutos, punhado de cabelo', cuja orig. seria o lat.vulg. *caccŭlus*, alt. do lat.cl. *cac(c)ăbus,i* 'tacho, caldeira, caldeirão', p.ext. da forma, 'cabeça, parte posterior e arredondada do pescoço'; daí, o registro da 1ª doc. do voc. no sXIII como *cachaça* 'parte do pescoço dos animais'; f.hist. 1635 *caxasa* 'aguardente de cana', 1652 *cachaça* 'id.',1743 *cachassa* 'id.'

Interessa aqui apenas a acepção "aguardente obtida da destilação da borra do caldo de cana, ou do cabaú, ou do caldo de cana extraído especialmente para esse fim, após ter passado por processo prévio de fermentação alcoólica; aguardente de cana", por ser a mais atual e a que apresenta a maior riqueza sinonímica.

Esses sinônimos podem ser agrupados, pelo menos, segundo quatro critérios: três são resultados de variações (diatópica, diastrática e diafásica), o quarto considera as associações designativas envolvidas. Aqui, vamos tratar apenas do último critério, que nos parece o mais interessante para explorarmos relações léxico-semânticas.

SINÔNIMOS DE CACHAÇA A PARTIR DE ASSOCIAÇÕES DESIGNATIVAS

O objetivo deste levantamento é agrupar os sinônimos de CACHAÇA em nove campos associativos principais, a saber:

1. associações com animais	4. efeitos causados pela bebida	7. referências positivas genéricas
2. aspecto físico visual	5. fatores históricos ou sociais	8. línguas, povos ou culturas africanas
3. ato de beber	6. referências negativas genéricas	9. línguas, povos ou culturas indígenas

Ao final de cada um deles, seguem-se comentários e justificativas sobre a decisão quanto à vinculação de algumas das palavras (não estão comentados os casos em que a relação com o campo associativo pode ser esclarecida pela consulta a um dicionário geral).

Como já era de se esperar diante de um levantamento tão exaustivo, nem sempre foi possível descobrir o vínculo associativo entre o sinônimo e o referente. Nos próprios estudos lexicográficos específicos sobre a cachaça não é habitual fornecer a informação necessária sobre isso e mesmo os dicionários que contêm etimologia, muitas vezes, indicam étimos obscuros ou confessam a inexistência de uma fonte confiável. No entanto, se considerarmos a origem popular desse vocabulário, isso não causa estranheza, pois as palavras de origem popular costumam ser de difícil elucidação etimológica, já que têm parca documentação.

Outro ponto a esclarecer é que, em muitos dos sinônimos estudados, as associações não correspondem a apenas uma característica do referente em questão. Muitas palavras são associativamente mistas, pois fazem menção a duas ou mais das características consideradas. Nesses casos, a opção foi agrupá-las a partir do que intuitivamente parece ser o traço mais forte designado, ou a partir das informações fornecidas pelos lexicógrafos consultados. Por isso, indicamos entre parênteses, após cada uma dessas palavras, a(s) outra(s) área(s) associativa(s) em que ela(s) também se encaixaria(m). Essas palavras, portanto, foram agrupadas pelo que se considerou a associação principal, mas as demais, secundárias, também foram indicadas.

1. ANIMAIS: aquiqui (4.3.1, 9), ariranha, assovio-de-cobra, briba, cachorro-de-engenheiro (5.3), cascavel, porco.
* *aquiqui* – esclarece Houaiss que essa palavra vem do tupi (*aki'ki*) e designa um certo tipo de macaco. Daí a associação com o sentimento de exaltação, animação.

2. ASPECTO FÍSICO VISUAL: água, água-benta (5.5), água-bórica (4.2.1.4), água-branca, água-bruta, água-de-briga, água-de-cana (5.3), água-de-setembro (5.3), água-lisa (8), água-pé (5.4), água-pra-tudo (7), água-que-gato-não-bebe (1), água-que-passarinho-não-bebe (1), aguardente (4.2.5), aguarrás, amarelinha (5.2.1), azulada, azuladinha (5.2.1), azulina, azulzinha (5.2.1), branca, branquinha (5.2.1), cambraia, cambrainha (5.2.1), lágrima-de-virgem (2.1, 5.2), linha-branca, maria-branca (5.2), mijo-de-cão (1, 6), negrita, parda, santa-branca (5.2, 5.5), urina-de-santo (5.5, 6).

2.1. PUREZA: cândida, imaculada, limpa, limpinha (5.2.1), pura, purinha (5.2.1), purona.

* *água-bórica*: apesar de aqui termos feito remissão ao campo "propriedades terapêuticas", a partir da acepção registrada por Houaiss encontramos outro possível motivo da associação: "aguardente de má qualidade, aguardente falsificada";
* *água-de-setembro* – segundo Souto Maior, nesse sinônimo há uma referência ao mês da destilação da aguardente em São Paulo; por isso a referência a 5.3;

* *água-lisa*: segundo Souto Maior, "locução conhecida em alguns candomblés de caboclos na Bahia...". Por isso a remissão ao campo "Sinônimos relacionados a línguas ou culturas africanas";
* *água-pé*: segundo Houaiss, sua acp. primeira é "bebida de baixo teor alcoólico, que se obtém adicionando água ao pé ('bagaço') das uvas da primeira espremedura, e fermentada";
* *cambraia* e *cambrainha*: segundo Houaiss, a acepção inicial de *cambraia* é "tecido muito fino, translúcido e levemente lustroso, de algodão ou de linho, us. em lenços, adornos, roupa íntima feminina etc.". A associação com cachaça, segundo esse autor, deve ser motivada pela cor do tecido;
* *cândida*: assim como *pura*, deve ser associada ao aspecto da bebida;
* *lágrima-de-virgem* – além da referência ao aspecto visual da lágrima, há também referência a pureza e mulher.

3. ATO DE BEBER: abre (4.2.1.2, 4.3.1), abrideira (4.2.1.2, 4.3.1), abridora (4.2.1.2, 4.3.1), bico, birinaite, birinata, birita, mamadeira, pela-goela, pinga, pingada, pinga-mansa, pinguinha (5.2.1), quebra-jejum.

3.1. PEDIR OU SERVIR A BEBIDA: chora-menina (5.2), chorinho, choro, molhadura, muncadinho, uma-aí.

3.2. REAÇÕES AO ATO DE BEBER: mungango (8), upa.

* *abre, abrideira* e *abridora* – segundo Souto Maior (no verbete *abre*), além de designar o primeiro trago de cachaça, também está relacionada à ideia de "abrir a natureza ou o apetite". Estendi aqui essas associações a *abrideira* e *abridora*;
* *bico*: suponho que haja uma relação metonímica da cachaça com o gesto de fazer bico ao beber do copo;
* *birinaite, birinata, birita*: a etimologia proposta por Houaiss para *birita* ajuda a esclarecer a possível relação dessas palavras com o ato de beber: "orig.obsc., mas sem descartar motivação fônica p.ana. com v.freq., tipo *bebericar, bibicar*, ligados aos rad. *beb-/bib–* e à cog. de *beber*";
* *chora-menina, chorinho, choro* – suponho que estejam relacionados à acepção de *choro* "porção extra de bebida alcoólica que o garçom serve, sem cobrar, além da dose regulamentar";
* *molhadura* – assim como em *choro* e *chorinho* (ver subitem anterior), suponho que haja relação com o ato de servir a bebida;
* *muncadinho* – Houaiss: "prov. dim. dialetal de *bocadinho*". Deve, portanto ter relação com a quantidade de bebida servida;
* *mungango* – Houaiss: "**1** m.q. [1]*MOGANGA* ('careta')". A associação deve ser com as caretas que por vezes se faz ao consumir cachaça;
* *upa* – essa interjeição expressiva também pode ser usada para marcar a reação de quem bebe cachaça.

4. EFEITOS DA CACHAÇA:

4.1. FINANCEIROS: pindaíba, pindaíva.

4.2. FÍSICOS: a-que-incha, incha.

4.2.1. BENEFÍCIOS À SAÚDE: bicarbonato-de-soda, bicho, boa-pra-tudo, bom-pra-tudo, canicilina (5.3), cura-tudo, elixir, extrato-hepático, homeopatia, mata-bicho, penicilina, remédio, xarope-de-grindélia, xarope-dos-bebos, xarope-galeno.

4.2.1.1. ALIMENTAÇÃO: alpista (1), alpiste (1), canjica, fruta (5.2.), goró, gororoba, gororobinha (5.2.1), legume.

4.2.1.2. FUNÇÃO APERITIVA: *cf. três sinônimos no quadro 3.*

4.2.1.3. ENERGIA E REVIGORAMENTO: aço, ferro, gás, gasolina, levanta-velho, maçaranduba, óleo, petróleo, rija, ripa, tinguaciba (9), vela.

4.2.1.4. DEPURAÇÃO: limpa-goela, limpa-olho, salsaparrilha-de-brístol.

4.2.3. ENTORPECIMENTO: birrada, calibrina (4.2.1), dormideira, iaiá-me-sacode (5.2), martelo, sorna, três-martelos, três-tombos.

4.2.4. PROPRIEDADES LETAIS: aquela-que-matou-o-guarda, a-que-matou-o-guarda, estricnina, veneno (4.3.1), venenosa.

4.2.5. PERCEPÇÕES SENSORIAIS: aca (6, 9), ácido (4.2.4), ardosa, ardose, arrebenta-peito, bafo-de-onça (1), bafo-de-tigre (1), catinguenta (6), concentrada, maciça, quebra-goela (6), tempero (7).

4.2.5.1. AQUECIMENTO: brasa, braseira, braseiro, cobertor-de-pobre, cobreira, esquenta-aqui-dentro, esquenta-corpo, esquenta-dentro, esquenta-por-dentro, fogo, forra-peito, lamparina, lanterneta, morrão, suor-de-alambique (5.3), suor-de-cana-torta (5.3).

4.2.5.2. ESFRIAMENTO: friinha (5.2.1), tira-calor.

4.3. PSICOLÓGICOS:

4.3.1. POSITIVOS: abre-bondade, abre-coração, apaga-tristeza, azougue, borbulhante (5.4), já-começa, mata-paixão, mateus, meu-consolo, tira-vergonha, tome-juízo.

4.3.2. NEGATIVOS: alicate, assina-ponto, nó-cego, retrós, tira-juízo.

* *aca* – segundo Houaiss, significa 'cachaça de má qualidade ou de gosto ruim' e está relacionada com *inhaca*, do tupi *yakwa* 'odoroso', que significa 'fedor';

* *alicate* – comenta Souto Maior: "tanto o alicate quanto a cachaça 'pegam', cada um à sua maneira, penso";

* *a-que-incha* – segundo Souto Maior, "o uso imoderado da cachaça quando contém sais de cobre e não é destilada em alambique de barro, ataca o fígado e faz com que o "freguês" fique inchado";

* *bicho* e *mata-bicho* – suponho que esses dois lexemas estejam relacionados e associados a esse subcampo associativo; a referência mais clara é a de *mata-bicho*: Houaiss registra a expressão *matar o bicho*: "*B* ingerir bebida(s) alcoólica(s)" e, no verbete *mata-bicho*, registra as seguintes duas primeiras acepções: "1 *infrm.* dose de bebida alcoólica, esp. aquela tomada em jejum 2 *B infrm.* aguardente de cana; cachaça". Não fica esclarecido que tipo de "bicho é morto", mas essa palavra faz referência a vários animais nocivos à saúde, como o piolho, o bicho-de-pé, os vermes que infestam bicheiras, etc.;

* *borbulhante* – a associação pode ser com o efeito excitante da bebida ou com champanhe (também chamado assim a partir de seu aspecto visual);

* *calibrina* – Houaiss propõe a etimologia "*calibrar* + *-ina*, numa alusão às propriedades da substância (como em *acromatina, dextrina*, etc.) ou ao seu efeito no organismo (como em *morfina, narcotina, etc.*); ver *calibr-*". Além da noção de entorpecimento, a presença do radical de *calibrar* na estrutura da palavra traz a ideia de ajuste, correção de erros de graduação, que, associada ao corpo humano, pode sugerir propriedades terapêuticas;

* *cobreira* – segui, nesse agrupamento, a hipótese aventada por Houaiss: "parece haver alguma relação com *cobrir*, donde 'esquentar'; para fundamentação da hipótese veja comentário em *cobricama*";

* *fruta* – baseio-me na primeira acepção registrada por Houaiss para agrupar *fruta* no campo de alimentação e na segunda para fazer a remissão ao de referências afetivas: "1 fruto ou infrutescência comestível, freq. carnosos ou suculentos, doces ou ácidos; fruto 2 qualquer coisa rara";

* *maçaranduba*: a associação é feita entre a noção de vigor é a rigidez da madeira;

* *mateus* – o fundamento da associação deve ser a primeira acepção registrada por Houaiss: "*B N.E.* um dos personagens do bumba-meu-boi, que representa o criado agitado e brincalhão";

* *morrão* – a associação com a noção de aquecimento foi determinada a partir do seguinte registro de Houaiss: "1 MIL *ant.* pedaço de corda, ger. de linho, com uma das extremidades embebida em

uma solução de cal virgem e potassa para que se queimasse lentamente, e que se mantinha acesa durante o combate, para atear fogo à pólvora dos canhões 1.1 *p.ext.* mecha queimada 2 a parte queimada mas ainda acesa de qualquer objeto";

* *nó-cego* – Souto Maior: "o nó cego é um nó difícil de desatar. A cachaça é como o nó cego, difícil de deixar";

* *tinguaciba* – aplicam-se os mesmos comentários feitos para *maçaranduba* (ver palavra anterior);

* *vela* – associação feita a partir da seguinte acepção de Houaiss: "1 MAR peça de tecido de linho, algodão ou náilon us. para propulsão eólica de embarcação; pano";

* *veneno* – além da clara propriedade letal, Souto Maior ainda registra: "a filosofia do amante da cana é bastante elástica para comportar as mais diversas explicações. Assim como o veneno mata tudo, ele vê na cachaça o veneno para matar sua tristeza, suas dificuldades, compressando seu estado de espírito".

5. FATORES HISTÓRICOS E SOCIAIS: bataclã, brasileira, brasileirinha (5.2.1), delegado-de-laranjeiras, jamaica, patrícia, pau-de-urubu (1), samba.

5.1. LOCALIDADES PRODUTORAS: a-do-ó, januária, monjopina, parati, parnaíba, santamarense.

5.2. MULHER: baronesa, chica, chica-boa, dindinha (5.2.1), dona-branca, ela, filha-de-senhor-de-engenho (5.3), filha-do-engenho (5.3), filha-do-senhor-do-engenho (5.3), mamãe-de-aluana (8), mamãe-de-aluanda (8), mamãe-de-aruana (8), mamãe-de-aruanda (8), mamãe-de-luana (8), mamãe-de-luanda (8), mamãe-sacode (4.3.1), maria-teimosa, moça-branca (2), moça-loura (2), mulata, sinhaninha (5.2.1), sinhazinha (5.2.1), teimosa, virge (2.1, 3, 5.5), virgem (2.1, 3, 5.5).

5.2.1. REFERÊNCIAS AFETIVAS: amorosa, aninha, bicha, bichinha, chuchu, danada, danadinha, danadona, dengosa, doidinha, faz-xodó, fogosa, linda, lindinha, maria-meu-bem, mulatinha, preciosa, teimosinha.

5.3. PROCESSO DE PRODUÇÃO DA CACHAÇA: baga, bagaceira, caiana, caianarana, caianinha (5.2.1), cana, cana-capim, canha, caninha (5.2.1), caninha-verde, engenhoca, espírito, garapa-doida, óleo-de-cana, restilo, sumo-da-cana, sumo-de-cana-torta.

5.4. REFERÊNCIAS A OUTRAS BEBIDAS: bitruca, brande, café-branco (2), cauim (9), caxiri (9), caxirim (9), champanha-da-terra, chá-de-cana (5.3), cidrão, congonha, gengibirra (chambirra e jinjibirra), grogue, malafa (8), malafo (8), malavo (8), maluvo (8), malunga (8), marafa (8), marafo (8), porongo, tafiá, tiguara (9), tiquara (9), ximbira (9).

5.5. RELIGIÃO: santa-maria (5.2), santinha (5.2, 5.2.1), santo-onofre-de-bodega.

* *a-do-ó* – Souto Maior: "cachaça produzida na Freguesia do Ó, São Paulo";

* *bataclã*, Segundo Houaiss, tem como acepção inicial "B [brasileirismo] *infrm.* [informal] **1** casa noturna; boate". Sua etimologia é "fr. *bataclan* 'conjunto de coisas heteróclitas' (1761), introduzido no Rio de Janeiro como nome de espetáculo de teatro musical, 2ª déc. sXX". Suponho que a associação com *cachaça* seja a partir do ambiente de boate, metonimicamente associado ao ato de beber;

* *bicha* e *bichinha* – Houaiss registra, no verbete *bicha*, em sequência, as duas seguintes acepções: "*B* [brasileirismo] *N.E.* [nordeste] (*zona canavieira*) *infrm.* [informal] ou *tab.* [tabuísmo] mulher da vida; meretriz" e "*B infrm.* aguardente de cana; cachaça". Apesar de essa relação não ser feita explicitamente, parece que essa designação de cachaça é feita por associação a meretriz;

* *caiana, caianarana, caianinha*: segundo Aurélio, *caiana* é o mesmo que *cana-caiana*, "cultivar da cana-de-açúcar originária da Guiana Francesa, introduzida no Brasil no final do séc. XVIII";

* *canha* – segundo Houaiss, talvez seja alteração de *cana*, por influência do espanhol;
* *chica, chica-boa* – segundo Aurélio, *chica* vem do hipocorístico *Chica*, de *Francisca*;
* *delegado-de-laranjeiras* – "Laranjeiras é uma cidade sergipana. Será que o eufemismo decorreu de passagem de algum delegado beberrão por aquele município?", indaga Souto Maior;
* *bitruca* – a associação com cachaça deve ter-se produzido a partir do drinque de mesmo nome, feito com aguardente e bíter misturados;
* *cauim* – segundo Houaiss, 'bebida que se prepara com mandioca cozida e fermentada [Primitivamente, os indígenas preparavam-na com caju, milho, mandioca e outros vegetais.]';
* *caxiri* e *caxirim* – a primeira acepção de *caxiri*, afirma Houaiss, é "bebida feita com beijuaçu fermentado em água"; a etimologia registrada por ele é "orig.duv.; A. G. Cunha, em DHPT, *s.v.* *caxiri* 'iguaria indígena preparada com o beiju diluído; espécie de licor de mandioca' sugere, com dúvida, orig. tupi; segundo Luiz Caldas Tibiriçá, *caxiri* é termo caribe que corresponde ao cauim (caldo de mandioca fermentado), donde o tupi";
* *engenhoca* – uma das acepções registradas por Houaiss é "*B* [brasileirismo] *N.E.* [nordeste] *infrm.* [informal] engenho de pequeno porte para o fabrico de aguardente e rapadura";
* *espírito* – o agrupamento foi feito a partir das seguintes acepções de Houaiss: "17 ALQ *ant.* líquido obtido pela destilação; álcool, álcool etílico 17.1 *p.ext.* qualquer bebida alcoólica 17.2 *B infrm.* aguardente de cana; cachaça";
* *gengibirra, chambirra, jinjibirra* – primeira acepção registrada por Houaiss para *gengibirra*: "espécie de cerveja de gengibre, cuja composição inclui, além de gengibre, frutos, açúcar, ácido tartárico, fermento de pão e água". A etimologia por ele proposta é "ing. *ginger beer* (1809) (lit. *ginger* 'gengibre', *beer* 'cerveja'), bebida internacionalizada já por meados do sXIX, aromatizada com gengibre; presumido como indigenismo, no Brasil foi grafado (até mesmo no V.O.) *jinjibirra*; ver *gengiber-*";
* *jamaica* – segundo Houaiss, "top. *Jamaica*, eventualmente do nome de um rótulo da bebida; cp. ing. *Jamaica*, abrev. de *Jamaica rum* (c1900) 'rum da Jamaica'";
* *januária* – Houaiss: "top. *Januária* (MG), onde inicialmente era fabricada a bebida";
* *malafa, malafo, malavo* e *maluvo* – no registro de Houaiss, todos remissivos a *maluvo*; acepção de *maluvo*, segundo Aurélio: "Angol. vinho de palmeira";
* *malunga* – Houaiss: "orig.contrv.; talvez alt. de *maluvo* sob infl. de *malungo*; há quem ligue ao quimb. *malunga* ou *mulunga* 'manilha' ";
* *mamãe-de-aluana, mamãe-de-aluanda, mamãe-de-aruana, mamãe-de-aruanda, mamãe-de-luana, mamãe-de-luanda* – há referência a Luanda (Angola, África). Por isso a remissão ao campo associativo 8;
* *marafa* e *marafo*: Aurélio remete a *malafa*, 'No candomblé de caboclo e em cultos por ele influenciados, bebida alcoólica que se serve aos assistentes, e que os caboclos e Exus tomam';
* *monjopina* – Houaiss: "segundo AF [Aurélio], do nome pernambucano do engenho de cana-de-açúcar *Monjope* + *-ina*";
* *parati* – Souto Maior: "o eufemismo se originou do fato de, na cidade de Parati (RJ), ser fabricada uma cachaça que tomou o nome da cidade...";
* *parnaíba* – Houaiss: "top. *Parnaíba* (PI ou SP ?)";
* *pau-de-urubu* – Souto Maior: "cachaça fabricada às escondidas da fiscalização, esclareceu Eduardo Campos";
* *porongo* – segundo Houaiss, é também 'cabaça (recipiente)' ou 'cuia de chimarrão';
* *santamarense* – Souto Maior: "vem de Santo Amaro da Purificação, Bahia, onde se fabrica boa bebida, conforme José Calasans";

* *santo-onofre-de-bodega* – Houaiss: "santo Onofre é um santo de guarda de culto popular no Brasil; é o padroeiro da fartura, e é fartura o que se quer nas bodegas 'armazéns de secos e molhados', onde tradicionalmente se vende cachaça";
* *tafiá* – Houaiss: "f.apoc. de *ratafiá*; a queda da 1ª sílaba deve-se prov. à dificuldade de certas etnias negras pronunciarem o *r*; cp. fr. *tafia* (1659) 'bebida alcoólica der. da cana-de-açúcar'";
* *tiguara* e *tiquara* – Aurélio: "**1.** Bras., PA e MA. V. jacuba. [Bras. Refresco ou pirão feito com água, farinha de mandioca, e açúcar ou mel, e por vezes temperado com cachaça. [Sin., no AM, chibé; no PA e MA,]. **2.** Qualquer bebida refrigerante";
* *virge* e *virgem*: o agrupamento foi feito pela ideia básica, mas esses sinônimos parecem ser associados com pelo menos mais três campos: "pureza", "religião" (referência à Virgem Maria) e "ato de beber" ("virge" pode ser uma interjeição expressiva pronunciada ao se beber cachaça);
* *ximbira* – Houaiss: "prov. alt. de *jinjibirra*, sob influxo, inicial, de voc. vulgares tupis (*ximbaúva, ximbé, ximbéu, ximbeva*, etc."

6. REFERÊNCIAS NEGATIVAS GENÉRICAS: braba, brava, corta-bainha, crua, cruaca, isca, malvada, marvada, marvadinha (5.2.1), perigosa, pirita, roxo-forte, suruca.
* *corta-bainha* – ligando o verbo cortar às três primeiras acepções registradas por Aurélio para *bainha*, "**1.** Estojo onde se introduz a lâmina de arma branca. **2.** Dobra cosida na barra de um tecido a fim de que não se desfie. **3.** Anat. Qualquer formação que circunda órgão ou parte deste: bainha muscular; bainha nervosa.", percebe-se uma referência a propriedades corrosivas da bebida, que fazem mal à saúde;
* *crua* e *cruaca*: suponho que *crua* seja relacionada à seguinte acepção de *cru*, registrada por Aurélio: "Que nada tem que lhe atenue ou suavize a intensidade". De acordo com a etimologia registrada por Houaiss, em *cruaca* tem-se a acentuação dessa ideia: "prov. reforço *crua* 'cachaça' + *aca* 'cachaça'";
* *pirita* – popularmente conhecida como *ouro dos trouxas*, tem a carga de uma coisa aparentemente valiosa e especial, mas cujo valor na verdade é ilusório;
* *roxo-forte* – agrupei esse sinônimo baseando-me na acepção "Bras. Muito intenso; excessivo, desmedido: paixão roxa.", que Aurélio registra no verbete *roxo*;
* *suruca* – agrupado a partir da acepção de *surucar* registrada pelo Aurélio: "Bras. Desabar, ruir; afundar".

7. REFERÊNCIAS POSITIVAS GENÉRICAS: boa, camarada, cem-virtudes, sete-virtudes.

8. LÍNGUAS, POVOS OU CULTURAS AFRICANAS: angico, caxaramba, caxixi, cumbe, jeriba, jeribita, jura, jurubita, maçangana, omim-fum-fum, oti, otim, otim-fifum, otim-fim-fim, piribita, ximbica.

9. LÍNGUAS, POVOS OU CULTURAS INDÍGENAS: acuicui, arapari, canguara, cumbeca, cumbica, igarapé-mirim, imbiriba, juçara, mangaba, mangabinha (5.2.1), piraçununga.

Por fim, é importante dizer que não foram considerados na execução desse levantamento os efeitos de ironia que podem estar implicados nas associações (como, por exemplo, *negrita*, que provavelmente é uma brincadeira a partir do aspecto visual da bebida, ou sinônimos que, ao invés de fazerem referência à sensação de calor que se sente ao tomar cachaça, expressam justamente o oposto, como, por exemplo, *friinha* e *tira-calor*).

ALGUMAS QUESTÕES PARA REFLEXÃO

O estudo aqui efetuado sobre a palavra CACHAÇA é uma demonstração da inviabilidade da concepção de sinonímia como identidade de significado em todos os usos possíveis de uma palavra (para alguns teóricos essa relação entre o significado de dois sinônimos é denominada *sinonímia absoluta*). As próprias delimitações que foram necessárias para o estudo são uma prova disso.

O *Dicionário Houaiss*, ao terminar a listagem de uma extensa sinonímia do verbete CACHAÇA, esclarece: "*deixaram-se de registrar locuções, fraseologia e os nomes de cachaça com misturas, assim como os das cachaças feitas com outra coisa que não a cana-de-açúcar*". Essa, portanto, é uma delimitação inicial. Outra consiste em determinar qual das nove acepções registradas por Houaiss seria a mais apropriada para este levantamento (a opção aqui foi pela acepção 3: "*aguardente obtida da destilação da borra do caldo de cana, ou do cabaú, ou do caldo de cana extraído esp. para esse fim, após ter passado por processo prévio de fermentação alcoólica; aguardente de cana*", que é a mais próxima da bebida comercializada e consumida costumeiramente).

Essa segunda delimitação possibilitou, por exemplo, a exclusão do estudo dos sinônimos de *mania*, aos quais remete Houaiss quando registra a sinonímia de cachaça na acepção 7.1, "p.ext. *aquilo que se faz com entusiasmo; paixão, mania, vício*". Eis uma sugestão para outros trabalhos a fazer a respeito desse vocábulo.

Sobre os quadros aqui apresentados com os nove campos associativos, podemos concluir (se considerarmos as variações de registro e estilo) que as diferentes formas de referência de cachaça têm dois pontos genericamente comuns: são quase sempre informais e populares. Por isso mesmo fica mais forte a distinção expressiva existente entre *aguardente* e *a-que-matou-o-guarda*, por exemplo. Dificilmente alguém usará a segunda em uma situação formal, a não ser que esteja deliberadamente usando de humor em seu discurso.

A ironia, inclusive, é um dos efeitos estilísticos mais presentes na sinonímia da cachaça. Seu uso pode estar relacionado à grande repressão historicamente relacionada ao consumo da bebida no Brasil. A cachaça praticamente já nasceu estigmatizada: no século XVI era bebida energética dada a bestas e escravos; teve seu consumo cada vez mais difundido a partir da metade do século XVI e ao longo do XVII até começar a pôr em risco os interesses econômicos da metrópole portuguesa: a bagaceira, aguardente de uva produzida e comercializada pelos portugueses, teve seu consumo reduzido por causa da popularidade da cachaça. Seguiram-se, por esse motivo, diversas tentativas frustradas de impedir o seu fabrico. Os portugueses, finalmente, decidiram tirar vantagem do consumo da bebida e passaram a taxá-la no século XVIII. A cachaça tem sido alvo de preconceitos por diferentes razões, desde o moralismo exacerbado até o descrédito sistemático por elementos característicos da cultura brasileira. Dentre as motivações dessa imagem negativa da bebida há também as justificadas, como os seus efeitos lamentáveis nos que se deixam viciar.

Na designação da "branquinha" brinca-se com elementos religiosos (urina-de-santo, água-benta), com autoridades instituídas (a-que-matou-o-guarda, delegado-de-laranjeiras), com a sensação de aquecimento que se sente ao bebê-la (*friinha, tira-calor*), etc. Brinca-se até mesmo com efeitos trágicos que podem estar implicados quando o ato de beber torna-se vício, como em *assina-ponto, nó-cego, estricnina, veneno, marvada* e *perigosa.*

Outro efeito estilístico motivado pelos fatores sociais mencionados é o eufemismo, presente em quase todos os sinônimos. É notório que a diversidade sinonímica se desenvolve especialmente nos casos de designação de elementos socialmente estigmatizados. Nesses casos, é necessário criar formas indiretas, suavizadas, de, em relação à cachaça, pedir a "água-que-passarinho-não-bebe".

Além dessas estratégias estilísticas para driblar ou ridicularizar as restrições sociais, há também referências carinhosas e positivas, que demonstram a popularidade e a importância da bebida na cultura nacional: *cândida, imaculada, purinha, cura-tudo, elixir, dengosa, faz-xodó, lindinha, boa, camarada, cem-virtudes, sete-virtudes, brasileirinha, patrícia, samba,* etc.

Tudo isso explicita diferenças de significado valorativo entre seus sinônimos. Esse, como afirmou Palmer, é outro argumento para demonstrar que há diferenças entre eles: o usuário faz claras escolhas entre, por exemplo, *cem-virtudes* e *venenosa* se quer fazer uma referência à bebida de forma positiva ou negativa (mesmo que irônica).

A influência do contexto também se faz sentir, no caso da sinonímia de *cachaça*, em relação ao fenômeno de criação ou eliminação de oposições de significado: vimos na lista de Houaiss que um dos sinônimos possíveis de *cachaça* é *água*, usado no nordeste do país e criado a partir da semelhança visual entre as duas bebidas. Entretanto, é famosa a marchinha de carnaval (composta em 1953 por Mirabeau Pinheiro, L. de Castro e H. Lobato) que popularizou a indagação "você pensa que cachaça é água?". A acepção, nesse caso, conforme registro do próprio Houaiss, é "equivocar-se numa comparação, numa opinião".

> Você pensa que cachaça é água? / Cachaça não é água, não./ Cachaça vem do alambique / E água vem do ribeirão.
> Pode me faltar tudo na vida, / Arroz, feijão e pão, / Pode me faltar manteiga,
> E tudo mais não faz falta não.
> Pode me faltar amor, / Disto até acho graça, / Só não quero que me falte,
> A danada da cachaça.

Nesse contexto, portanto, criou-se uma oposição de significado entre duas palavras que em outros contextos são utilizáveis como sinônimos. Essa oposição, na verdade, é criada justamente a partir da semelhança visual entre as duas bebidas, o mesmo fator que influiu para a produção da sinonímia. No entanto, o que se enfatiza na marchinha carnavalesca não é a semelhança entre cachaça e água, mas a falta de discernimento de quem se deixa levar por características superficiais, ou que não conhece a fundo alguma coisa (no caso, a cachaça) e facilmente se engana a seu respeito – ainda que a reconheça no último verso como uma "danada".

3

A Semântica Lexical e o Discurso Poético

Por José Carlos de Azeredo

O reconhecimento de analogias estruturais entre áreas distintas da experiência (domínios conceptuais) é um dos pilares do raciocínio e da aptidão humana para produzir e compreender enunciados verbais. Graças a essa faculdade alguém diz – e seu interlocutor entende – o enunciado "Ele engoliu em seco a ofensa", mesmo sabendo que 'ofensa' não é algo como um pedaço de pão. Fazemos uso cotidiano dessa capacidade, seja para compreender o significado de 'flechadas' no seguinte verso de Adoniran Barbosa – 'De tanto levar *flechadas* do seu olhar' –, seja para propor ao nosso interlocutor/leitor uma associação entre parcelas da experiência aparentemente muito distantes uma da outra, como entre 'varrer' e 'voar' nessa anedota: "Chegou bêbado de madrugada e, diante da mulher que o esperava com uma vassoura, arriscou a pergunta: – Vai *varrer* ou vai *voar*?"

A língua tem a natureza de um sistema extraordinariamente versátil e adaptável, que se pode resumir em uma palavra: criatividade. A exploração artística dessa propriedade da linguagem percorre particularmente os textos publicitários e o discurso poético. O poeta se apresenta, geralmente, como aquele que se vale da engenharia verbal para projetar significados ainda não contemplados pelo discurso corrente. Essa novidade é fruto do ato de articular os signos no texto. À medida que rompem com hábitos verbais cristalizados, as combinações inusitadas e os usos inesperados exigem do interlocutor/ouvinte uma atitude reflexiva sobre as imagens que as palavras lhe dão das coisas e sobre a oportunidade de reavaliar essas imagens. Estimular essa atitude reflexiva é a melhor estratégia para propiciar o desenvolvimento intelectual do indivíduo e a formação de bons leitores, uma vez que ela resulta no refinamento da competência discursiva de cada um.

No presente texto, procedo à análise de algumas combinações lexicais responsáveis por efeitos de surpreendente densidade poética em um soneto de Mário Faustino (1930-1962), poeta, tradutor e crítico literário nascido em Teresina. Vamos a ele:

E sonhou a mulher que se cumprira.
E sonhou que no ventre da guitarra
Silente uma semente se partira
Em pranto, riso e música, fanfarra
De dor e glória por delfim nascido.
E sonhou a mulher que, enfim florido,
Seu trato de terreno roxo, aberto,
Dormia sem sonhar sobre o deserto
Passado que em futuro então se abria
Frutificando em palmas de alegria.
Na lira umbilical Orfeu tocava
Acalanto ilusório à que dormia
E entre árvores de sonho balançava
A rede filial inda vazia.

Comecemos por uma interpretação do primeiro verso, em que se destacam dois verbos: *sonhar* e *cumprir*. Os sentidos do verbo 'cumprir' – *atender*, *atingir*, *realizar*, *satisfazer*, entre outros – se igualam aspectualmente pela noção de *telicidade* (ou consumação) do processo ou ação que denotam. Mas o "fato do mundo" a que esse verbo se refere não fica claro nos limites do verso inicial; só com o desdobramento do texto o leitor fica sabendo que 'cumprir-se' significa 'ficar grávida', 'conceber'.

A escolha desse verbo revela um ponto de vista, que tanto pode ser do eu lírico quanto da mulher cujo sonho o soneto descreve: a concepção é a plenitude/completude da condição feminina. 'Cumprir' não é simplesmente 'atingir uma meta', 'dar conta de uma tarefa', 'satisfazer uma exigência'. Há em seu significado um substrato moral. Trata-se, sobretudo, de fazer qualquer dessas coisas em nome da honra e do dever, com a dignidade que uma missão nobre requer. Não é por acaso que o eu lírico adota um tom solene, servindo-se do diapasão bíblico, para fazer, em gênero narrativo, o anúncio do sonho: "E sonhou...", "E sonhou...", "E sonhou...".

O verbo 'sonhar', por sua vez, abre o espaço mental[38] da fantasia – inconsciente para a mulher, mas consciente para o eu lírico. Esta diferença é fundamental para a leitura que estamos propondo para o soneto. Como experiência fantasiosa inconsciente, o sonho torna possível a realização do desejo (ou missão?) da maternidade. Por outro lado, há um processo consciente – o do relato – que cabe ao eu lírico desencadear. Só nesse plano existem escolhas, operadas pelo enunciador.

Os textos de um modo geral se distinguem crucialmente nesse aspecto: em uns, o enunciador procura dar a impressão de que o texto é a imagem sem retoques e imparcial

[38] Ao longo de seu discurso, o enunciador vai fornecendo pistas para orientar a compreensão do que diz ao interlocutor. Pode ser uma expressão adverbial como 'antigamente', uma expressão predicadora como 'é possível', etc. Cada uma dessas pistas abre um 'espaço mental', que vai balizar a compreensão do que se segue.

do fato expresso, em outros o enunciador vai deixando aqui e ali os sinais de sua inapelável intervenção na construção do sentido. Nossa ideia é rastrear alguns desses sinais, especialmente na esfera do léxico.

Neste soneto, o sonho promove a integração de três domínios conceptuais: a natureza humana, representada por *ventre*; a música, representada por *guitarra*, e a natureza vegetal, simbolizada por *semente*. Os domínios conceptuais 'natureza humana' e 'natureza vegetal' se acham identificados seguramente em todas as culturas, emprestando-se termos e expressões no amplo balcão das negociações metafóricas. Por isso, podemos dizer que, no poema, estes dois domínios se confundem e se fundem na percepção onírica da mulher.

O domínio da 'música' – especialmente identificada nas figuras da guitarra e da lira, esta, aliás, símbolo da inspiração poética – tem, no entanto, outro papel no texto: ele representa o espaço de manobra do poeta ou a consciência crítica do eu lírico. A integração dos três domínios logo nos primeiros versos dá uma pista falsa sobre as imagens componentes do sonho. O ponto de vista da mulher inclui apenas os domínios naturais, pois o domínio da arte (música/poesia) corresponde à presença do eu lírico na construção do sonho.

O sintagma 'ventre da guitarra' codifica uma mescla entre natureza (útero, espaço da gestação) e cultura (caixa, espaço de ressonância das notas musicais). A semente – ou o sêmen? – se divide e origina um fruto que se metamorfoseia, indo do *pranto* e do *riso* – metonímias das reações emotivas do corpo – à *música* e à *fanfarra* – metonímias das criações culturais. A fertilidade, a concepção e seu resultado – o *delfim nascido* – são igualmente apreciados pela mulher e pelo eu lírico, já que em um primeiro momento este celebra a felicidade experimentada pela mulher.

Ao incorporar *ventre* ao domínio conceptual da música (= poesia), o eu lírico se inscreve metapoeticamente no texto: a *guitarra* – variante da *lira* – simboliza a inspiração poética. A partir desse momento, desdobram-se paralelamente a criação da vida (por artes do sonho) e a criação do texto (por artes da poesia).

Obra do inconsciente, o cenário criado pelo sonho é mutante: germinada no ventre da guitarra, a semente é ao mesmo tempo o início da vida e o início do poema. Do verso 6 ao 10, o cenário, mesmo ainda armado com metáforas, se torna estritamente natural: a fertilidade é da terra (*terreno roxo*) e se desdobra em planta (*florido, frutificando*). O sonho se desenrola como um ato da mulher, livre da interferência enunciativa do eu lírico, que se manifesta por imagens ligadas à música. Efetivamente, mesmo que de forma paradoxal, a mulher dorme "sem sonhar", consciente do estado anterior de infertilidade (*sobre o deserto passado*), enfim superado (*que em futuro então se abria*).

Como o sonho é espaço de associações dirigidas pelo inconsciente, as *palmas* vegetais logo se metamorfoseiam, por obra da polissemia, em palmas como manifestação de triunfo e júbilo (*palmas de alegria*).

É como se, recuperando a identidade ventre/terra consagrada pelo discurso do senso comum, o poeta renunciasse temporariamente ao comando das associações oníricas.

Esta renúncia é mesmo só temporária, como se pode ver nos quatro versos finais, que retratam outro cenário. Agora, tanto a lira quanto a rede são explicitamente manipuladas por Orfeu[38], que entoa um acalanto para embalar o sono – e inspirar o sonho – da mulher. O conteúdo da imagem *ventre da guitarra* é reiterado em *lira umbilical* e *rede filial*. O poeta trabalha caprichosamente a construção dos dois primeiros sintagmas. Em ambos, a porção literal do significado da expressão é dada no núcleo (*ventre*, *lira*) e a porção metafórica é ativada pelo modificador (*da guitarra*, *umbilical*). Releva notar a inversão desses papéis semânticos desempenhados pelos domínios 'natureza' (primeiro literal, depois metafórico) e 'música' (primeiro metafórico, depois literal).

Temos uma curiosa interação dos espaços da realidade e da fantasia na trama do texto. O poeta tanto se vale de entidades reais para ingressar no universo da fantasia, quanto põe em cena entidades míticas para dar notícia de fatos reais: a mulher é real mas o que ela faz – sonhar – corresponde a uma irrealidade (a concepção); Orfeu é mítico – irreal, portanto – mas o que ele faz corresponde a uma realidade (ausência da concepção).

Este soneto pode ser lido, portanto, como um texto sobre o enigma da criação poética: explorando o potencial semântico das palavras mercê de suas possibilidades combinatórias e da energia do mito, o eu lírico, mimetizado nele, 'cumpre' seu papel de preencher o espaço da página à custa da ilusão que inflige à mulher que sonha.

[38] Ordinariamente, a figura mitológica de Orfeu vem acompanhada de uma lira, mas há também representações do deus da música empunhando uma guitarra ou uma espécie de violino, em que Orfeu frequentemente identifica as linhas do corpo feminino.

4

Falácias em Publicidade de Medicamentos

Por Nelly Carvalho

A falácia na comunicação é definida como um erro de raciocínio induzido ou resultante de uma interpretação equivocada: raciocina-se mal com dados corretos ou corretamente com dados falsos.

As sentenças genéricas afirmam, com segurança, fatos que às vezes são negados em casos particulares. E com isso induzem a falácias na interpretação de sentenças que podem ser classificadas como sofismas (falso raciocínio elaborado com intenção de enganar) formais ou materiais. O discurso publicitário utiliza ambos: o primeiro resultante de um desvio na forma de dizer; o segundo, de um engano no julgamento ou na avaliação

Por exemplo: o enunciado "crianças são indagadoras" é um enunciado aceito como verdade pelo senso comum. A força da generalização não deixa perceber que algumas crianças não preenchem esta condição: são as tímidas, as deficientes, as recém-nascidas.

A publicidade utiliza esse recurso para divulgar a qualidade de seus produtos porque dificilmente os usuários saberão opor argumentos a frases generalizantes, sobretudo às que apelam para o senso comum. Assim, analisando-se inicialmente um exemplo de caso em relação à publicidade comercial de medicamentos, podemos perceber como atuam em relação ao consumidor falante comum e qual a razão de sua força perlocutória.

Tomamos como *corpus* publicidades comerciais de medicamentos, por nos parecerem as mais generalizantes, e ao mesmo tempo autoritárias, em matéria de publicidade comercial. Elas se constroem e extraem sua força da dificuldade do falante neste domínio do conhecimento.

(1) X penetra suavemente na pele ferida para matar germens que podem causar infecção; desta forma ajuda a sarar rapidamente.

(2) Z contém todas as vitaminas básicas necessárias para o bom funcionamento do organismo: vitaminas como a A, B, C e especialmente a vitamina E, além de elementos naturais altamente energéticos como o guaraná, a maripuama e ervas medicinais. Desta forma *ajuda* a combater o "stress" e a manter o dinamismo em alta. Pelo menos, no que diz respeito à energia, pode ficar tranquilo.

A afirmação de que as condições de verdade de uma sentença genérica podem ser definidas independente do contexto não é confirmada na prática. As sentenças (1) e (2) são publicidades que buscam o apelo da oferta de um produto feito pelo anunciante usado pelo consumidor para fazer face às suas necessidades. Dessa forma, o contexto é importante para compreender esse tipo enunciado.

O conhecimento das condições de verdade de (1) e (2) e o fato de estarem sendo usados para fazer uma oferta determinam a forma de interpretá-los.

O sentido completo de um enunciado é uma soma dos seguintes elementos:

(a) condições de verdade da sentença enunciada;
(b) condições de felicidade do ato da fala;
(c) regras de conversação cooperativa;
(d) convenções de polidez;
(e) premissas factuais largamente aceitas;
(f) contexto situacional.

Sendo assim, toda sentença feita para publicidade tem como determinante de sua interpretação o fato de ser veículo de uma oferta.

Testes comprovaram que as pessoas, em geral, não têm a capacidade lógica desenvolvida, nem respondem bem às tarefas que exigem raciocínio silogístico. Por isso, as publicidades apelam bastante para a estrutura silogística, usando a premissa menor e a conclusão, como em "Ela tem a pele macia. Ela usa Leite de Aveia Davene".

A capacidade de discriminar inferências válidas e inválidas é falha muitas vezes, mesmo nos falantes letrados. Portanto, como é necessário descrever a competência semântica do falante comum, esta explicação vai partir da questão seguinte: *Pode-se afirmar ter o falante nativo das mais variadas línguas do mundo uma capacidade de raciocínio baseada na validade dos juízos, capacidade que ele emprega em aprender e usar sua língua?*

– A capacidade de raciocínio não é inata ao homem, mas aprendida através do convívio social;
– É uma tarefa na qual algumas pessoas saem-se melhor que outras.

Para Geis (1984), a questão crucial, do ponto de vista de raciocínio/linguagem é observar se os falantes têm uma capacidade consciente ou inconsciente, explícita ou implícita de distinguir inferências válidas/não válidas. Se os usuários da língua, letrados e preparados, muitas vezes falham nesta capacidade, como se situam os usuários despreparados, não treinados, analfabetos?

A grande maioria falha em perceber as condições de validade da sentença, quando ela é baseada nas condições de felicidade dos atos de fala e nas implicaturas conversacionais, nas escolhas lexicais e na mudança do sentido usual.

Na pesquisa do autor citado, ficou provada a força das afirmações genéricas quando a maioria dos falantes considerou incorretamente que (3a) acarreta (3b).

(3a) Tintas C contêm óleos repelentes à água;
(3b) Tintas C não absorvem a água.

O mesmo acontece com (4a) e (4b).

(4a) Filtros D podem remover as bactérias de sua água;
(4b) Se você usa filtros D, sua água de beber estará livre de bactérias.

Isto indica que as afirmações genéricas são fortes e que o uso de *pode* não enfraquece o apelo; ao contrário ele se transforma numa espécie de intensificador.

Apesar de possuírem a capacidade de perceber as condições de verdade, os falantes têm grande dificuldade em distinguir entre consequência/inferência. Na vida cotidiana, vendo televisão, lendo jornal, olhando *outdoors* nas estradas, as pessoas estarão menos aptas e dispostas a fazer inferências.

Estão, por assim dizer, desarmados os seus dispositivos lógicos, e a publicidade utiliza essa situação para veicular sua mensagem. Não obstante a falta de uma confiável validade de julgamento consciente, o falante tem sempre um dispositivo de detecção de validade e muito da sua compreensão de sentenças é resultado de uma atividade automática e inconsciente.

Assim, nossa capacidade de detecção de validade opera, sobretudo, no nível inconsciente. Alguns reconhecimentos de validade são automáticos, como a sentença imediatamente reconhecida como pedido: *Pode me passar o sal?*

Segundo demonstrou Morgan (1977), algumas inferências não lógicas são automáticas, além do que o falante compreende a sentença mais pelo contexto do que pelo seu sentido literal.

Quanto à produção do discurso, do ponto de vista da condição de verdade, ela é mais simples do que a sua compreensão. O publicitário que elabora uma mensagem como (1) e (2) não é necessariamente mais esclarecido do que o consumidor. Se assim parece é porque partir dos fatos para as sentenças é mais fácil.

A aquisição da noção de validade não é concomitante com a aquisição da linguagem. O que o falante aprende quando inicia seu aprendizado linguístico é fazer vários tipos de inferências a partir de:

(a) significação aparente das palavras;
(b) condições de felicidade;
(c) regras de conversação;
(d) conhecimento anterior partilhado;

(e) convenções e polidez;
(f) variados aspectos do contexto;
(g) combinação entre os elementos anteriores.

Muitas das inferências que fazemos na vida cotidiana não se mostram válidas no uso, e isso dificulta perceber como o falante adquire a distinção validade/não validade como subproduto da aquisição da linguagem.

*

A interpretação de uma sentença é em parte automática e em parte uma simples tarefa de ouvir de modo crítico. Nossas representações mentais do léxico são formadas pelo uso de modo automático.

A significação de um enunciado será em função do significado das condições de verdade da sentença somado a considerações do contexto pragmático.

As condições de verdade não podem ser definidas sem referências às considerações pragmáticas. A semântica não é autônoma em relação à pragmática, nas publicidades:

(5) X mata os germens causadores de infecção.
(6) T combate o "stress".

A afirmação genérica é usada para vender os produtos aos que precisam de proteção contra os germens ou contra o *stress*. Eles devem preencher sua condição de verdade (matar germens / proteger contra o *stress*). Essas condições de verdade vão depender inicialmente do ato de fala usado como performativo: uma simples asserção ou uma asserção usada para convencer o consumidor a aceitar a oferta comercial.

Geis (1984) trabalha com as afirmações genéricas do texto publicitário para mostrar como o falante comum, desavisado e desarmado, nem sempre tem condições de fazer inferências e de perceber se as sentenças enunciadas satisfazem as condições de verdade do mesmo.

Discordando de quem considera a afirmação genérica com grau mínimo de força perlocutória e o verbo "poder" como enfraquecedor no contexto linguístico, Geis mostra que a afirmação genérica confunde, mas dá credibilidade à mensagem e que o verbo "poder" tem função de intensificador. Além do mais, o contexto pragmático é essencial na linguagem publicitária para sua exata decodificação.

As publicidades comerciais de medicamentos publicados em revistas especializadas/não especializadas confirmam as hipóteses de Geis. Apresentam elas alto índice de generalização e são muito autoritárias no que se refere ao falante comum, por estar fora de seu domínio de saber. Tornam-se, no entanto, mais facilmente analisadas em suas condições de verdade, quando o seu receptor é o especialista.

Eis algumas delas:

(7) **GUTTALAX** - Liberdade em gotas. O laxativo para todas as idades. (*Diálogo Médico*, 13, 2009)

(8) **EFORTIL** - Tônico circulatório - aumenta a irrigação coronariana, mantém constante a frequência cardíaca e corrige o déficit de irrigação. (*Clínica e Terapêutica*, jan./fev. 2009)

(9) **BENERVA** - Nutre os músculos e alivia a dor nas neuropatias alcoólicas. (*Diálogo Médico*, 13, 2009)

(10) **FEBRALGIN** - Ajuda a acabar com a febre e a dor - Desenvolvido para crianças. (*Clínica e Terapêutica*, jan./fev. 2009)

(11) **CAMOMILA** - Prepara a gengiva para a primeira dentição fortalecendo os dentinhos do bebê. Camomila é recalcificante com as vitaminas D e C, e não tem contraindicações. (*Cláudia*, jun. 2007)

(12) TOSSE? GRIPE? ROUQUIDÃO? **XAROPE SÃO JOÃO** (veiculada na internet)

Em todas estas publicidades, embora veiculadas por canais diferentes, podemos perceber os elementos contidos nas publicações (1) e (2) e analisados no decorrer deste capítulo: alto grau de generalização e necessidade de inferências, dificilmente realizados pelo falante comum. Além do mais, algumas só podem ser compreendidas como publicidade com o auxílio do contexto, isto é, de elementos semânticos/pragmáticos para que possa ser percebida sua intenção perlocutória.

O conhecimento partilhado de mundo e as premissas factuais largamente aceitas operam também como elementos de facilitação da mensagem.

5

Seleção Lexical pelo Viés de Metáforas no Discurso Publicitário

Por Rosane S. Mauro Monnerat

Um dos assuntos, no campo dos estudos linguísticos, que mais tem despertado a minha atenção nos últimos tempos é o da seleção lexical e a estreita relação dessas escolhas – e suas implicações discursivo-pragmáticas – com a expressão da intencionalidade do projeto de fala do enunciador. Isso ocorre porque, sempre que falamos ou escrevemos, operamos uma seleção nos sistemas lexical e gramatical da língua, buscando construir sentidos adequados às situações comunicativas de que participamos.

No discurso da publicidade, seja ela comercial ou não, essas escolhas são de fundamental importância na construção da "imagem" do produto anunciado, ou seja, é preciso destacar as possíveis qualidades do produto para tirar o provável consumidor da indiferença, para "tocá-lo", levando-o à ação.

Neste capítulo apresento como se constrói uma "identidade" para determinado produto a partir da seleção lexical precisa e, neste caso, pelo viés do emprego de metáforas. Não se pretende fazer aqui um estudo teórico aprofundado sobre metáforas, mas antes – com respaldo sobretudo em Lakoff e Johnson (1980) – apresentar uma breve amostragem de casos, como síntese de um estudo mais amplo, desenvolvido nos últimos cinco anos, num *corpus* de textos de publicidade extraídos de revistas e jornais de circulação nacional, na atualidade (*Veja*, *Isto É*, *Caras*, *Marie Claire*, *O Globo*, entre outros).

SENTIDO DE LÍNGUA E SENTIDO DE DISCURSO: VOCABULÁRIO POSITIVO E VOCABULÁRIO NEGATIVO

Em qualquer ato de comunicação, o locutor tem sempre por objetivo significar o mundo – a partir da sua intencionalidade – para o receptor. Por meio das palavras, passa-se, então, de um *mundo real* a um *mundo representado*. Nesse processo, para a (res)significação do mundo, o locutor precisa não só mobilizar o sentido das palavras e suas regras de combinação, mas também construir um sentido que corresponda a seu propósito, a sua intenção. E é nesse momento, então, que se passa do *sentido de língua* ao *sentido do discurso*, pois o receptor não deverá buscar o mero significado literal das palavras (*sentido de língua*), mas seu sentido social (*sentido de discurso*) – cf. Charaudeau, 1995.

Dessa forma, o *sentido de língua* refere-se ao mundo de maneira transparente, resultando de um processo semântico-cognitivo de ordem *categorial*, que consiste em atribuir às palavras *traços distintivos*, caracterizando-as. O locutor, mobilizando, assim, as palavras, constrói um sentido que poderemos denominar de explícito, um *sentido de língua*, que se mede segundo critérios de *coesão*. Já o *sentido de discurso* deve corresponder à intencionalidade do locutor, permitindo-lhe ultrapassar esse sentido primeiro das palavras e chegar ao sentido de seu discurso. Para isso, ele deve seguir um processo semântico-cognitivo, que consiste em relacionar as palavras e sequências portadoras de sentidos de língua a outras palavras e sequências que se acham registradas na memória do receptor. Trata-se de um processo de ordem *inferencial*, que produz deslizamentos de sentido. Por meio dessa atividade, frequentemente chamada *intertextualidade*, o enunciador constrói um sentido que poderemos chamar de indireto ou implícito, um *sentido de discurso*, que se mede segundo critérios de *coerência*.

Pode-se dizer, então, que a palavra dicionarizada é portadora de um sentido de língua, um primeiro sentido, transparente em relação ao mundo real e, por isso mesmo, de valor neutro, isto é, um sentido destituído de qualquer valor axiológico. Mas, como diz Lya Luft (2004), as palavras têm força, força esta advinda do peso do sentido que lhes é atribuído em determinada situação, quando se forjam sentidos outros – positivos ou negativos – que visam a atingir, de alguma forma, o interlocutor.

Nesse aspecto, muitas vezes, a seleção vocabular pode vir a revelar uma atitude do falante em relação ao fato que enuncia. Comparemos, por exemplo, os pares de frases abaixo:

(a1) Os <u>militares</u> estavam no poder.
(b1) Os <u>milicos</u> estavam no poder.
(a2) A <u>loja</u> ficava perto da esquina.
(b2) A <u>birosca</u> ficava perto da esquina.

Nota-se que o segundo membro de cada par apresenta sempre vocábulos de conotação negativa, que, ao serem empregados, implicam comprometimento do emissor com juízos de valor, ou seja, tais palavras revelam o ponto de vista do enunciador sobre o que enuncia. As frases que correspondem ao primeiro membro de cada par apresentam vocábulos positivos, ou, pelo menos, neutros (Monnerat, 1999). Aprendemos com isso que devemos tomar cuidado com as nossas escolhas lexicais, pois elas podem nos comprometer!

No discurso da publicidade, o foco é outro, pois há uma meta a alcançar – a venda do produto – daí, o cuidado na seleção lexical direcionada para enaltecer os atributos do produto.

A SELEÇÃO LEXICAL NO DISCURSO PUBLICITÁRIO E O PROJETO DE FALA DO ENUNCIADOR

A mensagem publicitária linguística manifesta-se por três atos fundamentais: *nomear* (conferir uma identidade por meio de um nome); *qualificar* (estabelecer uma personalidade por meio de atributos) e *exaltar* (garantir uma promoção por meio da celebração de atributos). *Nomear*, diferentemente de *qualificar* e de *exaltar*, requer o uso obrigatório da denotação para ancorar o texto à realidade. Desses três atos, o segundo é a garantia do terceiro – isto é, para exaltar, é preciso antes qualificar (Péninou, 1971).

A codificação linguística para a "nomeação" e para a "qualificação" se dá, respectivamente, por intermédio dos substantivos e dos adjetivos. Dessa forma, a *seleção lexical* e, mais precisamente, a escolha de nomes substantivos e adjetivos será decisiva na caracterização do produto anunciado.

Em relação aos adjetivos, a seleção lexical parece ser ainda mais reveladora, já que ao escolher este ou aquele adjetivo, o enunciador deixa, no texto, marcas de sua subjetividade e intencionalidade, o que vem ratificar a afirmação de Charaudeau (1992, p. 663) de que "qualificar é tomar partido":

> De fato, toda qualificação testemunha o olhar que o sujeito falante deposita sobre os outros seres e o mundo, testemunhando então sua subjetividade. Assim, ele pode chegar a dizer: "A terra é azul como uma laranja."
>
> Nota-se que essa descrição pode ser considerada a ferramenta que permite ao sujeito falante satisfazer seu desejo de *posse do mundo*: é ele que o singulariza, que o especifica, dando-lhe uma substância e uma forma particulares, em função de sua própria visão das coisas que passam não só por sua racionalidade, mas também por seus sentidos e seus sentimentos.

Nesse sentido, qualificar um ser ou objeto é apresentar um julgamento sobre ele. A qualificação pode estar no terreno objetivo – quando temos as informações (dados do conhecimento do autor do texto) e as caracterizações (dados que estão no objeto)

– ou no terreno subjetivo – quando temos as qualificações (impressões subjetivas sobre o ser e o objeto).

As qualificações não se realizam apenas por meio de adjetivos qualificativos, ou seja, podem-se realizar por outros meios linguísticos, identificados por Agostinho Carneiro (1994, p. 20) como: advérbio qualificativo, locução adjetiva, oração adjetiva, entoação da frase, substantivo e analogia, esta última uma forma de qualificação muito comum, que pode realizar-se como *comparação*, ou como *metáfora*.

O VIÉS DAS METÁFORAS

Já sabemos que uma mesma palavra pode ter vários significados, identificados na maioria das vezes pelo contexto. Sabemos também que a palavra, além de seu significado básico, denotativo, comporta outros significados, carregados de valores positivos e/ou negativos. Assim, sobre o signo linguístico, constituído de um plano de expressão e outro, de conteúdo, acrescenta-se outro plano de conteúdo, desta feita, acrescido de valores sociais e impressões pessoais que o signo pode despertar. O sentido conotativo varia de acordo com a cultura, a classe social, a época.

Esse segundo significado, o conotado, tem relação com o primeiro significado. Dessa forma, a alteração de sentido pelo acréscimo de um novo significado deriva da relação que o locutor vê entre o significado primeiro e o novo significado. Essa relação pode ser de semelhança, ou de contiguidade (proximidade).

Há, portanto, dois tipos básicos de mudança de sentido: a que decorre de uma relação de semelhança entre o significado de base e o significado acrescentado, ou *metáfora*, e a que decorre de uma relação de contiguidade entre eles, ou *metonímia*. O nosso foco, aqui, recairá sobre a metáfora.

Muitos estudiosos têm-se debruçado sobre o estudo da metáfora. Dentre esses, destacam-se Lakoff e Johnson (1980), que, privilegiam, na análise das metáforas, dois grandes grupos: o das *metáforas orientacionais* e o das *metáforas ontológicas*.

As *metáforas orientacionais* baseiam-se em nossa experiência física e cultural e recebem esse nome porque a maioria delas relaciona-se à orientação espacial: para cima/ para baixo; dentro/fora; à frente/atrás; raso/profundo; central/periférico.

Em relação aos valores "para cima/para baixo", vale observar que tudo o que é para cima é bom, ao contrário do que é para baixo, que é ruim. Assim, "felicidade é para cima, tristeza é para baixo"; "saúde, vida é para cima, doença, morte é para baixo"; "mais é para cima, menos é para baixo"; "bom é para cima", mau é para baixo", e assim por diante. Costumamos, inclusive, apontar esses valores metafóricos com gestos.

As *metáforas ontológicas*, por sua vez, relacionam-se a experiências com objetos físicos. Em outras palavras, nossas experiências com objetos físicos (especialmente nossos corpos), fornecem a base para uma grande variedade de metáforas ontológicas, isto é, maneiras de interpretar os acontecimentos, atividades, emoções, ideias etc., como entidades e substâncias. Nesse sentido, são comuns ideias como: "a mente é uma máquina", "teorias e argumentos são construções", "ideias são comida", "ideias são dinheiro", "amor é loucura", "amor é guerra" e, inclusive, a própria "metáfora de guerra", exemplificada na publicidade (1):

(1) "Veja: Revolução na limpeza" (Revista *Veja*, 21/02/2005)

Assim, em nossa vida diária, mesmo sem nos darmos conta, fazemos uso frequente de metáforas. Considera-se, portanto, a metáfora como fenômeno discursivo, que se apresenta em um contexto referencial, inserido num contexto cultural. De um lado, seu criador (ou construtor), com seu universo e suas próprias relações com o mundo; de outro, o receptor (ou desconstrutor), também com seu universo e suas relações com o mundo. Cabe a ele, receptor, captar um dos sentidos permitidos pelo contexto cultural e referencial em que a metáfora está inscrita, atribuindo-lhe um significado adequado a esse contexto.

As metáforas são muito usadas em textos publicitários, sobretudo as orientacionais – quando se trata de projetar o lado "bom", único do produto. É o que se vê no exemplo (2), na peça publicitária colocada à direita no quadro.

(2) "Sonhe alto. Deixe o crédito por nossa conta. A gente pensa em tudo para você." (Caderno Niterói de *O Globo*, 7/11/2010)

Nesse caso, o conselho dado ao interlocutor está centrado no verbo "sonhar", que agrega valores subjetivos positivos (por exemplo, ninguém usa o verbo "sonhar" para se referir a um pesadelo; emprega-se para esse fim o verbo mais neutro "ter": "tive um pesadelo"). Mas não é só isso: trata-se de "sonhar alto" e, como se sabe, o que é alto, o que é para cima é bom. A contraparte negativa, na peça em questão – o crédito – ficará por conta da empresa, que "pensa em tudo para você".

O exemplo seguinte, veiculado na primeira página do "Segundo Caderno" do jornal *O Globo*, de 29 de outubro de 2010, não nos mostra propriamente uma publicidade comercial, mas não deixa de ser um meio de se fazer propaganda dos dois novos CDs do músico e percursionista baiano Carlinhos Brown:

(3) "Vulcão de ideias e sons": Carlinhos Brown canaliza a sua exuberante musicalidade em dois CDs de conceitos diferentes, 'Adobró' e 'Diminuto'

Nessa propaganda, a expressão metafórica tem como base a metáfora conceptual "IDEIAS E SONS SÃO VULCÕES". Segundo a classificação de Lakoff e Johnson (1980), essa metáfora seria do tipo estrutural, ou seja, uma metáfora resultante de um mapeamento complexo, no qual um conceito é estruturado metaforicamente em termos de outro.

Vale citar Kövecses (2008, p.381), para quem as metáforas conceptuais consistem de um "domínio fonte" e de um "domínio alvo", e que o "domínio fonte" é, na maioria das vezes, mais concreto e, por isso mesmo, mais facilmente compreendido que o "domínio alvo". Em (3), a compreensão é facilitada pela articulação da mensagem verbal à não verbal (a mensagem visual): a imagem de Carlinhos Brown, com os cabelos levantados para cima, a desafiar a força da gravidade, complementa a ideia da erupção de um vulcão, contida na parte linguística da mensagem.

A quantidade dos textos publicitários que compõem o nosso *corpus* é expressiva, mas traremos aqui apenas mais uma peça. E, desta feita, selecionamos um caso especial de conteúdo metafórico, de que também tratam Lakoff e Johnson (1980), representado pela *personificação* de um estado de espírito (abstrato) – a felicidade – que, por esse viés, concretiza-se ante os olhos do interlocutor:

(4)

A personificação da felicidade se dá por meio da articulação de pequenas metáforas conceptuais sinestésicas, subjetivamente construídas: "escutar com o coração", "felicidade dourada como o sol ou branca como uma nuvem", "felicidade sólida", "felicidade com perfume", etc.. – que dão o tom do texto (*IstoÉ Gente* de 15/11/2010), impregnando-o de sensações positivas, agradáveis, românticas.

*

O discurso publicitário, como discurso social que é, contribui para definir a representação que damos ao mundo social que nos rodeia e, nesse sentido, é construído por meio de mensagens ideológicas e simbólicas, que atuam no nível do inconsciente, sugerindo ou modificando atitudes, ao criar uma imagem psicológica do produto, conferindo-lhe uma personalidade, que já não é racional, objetiva, mas afetiva e subjetiva. E é exatamente esse conteúdo afetivo que constituirá o elemento de diferença e, portanto, de escolha do consumidor. Daí, a seleção dessas imagens e de sua respectiva codificação linguística ser tão criteriosamente trabalhada na busca de uma nova realidade que desbanalize o produto, enriquecendo-o.

APÊNDICE

Exame Nacional de Cursos – Letras

SELEÇÃO DE QUESTÕES DE LÉXICO E SEMÂNTICA EXTRAÍDAS DOS EXAMES DE LETRAS (ENTRE PARÊNTESES, O NÚMERO ORIGINAL DA QUESTÃO NA PROVA)

Os exames nacionais de curso da área de Letras, inseridos nos cognominados Provões, têm revelado, ao longo de seus já alguns anos de existência, algumas características passíveis de interpretação. Obviamente, além dos conteúdos explícitos dos enunciados a que os formandos precisam responder, há também um tema que se insinua nas suas entrelinhas e que tem vínculos com a política de ensino de Língua Portuguesa nos cursos de graduação.

Aplicado desde 1998, predominam no exame as questões de múltipla escolha, embora também se solicitem respostas discursivas (em 2003, não houve perguntas de ME). Essas questões, porém, podem ser úteis para comentários acerca de seus aspectos formais e para análises sobre sua possível influência no ensino e na formação dos professores de língua portuguesa. É o que se espera que os leitores deste Apêndice possam fazer. A versão integral das provas, gabaritos e padrões de resposta pode ser obtida na página www.inep.gov.br, que também disponibiliza as provas do novo modelo, o ENADE, implantado em 2004.

1998

01. (4) Leia esta manchete de jornal:

INADIMPLENTE PROGRAMA COMPRA

A frase está

(A) incorreta, porque as três palavras que a compõem podem pertencer a mais de uma categoria gramatical.
(B) ambígua, porque nela ocorrem simultaneamente dois verbos, **programa** e **compra**.
(C) inteligível, porque a ordem de colocação das palavras permite identificar-lhes a função sintática.
(D) ininteligível, porque traz um adjetivo na função de sujeito.
(E) incorreta, porque não traz determinante junto do substantivo.

02. (13)

I. O assédio em si trás no meio um poder aquisitivo escondendo ao trabalho, assim podendo fazer e refazer, adicionando o sentido, junto a essa conduta de mulher ideal. Não querendo ser prejudicial ao método agressivo, mas ao jeito decisivo a maneira pela força que o traz da forma de se agir. A teimosia circunstancial vem devido a exotismo da participação com credibilioso contraste à elevadicidade do adultério da simples cena de uma turbulência a um ser precioso.

(Trecho de dissertação de aluno do segundo grau)

II. A safira pertenceu originalmente a um sultão que morreu em circunstâncias misteriosas, quando uma mão saiu do seu prato de sopa e o estrangulou. O proprietário seguinte foi um lorde inglês, o qual foi encontrado certo dia, florindo maravilhosamente numa jardineira. Nada se soube da joia durante algum tempo. Então, anos depois, ela reapareceu na posse de um milionário texano que se incendiou enquanto escovava os dentes.

(Woody Allen, *Sem plumas*)

A respeito desses textos é correto afirmar que

(A) o texto I é incoerente, pois não faz sentido no contexto em que foi escrito.
(B) os textos I e II são incoerentes, qualquer que seja o contexto imaginado para sua interpretação.
(C) o texto I é coerente: dada sua finalidade, as relações de sentido tornam-se claras.
(D) os textos I e II são coerentes: dada sua finalidade, as relações de sentido tornam-se claras.
(E) o texto II é incoerente, pois faz referência a acontecimentos que contrariam a lógica de qualquer mundo imaginável.

03. (16)

A violência internacional é como um <u>vírus</u>, sempre no ar, que pode provocar <u>crises</u> maiores ou menores sempre em função do grau de <u>resistência dos organismos</u>. É, portanto, como todo <u>vírus</u>, de natureza essencialmente <u>oportunista</u>.

A escalada no Iraque ilustra-o à perfeição. É também um exemplo da extrema precariedade dos atuais organismos políticos internacionais, a começar das Nações Unidas, que em tese deveriam atuar como anticorpos diante desses riscos.

As palavras sublinhadas no texto

(A) estabelecem uma referência comparativa entre dois mecanismos de agressão, mostrando que um é pior que o outro.
(B) são sinônimas e, portanto, apresentam sentidos equivalentes, o que as torna redundantes e pouco significativas.
(C) estabelecem uma comparação entre dois mecanismos de agressão e mostram como um se diferencia do outro, ao usar predominantemente palavras do universo de significação de um só deles.
(D) estabelecem uma referência comparativa entre dois mecanismos de agressão e, por pertencerem todas ao mesmo campo de significação, contribuem para a manutenção temática.
(E) são quase sinônimas e, por pertencerem ao campo lexical de dois diferentes mecanismos de agressão, estabelecem uma conexão entre eles.

04. (17)

I. MAIOR FRESCURA. NO EXTRA, UM DIREITO SEU.

Muita gente pode achar que é só frescura, mas frescura tipo Extra só o Extra tem. Basta ver a frescura das frutas, legumes e verduras. Toda essa frescura o Extra chama de respeito à qualidade. Respeito ao cliente.

II. NÃO PENSE APENAS NO PRESENTE DO SEU FILHO. PENSE NO FUTURO.

Doze de outubro é Dia da Criança. É só ligar o rádio ou a televisão, abrir um jornal ou uma revista e constatar que está todo mundo só falando de presente. A gente queria destoar um pouco: queríamos falar de futuro.

Observe o sentido dos termos *frescura* e *presente*, nos textos acima. A afirmação correta a respeito deles é:

(A) Ambos estão empregados no sentido denotativo, não sendo afetado o sentido literal.
(B) Ambos são fatos de polissemia e conotam inicialmente um determinado sentido, que é depois substituído por outro, denotativo.
(C) Ambos são fatos de polissemia: *presente* oscila entre dois sentidos; e *frescura* é empregado inicialmente com sentido conotativo e depois com sentido literal.
(D) O termo *frescura* está empregado no sentido conotativo; e *presente*, no sentido denotativo.
(E) O termo *frescura* está empregado no sentido denotativo; e *presente*, no sentido conotativo.

05. (20)

A molecada não gosta de regras, muito menos de castigos. O Brasil neném não gosta de leis. Não acredita que elas possam ser realmente aplicadas e detesta a ideia de que transgredi-las possa resultar em punições.

Observe as séries abaixo, formadas por termos retirados do texto:

I. a molecada / o Brasil neném; II. Regras / elas /-las.

Identifique a afirmação correta:

(A) Em I e II, retoma-se o referente, substituindo-se o termo inicial por uma expressão nominal equivalente.
(B) Em I, retoma-se o referente, substituindo-se o termo inicial por uma pró-forma gramatical; e em II, por pró-formas pronominais.
(C) Em I, retoma-se o referente, substituindo-se o termo inicial por um grupo nominal mais abrangente; em II, substituindo-se o termo inicial por pró-formas pronominais.
(D) Em I, o referente não é retomado: "molecada" e "Brasil neném" não têm o mesmo referente; em II, as pró-formas pronominais substituem o mesmo termo.
(E) Em I e II, retoma-se o referente: em I, substitui-se o termo inicial por um grupo nominal menos abrangente; em II, substitui-se o termo inicial por grupos nominais equivalente.

1999

06. (04) Considere as sequências 1, 2 e 3 e o fenômeno da pressuposição:

1. Marta deixou de fumar / Marta continua fumando
2. Marta começou a trabalhar / Marta passou a trabalhar
3. Lamento que Jorge tenha sido demitido

É correto afirmar que

(A) *tenha sido* é o marcador de pressuposição do fragmento 3.
(B) em 2, o conteúdo pressuposto é introduzido pelo verbo *trabalhar*.
(C) *lamento* é o marcador de pressuposição do fragmento 3.
(D) em 1, o conteúdo pressuposto é introduzido pelo verbo *fumar*.
(E) demitido é o marcador de pressuposição do fragmento 3.

07. (QUESTÃO DISCURSIVA 04)

A linguagem comum e do cotidiano, isto é a linguagem que só serve para entrarmos em acordo uns com os outros, a linguagem da finalidade e da utilidade, tende a extirpar ou a esquematizar cada vez mais o que há de imagem nas representações significativas que a linguagem transmite. No cumprimento das tarefas indispensáveis para a vida e no trato diário, o que importa é um núcleo conceptivo fixo, que proporcione uma compreensão rápida e segura; as palavras convertem-se em moedas.

Agora só espero a despalavra: a palavra nascida
Para o canto – desde os pássaros
A palavra sem pronúncia, ágrafa

Quero o som que ainda não deu liga.
Quero o som gotejante das violas de cocho.
A palavra que tenha um aroma ainda cego.
Até antes do murmúrio.
Que fosse nem um risco de voz.
Que só mostrasse a cintilância dos escuros.
A palavra incapaz de ocupar o lugar de uma imagem.
O autêntico verbal: a despalavra mesmo.

(Manoel de Barros, *Retrato do Artista quando Coisa*)

Reflita sobre as ponderações do texto crítico e o poema de Manoel de Barros. Redija um texto argumentativo, discutindo as diferenças entre a palavra do uso cotidiano e a palavra poética.

2000

Instruções: Para responder às duas próximas questões, considere o texto seguinte de Luis Fernando Verissimo, no livro *A versão dos afogados*.

Certas Palavras

Certas palavras dão a impressão de que voam ao sair da boca. "Sílfide", por exemplo. Diga "sílfide" e fique vendo suas evoluções no ar, como as de uma borboleta. Não tem nada a ver com o que a palavra significa. "Dirigível" não voa, "aeroplano" não voa e "bumerangue" mal sai da boca. "Sílfide" é o feminino de "silfo", o espírito do ar, e quer dizer a mesma coisa diáfana, leve e borboleteante. Mas experimente dizer "silfo". Não voou, certo? Ao contrário da sua fêmea, "silfo" não voa. Tem o alcance máximo de uma cuspida. "Silfo", zupt, plof. A própria palavra "borboleta" voa mal. Bate as asas, tenta se manter aérea, mas se choca contra a parede e cai.

Sempre achei que a palavra mais bonita da língua portuguesa é "sobrancelha". Esta não voa mas paira no ar. Já a terrível palavra "seborreia" escorre pelos cantos da boca e pinga no tapete.

Às vezes fico tentado a usar a palavra "amiúde", mas sempre hesito, temendo a quarentena social. E também porque amiúde penso que "amiúde" devia ser duas palavras, como em "Ele entrou na sala à Miúde", ou à maneira do Miúde, seja o Miúde quem for. Muitas palavras pedem outro significado do que os que têm. "Plúmbeo" devia ser o barulho que um objeto faz ao cair na água. "Almoxarifado" devia ser um protetorado do sheik Al Moxarif. "Alvíssaras" deviam ser flores, "picuinha" um tempero e "lorota", claro, o nome de uma manicure gorda.

Vivemos numa era paradoxal em que tudo pode ser dito claramente e mesmo assim os eufemismos pululam. (Pululas: moluscos saltitantes que se reproduzem muito.) O empresário moderno não demite mais, faz um downsizing, ou redimensionamento para baixo da sua empresa. O empregado pode dizer em casa que não perdeu o emprego, foi downsizeado, e ainda impressionar os vizinhos. E não entendi por que "terceirizar" ainda não foi levado para a vida conjugal. Maridos podem explicar às suas mulheres que não têm exatamente amantes, terceirizaram a sua vida sexual. E, depois, claro, devem sair de perto à Miúde.

08. (11) O modo como o cronista lida com "certas palavras" no primeiro parágrafo do texto o aproxima do comportamento de poeta que

(A) confere aos sons papel tão relevante quanto o que atribui às letras.
(B) estabelece relação sensorial com o signo linguístico.
(C) sobrepõe o valor semântico ao aspecto formal do signo.
(D) articula a relação entre som e letra de maneira não prevista pelo código.
(E) define conceitos em vez de apresentá-los de modo sugestivo.

09. (12) Nesse texto eminentemente metalinguístico, no qual o cronista tece considerações sobre várias palavras, um signo que não foi explorado na sua materialidade é:

(A) bumerangue (linha 4).
(B) sílfide (linha 4).
(C) plof (linha 8).
(D) seborreia (linha 11).
(E) terceirizar (linha 26).

Instruções: Para responder à próxima questão, considere o texto abaixo de Rubem Braga, do livro *Ai de Ti, Copacabana*.

"Quando a alma vibra, atormentada..."

Tremi de emoção ao ver essas palavras impressas. E lá estava o meu nome, que pela primeira vez eu via em letra de forma. O jornal era "O Itapemirim", órgão oficial do "Grêmio Domingos Martins", dos alunos do Colégio Pedro Palácios, de Cachoeiro de Itapemirim, Estado do Espírito Santo.

O professor de Português passara uma composição: "A lágrima". Não tive dúvidas: peguei a pena e me pus a dizer coisas sublimes. Ganhei 10, e ainda por cima a composição foi publicada no jornalzinho do colégio. Não era para menos:

"Quando a alma vibra, atormentada, às pulsações de um coração amargurado pelo peso da desgraça, este, numa explosão irremediável, num desabafo sincero de infortúnios, angústias e mágoas indefiníveis, externa-se, oprimido, por uma gota de água ardente como o desejo e consoladora como a esperança; e esta pérola de amargura arrebatada pela dor ao oceano tumultuoso da alma dilacerada é a própria essência do sofrimento: é a lágrima".

É claro que eu não parava aí. Vêm, depois, outras belezas; eu chamo a lágrima de "traidora inconsciente dos segredos d'alma", descubro que ela "amolece os corações mais duros" e também (o que é mais estranho) "endurece os corações mais moles". E acabo com certo exagero dizendo que ela foi "sempre, através da História, a realizadora dos maiores empreendimentos, a salvadora miraculosa de cidades e nações, talismã encantado de vingança e crime, de brandura e perdão".

Sim, eu era um pouco exagerado; hoje não me arriscaria a afirmar tantas coisas. Mas o importante é que minha composição abafara e tanto que não faltou um colega despeitado que pusesse em dúvida a sua autoria: eu devia ter copiado aquilo de algum almanaque.

10. (16) Em "eu devia ter copiado aquilo...", o modal "dever" implica

(A) certeza.
(B) probabilidade.
(C) possibilidade.
(D) dúvida.
(E) improbabilidade.

Instruções: Para responder à próxima questão, considere o texto abaixo, de Clarice Lispector, do livro *A Hora da Estrela*.

Pretendo, como já insinuei, escrever de modo cada vez mais simples. Aliás o material de que disponho é parco e singelo demais, as informações sobre os personagens são poucas e não muito elucidativas, informações essas que penosamente me vêm de mim para mim mesmo, é trabalho de carpintaria.

Sim, mas não esquecer que para escrever não-importa-o-quê o meu material básico é a palavra. Assim é que esta história será feita de palavras que se agrupam em frases e destas se evola um sentido secreto que ultrapassa palavras e frases. É claro que, como todo escritor, tenho a tentação de usar termos suculentos: conheço adjetivos esplendorosos, carnudos substantivos e verbos tão esguios que atravessam agudos o ar em vias de ação, já que palavra é ação, concordais? Mas não vou enfeitar a palavra pois se eu tocar no pão da moça esse pão se tornará em ouro – e a jovem (ela tem dezenove anos) e a jovem não poderia mordê-lo, morrendo de fome. Tenho então que falar simples para captar a sua delicada e vaga existência. Limito-me a humildemente mas sem fazer estardalhaço de minha humildade que já não seria humilde – limito-me a contar as fracas aventuras de uma moça numa cidade toda feita contra ela. Ela que deveria ter ficado no sertão de Alagoas com vestido de chita e sem nenhuma datilografia, já que escrevia tão mal, só tinha até o terceiro ano primário. Por ser ignorante era obrigada na datilografia a copiar lentamente letra por letra – a tia é que lhe dera um curso ralo de como bater à máquina. E a moça ganhara uma dignidade: era enfim datilógrafa. Embora, ao que parece, não aprovasse na linguagem duas consoantes juntas e copiava a letra linda e redonda do amado chefe a palavra "designar" de modo como em língua falada diria: "desiguinar".

11. (18)

> Limito-me a humildemente – mas sem fazer estardalhaço de minha humildade que já não seria humilde – limito-me a contar as fracas aventuras de uma moça numa cidade toda feita contra ela. (linhas 15 a 17)

Sobre a estrutura do fragmento acima, em que se repetiu o início da frase interrompida pelos travessões, é correto afirmar que

(A) a omissão de "humildemente", na frase retomada, justifica-se porque sua repetição negaria o desejo do narrador de mostrar-se modesto.
(B) a retomada do início da frase ocorre porque a interferência dos travessões comprometeu a sequência do período, que ficaria incorreto sem a repetição.
(C) o advérbio "humildemente" foi omitido na frase repetida porque o seu emprego seria inadequado, dada a natureza do material da narrativa.
(D) a presença dos travessões permite que o sujeito da enunciação confirme seu ponto de vista acerca da matéria a ser narrada.
(E) o narrador retoma a frase inicial do período porque, com a redundância, evita qualquer ambiguidade que desvie o leitor do sentido desejado.

Instruções: Para responder às duas próximas questões, considere o poema de João Cabral de Melo Neto, do livro *Serial.*

Graciliano Ramos

Falo somente com o que falo:
com as mesmas vinte palavras
girando ao redor do sol
que as limpa do que não é faca:

de toda uma crosta viscosa,
resto de janta abaianada,
que fica na lâmina e cega
seu gosto de cicatriz clara.

*

Falo somente do que falo:
do seco e de suas paisagens,
Nordestes, debaixo de um sol
ali do mais quente vinagre:

que reduz tudo ao espinhaço,
cresta o simplesmente folhagem,
folha prolixa, folharada,
onde possa esconder-se a fraude.

*

Falo somente por quem falo:
por quem existe nesses climas
condicionados pelo sol,
pelo gavião e outras rapinas:

e onde estão os solos inertes
de tantas condições caatinga
em que só cabe cultivar
o que é sinônimo da míngua.

*

Falo somente para quem falo:
quem padece sono de morto
e precisa um despertador
acre, como o sol sobre o olho:

que é quando o sol é estridente,
a contrapelo, imperioso,
e bate nas pálpebras como
se bate numa porta a socos.

12. (21) Nas quatro primeiras estrofes do poema, João Cabral utiliza um sistema de figuração no qual

(A) "crosta viscosa" e "resto de janta abaianada" conotam uma fala inteiramente oposta à que se representa em "espinhaço".

(B) "lâmina" e "cicatriz clara" representam o modo de ação e a consequência da fala representada em "simplesmente folhagem".

(C) o efeito sinestésico que está em "cega / seu gosto de cicatriz clara" acentua as múltiplas características da fala representada por "espinhaço".

(D) "um sol do mais quente vinagre" expressa uma condição favorável para a expansão de uma retórica "onde possa esconder-se a fraude".

(E) "as mesmas vinte palavras" referem-se à precariedade de expressão do discurso a que aludem "folha prolixa" e "folharada".

13. (22) A propósito da construção "pelo sol, pelo gavião e outras rapinas", considere as seguintes afirmações:

I. Pode ser entendida como significando "pela natureza, pelos animais e pelo homem".
II. A quebra sintático-semântica em "outras rapinas" dá relevo à exploração econômica.
III. A sequência de "sol" e "gavião" sugere que há elipse de "aves".

É correto afirmar apenas

(A) I. (B) II. (C) III. (D) I e II. (E) II e III.

2001

Instruções: Para responder à próxima questão, considere o trecho de redação de um vestibulando:

> A nossa língua é mesmo difícil. Eu que nasci nela até hoje não consigo falar como se escreve muitas palavras. Mas as erradas eu tento acertá-las. E procuro a cada dia falar melhor. Ao contrário de muitas pessoas que estudam línguas e línguas diferentes. Procuro eu mesmo buscar o melhor para nossa língua. Que na minha opinião é a mais completa, mais correta, mais imitada e, no meu ponto de vista é a que mais combina com tudo. Porque quando eu olho um lápis por exemplo eu acho que tem cara de lápis, olhando eu não acho que é um pencil. Pencil para mim fica meio fora do que é realmente. Como o lápis eu vejo que tudo combina com que escrevemos ou falamos.

14. (09) Uma das questões discutidas pelo vestibulando é também objeto dos seguintes quadrinhos:

O MELHOR DE CALVIN/*Bill Watterson*

A questão da natureza do signo linguístico é um dos problemas clássicos da linguística, discutido por Saussure no *Curso de Linguística Geral*. Relacionando-se a redação do vestibulando, os quadrinhos e as proposições saussurianas, é possível afirmar:

(A) para Calvin, como para o estudante, a relação significante/significado é, nos termos de Saussure, arbitrária, convencional.
(B) para o estudante, há um vínculo natural entre o significante e o significado, ao contrário do que dizem Saussure e Calvin, que veem essa relação como convencional.
(C) nos quadrinhos, aponta-se a possibilidade de uma interferência individual no significado das palavras, alterando-o; essa abordagem coincide com a de Saussure.
(D) o vestibulando (ao estabelecer a relação lápis/pencil) acredita que algumas línguas fazem uma escolha dos signos mais adequada que outras, em consonância com o pensamento saussuriano.
(E) Calvin faz duas rupturas da convenção linguística: na relação significante/significado e na função comunicativa; Saussure prevê a possibilidade dessas rupturas pela atuação individual.

15. (18) Os provérbios são sentenças de formato atraente. A palavra "provérbios", na frase acima, tem sentido genérico. Sentido genérico há também nas alternativas abaixo, EXCETO em:

(A) Esse provérbio é uma sentença de formato atraente.
(B) Um provérbio é uma sentença de formato atraente.
(C) Provérbio é uma sentença de formato atraente.
(D) Provérbios são sentenças de formato atraente.
(E) O provérbio é uma sentença de formato atraente.

Instruções: Para responder às próximas cinco questões, considere o texto abaixo de Hélio Schwartsman.

O Animal Que Ri

O escritor Arthur Koestler, que escreve o verbete "humor" da "Encyclopaedia Britannica", traz outras preciosas indicações. Retomando a discussão sobre a "gramática" do humor, ele afirma que rimos quando percebemos um choque entre dois códigos de regras ou de contextos, todos consistentes, mas excludentes entre si.

Um exemplo: "O masoquista é a pessoa que gosta de um banho frio pelas manhãs e, por isso, toma uma ducha quente". Sei que é um pouco ridículo explicar a piada, mas... Aqui, o fato de o sujeito da anedota ser um masoquista subverte a lógica normal, invertendo-a. Obviamente, a lógica normal não coexiste com seu reverso. Daí a graça da pilhéria. Uma variante no mesmo padrão, mas com dupla inversão é: "O sádico é a pessoa que é gentil com o masoquista". Essa estrutura está presente em todas as piadas. Até no mais infame "trocadalho" que se possa conceber, há um choque entre dois contextos, o do significado da palavra e o de seu som: "A ordem dos tratores não altera o viaduto".

Mas essa "gramática" só dá conta da estrutura intelectual das piadas e há outros aspectos em jogo. Até bebês riem. Há, além do lado intelectual, uma dinâmica emocional no humor. Ele de alguma forma se relaciona com a surpresa.

16. (19) No texto, Schwartsman defende a existência de uma gramática do humor. Justifica-se o uso da palavra gramática pelo emprego da expressão grifada na seguinte passagem:

(A) ... rimos quando percebemos um choque entre dois códigos de regras ou de contextos...
(B) Essa estrutura está presente em todas as piadas.
(C) ... subverte a lógica normal, invertendo-a.
(D) Há, além do lado intelectual, uma dinâmica emocional do humor.
(E) ... de alguma forma se relaciona com a surpresa.

17. (20) Em que alternativa a palavra GRAMÁTICA apresenta sentido equivalente ao do usado no texto, se empregada em relação à língua?

(A) Gramática é o conjunto de regras que devem ser seguidas por aqueles que querem falar e escrever corretamente.
(B) Gramática é o conjunto de regras que o linguista estabelece a partir de textos escritos, usando uma certa teoria e um certo método.
(C) Gramática é o conjunto das leis que regem o funcionamento da língua e de que o falante faz uso ao falar e escrever.
(D) Gramática é o compêndio que usamos para saber o que é certo ou errado na nossa língua.
(E) Gramática são regras avaliadas positivamente pela comunidade linguística e que devem servir de base para o ensino da língua.

18. (21) O efeito humorístico do trocadilho A ordem dos tratores não altera o viaduto é obtido pelos vínculos que mantém com o enunciado matemático do qual se origina (A ordem dos fatores não altera o produto). A frase "A ordem das escavadeiras não altera o túnel" deixa de explorar um vínculo fundamental para o efeito do humor. Esse vínculo é de natureza

(A) sintática.
(B) semântica.
(C) fonética.
(D) morfológica.
(E) textual.

19. (22) Os sintagmas nominais listados abaixo foram retirados do texto. A alteração da ordem do adjetivo em relação ao substantivo resulta em uma expressão aceitável, no contexto dado, na alternativa

(A) um banho frio.
(B) a lógica normal.
(C) as preciosas indicações.
(D) a estrutura intelectual.
(E) uma dinâmica emocional.

20. (23) No texto, o autor afirma: Até bebês riem. Com essa frase, expressa duas informações distintas: a) bebês riem; b) todas as pessoas riem. Desse modo, podemos dizer que a frase Até bebês riem pressupõe a informação: todas as pessoas riem. Se essa segunda informação é falsa, a frase Até bebês riem não faz sentido. Levando em consideração o exposto acima, é verdadeiro afirmar que I pressupõe II, ou seja, a afirmação de I leva a concluir que II é verdadeira em todas as alternativas abaixo, EXCETO em:

(A) I. A Manuela continua a estudar nesta escola. II. A Manuela estudava nesta escola antes.
(B) I. Pode me dizer se já foi instalado o ar condicionado na sala de reuniões? II. Havia planos de instalar um ar condicionado na sala de reuniões.
(C) I. O Daniel parou de dizer asneiras. II. O Daniel costumava dizer asneiras.
(D) I. O Marcelo é que pichou as paredes da escola. II. Alguém pichou as paredes da escola.
(E) I. As crianças pensavam que o presente estava em cima da mesa. II. O presente estava em cima da mesa.

Instruções: Para responder à próxima questão, considere os textos abaixo.

TEXTO I

Ave Maria

Nas nossas ruas, ao anoitecer, Há tal soturnidade, há tal melancolia, Que as sombras, o bulício, o Tejo, a maresia Despertam-me um desejo absurdo de sofrer.

O céu parece baixo e de neblina, O gás extravasado enjoa-me, perturba; E os edifícios, com as chaminés, e a turba Toldam-se duma cor monótona e londrina.

(Cesário Verde: "Sentimento dum ocidental", 1880)

TEXTO II

Ah o crepúsculo, o cair da noite, o acender das luzes nas grandes cidades, E a mão de mistério que abafa o bulício, E o cansaço de tudo em nós que nos corrompe Para uma sensação exata e precisa e ativa da Vida! Cada rua é um canal de uma Veneza de tédios E que misterioso o fundo unânime das ruas, Das ruas ao cair da noite, ó Cesário Verde, ó Mestre, Ó do "Sentimento de um ocidental"!

(Álvaro de Campos: "Dois excertos de odes [Fins de duas odes naturalmente]", 1914)

21. (38) Considerando-se as estrofes acima, fragmentos dos poemas citados, é correto afirmar:

(A) em I, mais do que em II, o eu lírico busca retratar objetivamente a paisagem urbana percorrida por ele.
(B) tanto em I quanto em II, o eu lírico revela-se refratário aos apelos das ruas agitadas e febris por onde circula.
(C) em ambos os poemas, os elementos da realidade urbana moderna se convertem em estímulos poéticos.

(D) os fragmentos se contrapõem, pois em II o tédio impede o eu lírico de "sentir" a cidade, o que não ocorre em I.

(E) em I e II, o tratamento dispensado à cidade revela a tematização do desejo de fugir do espaço urbano.

2002

Instruções: Para responder à próxima questão, considere o texto abaixo, de Rubem Braga

Meio-Dia e Meia

Acho muito simpática a maneira de a Rádio Jornal do Brasil anunciar a hora: "onze e meia" no lugar de "vinte e três e trinta", "um quarto para as cinco" em vez de "dezesseis e quarenta e cinco". Mas confesso minha implicância com aquele "meio-dia e meia".

Sei que "meio-dia e meio" está errado; "meio" se refere à hora e tem de ficar no feminino. Sim, "meio-dia e meia" está certo. Mas a língua é como a mulher de César: não lhe basta ser honesta, convém que o pareça. Aquele "meia" me dá ideia de teste de colégio para pegar o estudante distraído. Para que fazer da nossa língua um alçapão?

Lembrando um conselho que me deu certa vez um amigo boêmio quando lhe perguntei se certa frase estava certa ("olhe, Rubem, faça como eu, não tope parada com a gramática: dê uma voltinha e diga a mesma coisa de outro jeito"), eu preferi ri a dizer "doze e meia" ou "meio-dia e trinta", sem nenhuma afetação. Aliás a língua da gente não tem apenas regras: tem um espírito, um jeito, uma pequena alma que aquele "meio-dia e meia" faz sofrer. E, ainda que seja errado, gosto da moça que diz: "Estou meia triste..." Aí, sim, pelo gênio da língua, o "meia" está certo.

22. (02) No texto, um amigo aconselha ao autor: *"olhe, Rubem, faça como eu, não tope parada com a gramática: dê uma voltinha e diga a mesma coisa de outro jeito"* (linhas 11 a 13). Nesse conselho subentende-se a **equivocada** visão do senso comum de que, no processo

(A) metafórico, o sentido se baseia num procedimento metalinguístico que visa a condensar uma informação para substituí-la.

(B) parafrástico, os sentidos sempre se correspondem, embora, em alguma medida, os conteúdos se alterem de acordo com a forma linguística que lhes dá suporte.

(C) parafrástico, os sentidos sempre se correspondem e os conteúdos se mantêm fixos mesmo que se alterem as formas linguísticas que lhes dão suporte.

(D) polissêmico, os vários sentidos produzidos a partir de uma mesma forma linguística são correspondentes entre si.

(E) metafórico, o sentido se baseia num procedimento poético que não só condensa como também modifica o significado original.

Instruções: Para responder às próximas questões, considere os textos abaixo, de Barbara Virginia

Poder pode... mas não deve!

... falar de um único assunto, ou sobre coisas que não interessam às outras pessoas. (...)

... insistir em falar na beleza de pessoas ausentes, na riqueza das casas de outras pessoas.

Saber falar

Saber conversar... saber ouvir

É importante falar-se num tom natural, mas sempre nos observando. É errado construírem-se mal as frases. Ex.: Você tem visto a Antônia? "Vi ela hoje".

(...) Nunca se deve dizer: "Hoje vou oferecer uma janta"; o certo é um jantar.

É importante saber ouvir e falar.

23. (10) O manual de etiqueta acima afirma que não se *deve insistir em falar na beleza de pessoas ausentes ou na riqueza das casas de outras pessoas.* Nessa recomendação, fica evidente uma característica semântico-pragmática de certas enunciações. O conceito que explica essa característica é o de

(A) IMPLÍCITO, que não deve ser procurado no nível do enunciado, como um prolongamento do nível explícito, mas como uma condição de existência do ato de enunciação.
(B) INTERCOMPREENSÃO, que é a capacidade de os falantes compreenderem enunciados emitidos por outros falantes que pertencem à mesma comunidade; define a área de extensão de uma língua, de um dialeto ou de um falar.
(C) AMBIGUIDADE, que pode ser léxica quando uma palavra tem vários sentidos no mesmo contexto linguístico; ou sintática, quando uma construção é suscetível de várias interpretações.
(D) REFERÊNCIA, que é a relação que há entre as palavras e as coisas (seus referentes): as palavras não "significam" nem "denominam" as coisas, mas se referem às coisas.
(E) SINONÍMIA, que numa interpretação estrita é a relação semântica entre dois termos que têm o mesmo sentido.

24. (12) A modalidade é uma propriedade pragmática da linguagem mediante a qual é possível registrar a atitude do falante sobre o estado de coisas verbalizado. No enunciado *Poder pode... mas não deve!* há dois casos de auxiliares modais em português. Sobre esse enunciado é correto afirmar que

(A) os dois auxiliares modais manifestam uma atitude epistêmica, relacionada à improbabilidade dos eventos.
(B) Poder manifesta uma atitude epistêmica, relacionada à possibilidade do evento, e dever, uma atitude deôntica, relacionada à certeza do evento.

(C) Poder manifesta atitude epistêmica, relacionada à improbabilidade do evento, e dever, atitude deôntica, relacionada à obrigatoriedade do evento.
(D) os dois auxiliares são modais deônticos: poder se relaciona à permissão do evento e dever, à obrigação.
(E) os dois auxiliares modais manifestam uma atitude epistêmica, relacionada à probabilidade do evento.

25. (13) A palavra *janta* aparece dicionarizada em 1880, na 1ª edição do dicionário Caldas Aulete.

Considerando este fato e focalizando a língua de um ponto de vista descritivo, diferentemente da atitude normativa, expressa em *Nunca se deve dizer: Hoje vou oferecer uma janta, o certo é um jantar*, tal prescrição

(A) justifica-se em parte: por um lado, a palavra *janta* nunca aparece na língua escrita, sendo de uso restrito e estigmatizado; por outro, obedece a um padrão lexical geral que faz corresponder a um grande número de verbos (*jantar*, por exemplo) uma contraparte nominal (*janta*, por exemplo).
(B) justifica-se, pois o uso da palavra *janta* é fortemente estigmatizado por caracterizar a fala de pessoas analfabetas ou semialfabetizadas, embora seja aceitável do ponto de vista de seu processo de derivação.
(C) prova que o uso da palavra *janta* causa estranhamento aos falantes da zona urbana, pois se restringe à população rural e decorre de uma simplificação dos padrões de derivação da língua.
(D) não se justifica, pois a palavra *janta* vem se difundindo em todo o país a partir da região sul, onde é usada em todos os registros, podendo, por isso, ser considerada um regionalismo formado por analogia.
(E) evidencia o preconceito contra o uso cada vez mais generalizado da palavra *janta* em obediência a um padrão lexical geral, segundo o qual, para um grande número de verbos (*jantar*, por exemplo), deverá existir uma contraparte nominal (*janta*, por exemplo).

26. (14)

> "[A norma culta] nunca pode ser vendida como se fosse um código de leis, cujo desconhecimento é pura ignorância, ou como código de conduta, cuja transgressão é caso de execração pública."
>
> (Maria Helena de Moura Neves)

O texto de Neves aproxima as noções de código de leis e código de conduta para criticar uma certa posição teórica em relação à língua. Com base nele, e observando-se o uso de MAS no enunciado *Poder pode... <u>mas</u> não deve falar "vi ela hoje"*, é correto afirmar que a presença do operador MAIS indica que o

(A) argumento por ele introduzido é o mais forte, do que se pode concluir que o enunciado como um todo é uma recusa a qualquer norma de conduta linguística.
(B) primeiro argumento é o mais forte, do que se pode concluir que o enunciado como um todo defende que a liberdade incondicional do falante está acima das normas de conduta linguística.
(C) segundo argumento é o mais forte, do que se pode concluir que o enunciado como um todo defende uma norma de conduta linguística diferente da "norma" como entendida na visão descritiva da língua.
(D) argumento por ele introduzido é o mais fraco, do que se pode concluir que é apenas uma ressalva à concessão de liberdade de uso linguístico, que domina o sentido do enunciado.
(E) argumento por ele introduzido tem a mesma força do primeiro, pois, como marcador conversacional, introduz uma crítica à ideia de liberdade do falante, confrontando-a à ideia de "norma" como entendida pela visão descritiva da língua.

Instruções: Para responder à próxima questão, considere o trecho narrativo de Carlos Drummond de Andrade.

> Sete da manhã e o trabalho principiando no campo. O apontador chegava ainda com escuro, porque não conseguia dormir na casinha de pau a pique onde ele, mulher e filhos viviam como que em depósito, à espera de vaga na vila proletária. Os mosquitos resistiam a tudo, e o fio de som que emitiam no voo lento, indo e vindo, tecia sobre a cama uma espécie de cortinado. A mão, levantando-se, dilacerava a trama, que contudo logo se recompunha, e tão constante no seu dom de irritar que, se por acaso cessasse um momento, o silêncio feria por sua vez, de inesperado. Então, o apontador ia acordar o balseiro, e os dois, cortando o rio, presenciavam calados o nascimento do sol, que do campo em ruínas, na outra margem, ia tirando pouco a pouco uma usina em construção.

27. (24) Um dos mecanismos coesivos mais produtivos na construção da textualidade é o uso de coesão referencial. No enunciado *A mão, levantando-se, dilacerava a trama*, o sintagma nominal grifado ocorre, aparentemente, sem antecedente textual. Sobre o mecanismo de referência utilizado, é correto afirmar que esse sintagma nominal está semanticamente garantido com base na

(A) inserção de uma entidade nova no discurso.
(B) referência genérica que estabelece, o que inclui qualquer mão humana possível.
(C) relação hiperonímica entre *mão* e *apontador*.
(D) relação metonímica entre *mão* e *apontador*.
(E) relação hiponímica entre *mão* e *apontador*.

2003

Instrução: A próxima questão se refere à foto e aos textos que seguem.

Disponível em: http://www.franceweb.fr/poesie/mallarm2

TEXTO I

Fotografia de Mallarmé

é uma foto
premeditada
como um crime

basta
reparar no arranjo
das roupas os cabelos
a barba tudo
adrede preparado
– um gesto e a manta
equilibrada sobre
os ombros
cairá – e
especialmente a mão
com a caneta
detida
acima da
folha em branco: tudo
à espera da eternidade

sabe-se:
após o clique
a cena se desfez na
rue de Rome a vida voltou
a fluir imperfeita
mas
isso a foto não
captou que a foto
é a pose a suspensão
do tempo
                agora
                meras manchas
                no papel raso

mas eis que
teu olhar
encontra o dele
(Mallarmé) que
                ali
do fundo
da morte
                olha

(Ferreira Gullar)

TEXTO II

Fotógrafos da categoria de um Cartier-Bresson ou de um Brassai definem sua arte como um aparente paradoxo: o de recortar um fragmento da realidade, fixando-lhe determinados limites, mas de tal modo que esse recorte atue como uma explosão que abra de par em par uma realidade muito mais ampla, como uma visão dinâmica que transcende espiritualmente o campo abrangido pela câmara.

(Julio Cortázar)

28. (QUESTÃO DISCURSIVA 05)

a) Cite duas expressões do poema que representam a realidade estática da imagem fotografada e outras duas expressões que representam a visão dinâmica dessa mesma imagem.
b) As expressões *no papel raso* (penúltima estrofe) e *do fundo da morte* (última estrofe) constituem uma antítese essencial para a significação desse poema. Demonstre essa afirmação.

2005[39]

Instrução: Para responder à próxima questão, leia o depoimento de um artista pertencente à Organização Doutores da Alegria. Nessa ONG, que defende a aproximação entre arte e ciência, palhaços simulam ser médicos para crianças e adolescentes hospitalizados.

> Não é tão simples assim me despir do dr. Lambada. São quase dez anos nos Doutores da Alegria, duas vezes por semana no hospital, fora as aulas paralelas, este ano de canto e malabares, e as rodas de estudo na sede. O personagem fica introjetado, às vezes desembesto a falar em casa, minha mulher diz chega, mas é assim que é. Não basta comprar uma roupa (...) e distribuir bala no ônibus. Não adianta estar vestido se não se está preenchido. Muitas vezes somos a única referência de palhaço para uma criança, ou o respiro emocional para uma mãe ou um pai, e aquilo precisa ser bem feito.
>
> (DR. ZAPATTA LAMBADA acredita em doentes saudáveis, duendes mentais no triângulo das bermudas, roucas e afônicas e na inocência do Romário.)
>
> [M. Manir. "Entre brancos e augustos. De hospital em hospital, eles quebram o protocolo atrás de uma nova *performance* diante da dor."]

29. (13) Considere as seguintes afirmações acerca de aspectos discursivos do texto.

I. Itens lexicais como *introjetado, roupa, vestido preenchido* (linhas 5 a 8) sugerem oposição semântica entre 'essência' e 'aparência'.
II. Os modos de projeção da categoria de pessoa ajudam a distinguir o enunciador e o Dr. Lambada.
III. O local em que se apresenta o perfil do Dr. Zapatta Lambada (linhas 11 a 13) gera estranhamento, já que, normalmente, se reserva tal espaço para identificar com precisão o autor do depoimento.
IV. A alteração na forma e no conteúdo de expressões cristalizadas (*détournement*) é empregada com finalidade lúdica no trecho em que o Dr. Zapatta Lambada é apresentado.

Destas afirmações são corretas:

(A) I e II, apenas.
(B) I e III, apenas.
(C) II e III, apenas.
(D) III e IV, apenas.
(E) I, II, III e IV.

[39] Em 2004, 2006, 2007, 2009 e 2010 não houve prova para os cursos de Letras.

2008

30. (12)

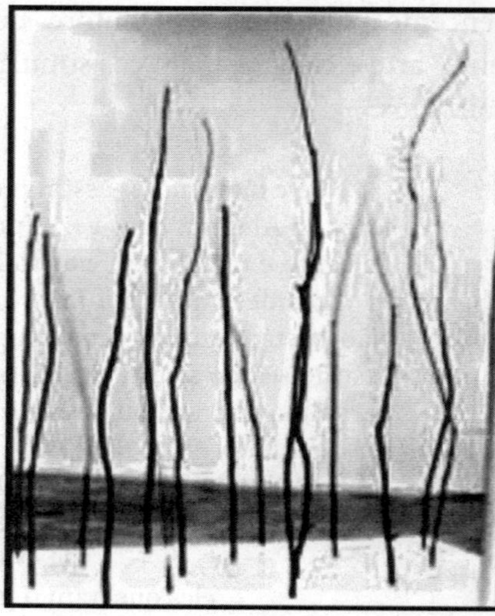

Shirley Paes Leme tem no desenho a alma de sua obra. Os galhos retorcidos e enegrecidos pela fumaça são seus traços a lápis, que ela articula ora em feixes escultóricos, ora em instalações. Produz também delicados desenhos com a sinuosidade da fumaça. Para fazer a peça em homenagem à companhia de dança goiana Quasar, Shirley conta ter se inspirado na grande concentração de energia no espaço necessária para que um espetáculo de dança se realize. "A ideia da coreografia só consegue ser concretizada com movimento porque todos ficam antenados para um trabalho conjunto", diz. A obra de Shirley tem linhas-galhos que se movem em tempos diferentes, impulsionadas por motores ocultos.

[Território Expandido. Catálogo da Exposição em homenagem aos indicados ao Prêmio Estadão, 1999, p. 12-3 (com adaptações)]

Qual é a opção INCORRETA a respeito das relações semânticas do texto verbal?

(A) Mudando-se o foco da ênfase, que está na autora,"Shirley Paes Leme" (linha 1), para a ênfase na obra, "desenho" (linha 1), a alteração da primeira oração do texto ficaria adequada da seguinte forma: Está no desenho a alma da obra de Shirley Paes Leme.

(B) Na linha 4 a preposição "com" tem a função semântica de introduzir uma característica para "delicados desenhos".

(C) Depreende-se do emprego do conector "ora (...) ora" em "ora em feixes escultóricos, ora em instalações" (linhas 2-3), que "feixes escultóricos" se transformam em "instalações" e "instalações" se transformam em "feixes escultóricos".

(D) A noção de reflexividade, ou seja, a de que agente e paciente de um verbo reportam-se ao mesmo referente, está presente tanto em "Shirley conta ter se inspirado" (linha 5) como em "linhas-galhos que se movem" (linha 9).

(E) O desenvolvimento do texto permite depreender o significado da palavra "linhas-galhos" (linha 9) a partir dos significados de "galho" e de "linha".

31. (13)

> Todo ponto de vista é a vista de um ponto. Para entender como alguém lê, é necessário saber como são seus olhos e qual é sua visão de mundo.
>
> (Leonardo Boff. *A Águia e a Galinha: uma metáfora da condição humana*. Petrópolis-RJ: Vozes, 1997, p. 9)

Considerando o fragmento de texto acima apresentado, analise o seguinte enunciado.

> Na leitura, fazemos mais do que decodificar as palavras porque a imagem impressa envolve atribuição de sentidos a partir do ponto de vista de quem lê.

Assinale a opção correta a respeito desse enunciado.

(A) As duas asserções são proposições verdadeiras, e a segunda é uma justificativa correta da primeira.
(B) As duas asserções são proposições verdadeiras, e a segunda não é justificativa correta da primeira.
(C) A primeira asserção é uma proposição verdadeira, e a segunda é uma proposição falsa.
(D) A primeira asserção é uma proposição falsa, e a segunda é uma proposição verdadeira.
(E) Tanto a primeira asserção quanto a segunda são proposições falsas.

32. (28)

A Flor da Paixão

Os índios a chamavam de *mara kuya*: alimento da cuia. Contém passiflorina, um calmante; pectina, um protetor do coração, inimigo do diabetes. Rica em vitaminas A, B e C; cálcio, fósforo, ferro. A fruta é gostosa de tudo quanto é jeito. *E que beleza de flor!*

[Mylton Severiano. *Almanaque de Cultura Popular*, ano 10, set./2008, n.º 113 (com adaptações)]

Na construção da textualidade, assinale a função do conectivo "E", que inicia a última frase do texto.

(A) Introduzir a justificativa para o nome da flor.
(B) Exercer função semelhante à de uma preposição.
(C) Substituir sinal de pontuação na estrutura sintática.
(D) Acrescentar o substantivo "jeito" ao substantivo "beleza".
(E) Adicionar argumentos a favor de uma mesma conclusão.

33. (29)

Autopsicografia

O poeta é um fingidor.
Finge tão completamente
Que chega a fingir que é dor
A dor que deveras sente.
E os que leem o que escreve,
Na dor lida sentem bem,
Não as duas que ele teve,
Mas só a que eles não têm.
E assim nas calhas de roda
Gira, a entreter a razão,
Esse comboio de corda
Que se chama coração.

(Fernando Pessoa. Autopsicografia. In: *Obra completa*. Porto: Lello & Irmãos, 1975, p. 255.)

De acordo com o poema, é específico do processo de criação literária o fato de o poeta

I – escrever não o que pensa, mas aquilo que deveras sente.
II – ser capaz de captar e expressar os sentimentos dos leitores.
III – transformar um elemento extraliterário, como a dor, em objeto estético.

Está certo o que se afirma apenas em

(A) I. (B) II. (C) III. (D) I e II. (E) I e III.

CHAVE DE RESPOSTAS

01. C 02. A 03. D 04. C 05. C 06. C

07. A resposta deveria demonstrar que o candidato: (a) compreendeu as considerações do texto crítico sobre o emprego meramente funcional da linguagem do cotidiano; (b) compreendeu a significação essencial da linguagem poética, tal como a valoriza Manoel de Barros em seu poema; (c) aproximou criticamente os dois textos, seja para acentuar as diferenças entre os dois universos linguísticos implicados, seja para relativizá-las.

08. E 09. A 10. B 11. E 12. B 13. A
14. C 15. A 16. B 17. C 18. C 19. C
20. E 21. C 22. C 23. A 24. D 25. E
26. C 27. D

28. (a) Duas expressões que representam a realidade estática da imagem fotografada: manta equilibrada, a mão com a caneta detida, tudo à espera da eternidade, a foto é a pose, a suspensão do tempo. Duas expressões que representam a visão dinâmica dessa mesma imagem: teu olhar encontra o dele, que ali do fundo da morte olha. (b) Com a antítese entre as expressões papel raso e do fundo da morte, Gullar representa dois modos opostos de se olhar para a foto, bem como dois modos opostos de se considerar a arte: num, o olhar é superficial e se detém tão somente na imagem, tal e qual ela aparece, aceitando-a em sua estaticidade, no seu equilíbrio plástico, tudo num plano espacial-descritivo; no outro modo, o olhar se aprofunda na imagem e a interpreta para além do que é visível, extraindo dela uma significação que incorpora a subjetividade do espectador numa perspectiva cultural e temporal.

29. E 30. C 31. A 32. E 33. C

Índice Onomástico

Referências Bibliográficas

I. DICIONÁRIOS & CONGÊNERES

ALBIN, Ricardo Cravo, superv. *Dicionário Houaiss Ilustrado da Música Popular Brasileira*. Rio de Janeiro: Paracatu, 2006.

ALEXANDRE, Fernando. *Dicionário do Surf: a língua das ondas*. Florianópolis: Cora Coralina, 2004.

ALMEIDA, Horácio de. *Dicionário de Termos Eróticos e Afins*. Rio de Janeiro: Civilização Brasileira, 1981.

ARTEIRO, Hélio de Miranda. *Dicionário Prático de Palavras Cruzadas*. Rio de Janeiro: Civilização Brasileira, 1992.

AULETE, Caldas. *Dicionário Contemporâneo da Língua Portuguesa*. Rio de Janeiro: Lexicon Digital, 2011. Disponível em: www.lexicon.com.br

AZEVEDO, Francisco Ferreira dos. *Dicionário Analógico da Língua Portuguesa*. Rio de Janeiro: Lexicon, 2010.

BIEDERMAN, Hans. *Dicionário Ilustrado de Símbolos*. São Paulo: Melhoramentos, 1993.

BLUTEAU, Rafael. *Vocabulário Portuguez e Latino*. Coimbra: Collegio das Artes da Cia. de Jesus, 1712-1728. 8v. 2 supl. CD-ROM.

BORBA, Francisco da Silva. *Dicionário de Usos do Português do Brasil*. São Paulo: Ática, 2002.

CÂMARA JR., Joaquim Mattoso. *Dicionário de Linguística e Gramática: referente à língua portuguesa*. Petrópolis-RJ: Vozes, 1981.

CASCUDO, Luís da Câmara. *Dicionário do Folclore Brasileiro*. Rio de Janeiro: Tecnoprint, 1954.

CEIA, Carlos, coord. *E-Dicionário de Termos Literários*. http://www.edtl.com.pt.

COSTA, Francisco Alves da. *Dicionário de Estrangeirismos*. Lisboa: Editorial Domingos Barreira, 1990.

COSTA, Manuel Freitas e. *Dicionário de Termos Médicos*. Porto: Porto Editora, 2005.

CRYSTAL, David. *Dicionário de Linguística e Fonética*. Rio de Janeiro: Jorge Zahar, 1988.

DUBOIS, Jean *et alii*. *Dicionário de Linguística*. São Paulo: Cultrix, 1978.

FARIAS, Emilia Peixoto. *Glossário de Termos da Moda*. Fortaleza: EUFC, 2003.

FERREIRA, Aurélio Buarque de Hollanda. *Novo Dicionário Eletrônico Aurélio: versão 7.0*. Curitiba: Positivo, 2010. CD-ROM.

FREIRE, Laudelino. *Grande e Novíssimo Dicionário da Língua Portuguesa*. Rio de Janeiro: José Olympio, 1957. 5v.

GIANNELLA, Antonio. *A Gíria do Automóvel*. São Paulo: Portfolio, 1976.

GURGEL, J. B. Serra e. *Dicionário de Gíria*. Brasília: JB Serra e Gurgel, 2005.

HOUAISS, Antônio & VILLAR, Mauro de Salles. *Dicionário Eletrônico Houaiss da Língua Portuguesa*. Rio de Janeiro: Objetiva, 2001 e 2009. CD-ROM.

LACERDA, Roberto Costa de & Helena da Rosa Costa de. *Dicionário de Provérbios*. Rio de Janeiro: Campus/Elsevier, 2004.

MAGALHÃES JR., Raimundo. *Dicionário Brasileiro de Provérbios, Locuções e Ditos Curiosos*. Rio de Janeiro: Borges e Damasceno, 1974.

MAIOR, Mário Souto. *Dicionário Folclórico da Cachaça*. Recife: Fund. Joaquim Nabuco, 1979.

MARTINS, Fernando Cabral, coord. *Dicionário de Fernando Pessoa e do Modernismo Português*. São Paulo: Leya, 2010.

MAZURKIEWICZ, Anselmo. *Dicionário de Termos Próprios e Relativos*. Petrópolis-RJ: Vozes, 1968.

MOTA, Leonardo. *Adagiário Brasileiro*. Fortaleza: Ed. UFC, 1982.

NASCENTES, Antenor. *Dicionário da Língua Portuguesa*. Rio de Janeiro: Bloch, 1988.

_____. *Tesouro da Fraseologia Brasileira*. Rio de Janeiro: Nova Fronteira, 1986.

ORTENCIO, Bariani. *Dicionário do Brasil Central*. Goiânia: Livraria Didática, 2009.

PENNA, Leonam. *Dicionário Popular de Futebol*. Rio de Janeiro: Nova Fronteira, 1998.

PINTO, Luís Maria da Silva. *Diccionario da Lingua Brasileira*. Ouro Preto-MG: Typographia Silva, 1832. Disponível em http://brasiliana.usp.br/node/392.

PORTO Editora. *Dicionário de Provérbios, adágios, ditados, máximas, aforismos e frases feitas*. Porto: 2009.

RABAÇA, Carlos Alberto & BARBOSA, Gustavo Guimarães. *Dicionário de Comunicação*. Rio de Janeiro: Campus, 2001.

RIBEIRO, João. *Frases Feitas: estudo conjetural de locuções, ditados e provérbios*. Rio de Janeiro: ABL, 2009.

RODITI, Itzhak. *Dicionário Houaiss de Física*. Rio de Janeiro: Objetiva, 2005.

SIEBENALER, Anne-Marie, cons. *Dicionário Mais: da ideia às palavras*. Lisboa: Lisboa editora, 1997.

SILVA, Antônio de Morais. *Diccionario da Língua Portugueza*. Rio de Janeiro: Litho-typographia Fluminense, 1922. 2v.

SILVA, Euclides Carneiro da. *Dicionário de Locuções da Língua Portuguesa*. Rio de Janeiro: Bloch Edit., 1975.

SILVA, Manoel Messias Alves da. *Dicionário da Gestão pela Qualidade Total*. Curitiba: Honoris Causa, 2010.

SPITZER, Pe. Carlos. *Dicionário Analógico da Língua Portuguesa*. Porto Alegre: Globo, 1959.

TIBIRIÇÁ, Elecê. *Pequeno Dicionário Humorístico*. São Paulo: Obelisco, s/d.

TRASK, R. L. *Dicionário de Linguagem e Linguística*. São Paulo: Contexto, 2004.

VICTORIA, Luiz A. P. *Dicionário Ideológico*. Rio de Janeiro: Pongetti, 1960.

WINCH, Christopher & GINGELL, John. *Dicionário de Filosofia da Educação*. São Paulo: Contexto, 2007.

II. DEMAIS TÍTULOS

ALI, M. Said. *Meios de Expressão e Alterações Semânticas*. Rio de Janeiro: Fund. Getúlio Vargas, 1971.

ALMEIDA, Átila. *Dicionários: parentes e aderentes*. João Pessoa: FUNAPE, 1988.

ANDRADE, Carlos Drummond de. *Poesia Completa*. Rio de Janeiro: Nova Aguilar, 2002.

ASSIS, Machado de. *Obra Completa*. Rio de Janeiro: José Aguilar, 1974. 3v.

ATKINS, B. T. Sue & RUNDELL, Michael. *The Oxford Guide to Practical Lexicography*. Oxford: OUP, 2008.

AUSTIN, John Langshaw. *Quando Dizer É Fazer*. Porto Alegre: Artes Médicas, 1990.

AZEREDO, José Carlos de. *Gramática Houaiss da Língua Portuguesa*. São Paulo: Publifolha, 2008.

AZEVEDO, Aluísio. *Ficção Completa*. Rio de Janeiro: Nova Aguilar, 2005. 2v.

BALDINGER, Kurt. Teoría Semántica. Madrid: Alcalá, 1970.

BANDEIRA, Manuel. *Poesia Completa e Prosa*. Rio de Janeiro: Nova Aguilar, 2009.

BARBOSA, Maria Aparecida. *Léxico, Produção e Criatividade: processos do neologismo*. São Paulo: Plêiade, 1996.

BARRETO, Mário. *Novíssimos Estudos da Língua Portuguesa*. Rio de Janeiro: Presença, 1980.

BARROS, Lidia Almeida. *Curso Básico de Terminologia*. São Paulo: EdUSP, 2004.

_____. *Dicionários Eletrônicos Aurélio e Houaiss: recursos informáticos de que dispõem, semelhanças e diferenças*. São Paulo: Annablume, Fapesp, 2005.

BECHARA, Evanildo. *Moderna Gramática Portuguesa*. Rio de Janeiro: Nova Fronteira, 2009.

BENVENISTE, Émile. *Problemas de Linguística Geral I e II*. Campinas-SP: Pontes, 1991, 1989.

BEVILACQUA, Cleci Regina & FINATTO, Maria José Bocorny. "Lexicografia e Terminografia: alguns contrapontos fundamentais." *Revista Alfa*, 50. São Paulo: 2006, p. 43-54.

BIDERMAN, Maria Tereza C. "Dicionários do Português: da tradição à contemporaneidade." *Revista Alfa*, 47. São Paulo, 2003, p.53-69.

_____. "Os Dicionários na Contemporaneidade: arquitetura, métodos e técnicas." In: OLIVEIRA, Ana Maria P. & ISQUERDO, Aparecida Negri, orgs. *As Ciências do Léxico* – vol. I. Campo Grande-MS: Ed.UFMS, 1998, p. 129-42.

BLOOMFIELD, Leonard. *Language*. Londres: Holt, Rinehart and Winston, 1961.

BORBA, Francisco da Silva. *Uma Gramática de Valências para o Português*. São Paulo: Ática, 1996.

_____. *Introdução aos Estudos Linguísticos*. São Paulo: Cia. Edit. Nacional, 1973.

_____. *Organização de Dicionários: uma introdução à lexicografia*. São Paulo: Ed. Unesp, 2003.

BORGES NETO, José. "Semântica de Modelos." In: MÜLLER, Ana Lúcia *et alii*. *Semântica Formal*. São Paulo: Contexto, 2003, p. 9-46.

BOSI, Alfredo. *História Concisa da Literatura Brasileira*. São Paulo: Cultrix, 1999.

BRÉAL, Michel. *Ensaio de Semântica*. São Paulo & Campinas: Educ & Pontes, 1992.

BUENO, Silveira. *Tratado de Semântica Brasileira*. São Paulo: Saraiva, 1960.

BÜHLER, Karl. *Teoría del Lenguaje*. Madrid: Revista de Ocidente, 1950.

CABRÉ, M. Teresa. *La Terminologia: la teoria, els mètodes, les aplicacions*. Barcelona: Editorial Empúries, 1992.

CÂMARA JR., Joaquim Mattoso. *Princípios de Linguística Geral*. Rio de Janeiro: Livraria Acadêmica, 1974.

CARNEIRO, Agostinho Dias. *Redação em Construção: a escritura do texto*. São Paulo: Moderna, 1994.

CARVALHO, José Herculano de. *Teoria da Linguagem I e II*. Coimbra: Atlântida, 1973, 1974.

CARVALHO, Nelly. *Publicidade: a linguagem da sedução*. São Paulo: Ática, 2003.

CATACH, Nina. *La Pontuaction*. Paris: PUF, 1994.

CAVALLO, Guglielmo & CHARTIER, Roger. *História da Literatura no Mundo Ocidental*. São Paulo: Ática, 1998, v. 1.

CHARAUDEAU, Patrick. *Grammaire du Sens et de l'Expression*. Paris: Hachette, 1992.

_____. "Les conditions de compréhension du sens de discours." In: *Anais do I Encontro Franco-Brasileiro de Análise do Discurso*. Rio de Janeiro: CIAD – Fac.Letras, UFRJ, 1995.

CHIERCHIA, Gennaro. *Semântica*. Campinas-SP & Londrina-PR: EdUnicamp & EdUEL, 2003.

CHOMSKY, Noam. *Syntactic Structures*. Berlin: Mouton, 2002.

COELHO, Olga Ferreira. "Apresentação do *Dicionário de Língua Brasileira*". Disponível em http://brasiliana.usp.br/node/392.

COSERIU, Eugenio. *Teoria da Linguagem e Linguística Geral*. Rio de Janeiro: Presença, 1987.

DUARTE, Paulo Mosânio Teixeira. *Introdução à Semântica*. Fortaleza: EUFC, 2000.

DUCROT, Oswald. *O Dizer e o Dito*. Campinas-SP: Pontes, 1987.

_____. *Princípios de Semântica Linguística*. São Paulo: Cultrix, 1977.

ELUERD, Roland. *La Lexicologie*. Paris: PUF, 2000.

FARACO, Carlos Alberto & TEZZA, Cristóvão. *Oficina de Texto*. Petrópolis-RJ: Vozes, 2003.

FAUSTINO, Mário. *Poesia de Mário Faustino*. Rio de Janeiro: Civilização Brasileira, 1966.

FIORIN, José Luís, org. *Introdução à Linguística*. São Paulo: Contexto, 2002.

FRIEIRO, Eduardo. *Feijão, Angu e Couve*. Belo Horizonte: Centro de Estudos Mineiros, 1966.

GARCIA, Othon M. *Comunicação em Prosa Moderna*. Rio de Janeiro: Fund. Getúlio Vargas, 1988.

GEIS, Michael L. "On Semantics and Pragmatic Competence in Meaning Form and Use." In: *Context: Linguistic Aplications*. Washington: Georgetown Univ. Press, 1984.

GENOUVRIER, Emile & PEYTARD, Jean. *Linguística e Ensino do Português*. Coimbra: Almedina, 1974.

GONZÁLES, Angel R. F., HERVÁZ, Salvador & BÁEZ, Valerio. *Introduccíon a la Semántica*. Madrid: Cátedra, 1989.

GREIMAS, A. Julien. *Semântica Estrutural*. São Paulo: Cultrix, 1973.

GRICE, Paul "Logic and Conversation." In: COLE, P. & MORGAN, J. L., ed. *Syntax and Semantics*. New York: Academic Press, 1975, v. 3.

GUIMARÃES, Eduardo. *História da Semântica: sujeito, sentido e gramática no Brasil*. Campinas-SP: Pontes, 2004.

GUIRAUD, Pierre. *A Semântica*. Rio de Janeiro: Bertrand, 1989.

GULLAR, Ferreira. *Poesia Completa e Prosa*. Rio de Janeiro: Lacerda Editores, 2008.

HALLIDAY, M.A.K. "Language and Experience." In: WILKINSON, A., ed. *The Place of Language – Educational Review*, 20-II, Univ. of Birmingham. London: Routledge, 1968, p. 95-106.

HARTMANN, R. R. K. *Teaching and Researching Lexicography*. London: Longman, 2001.

HENRIQUES, Claudio Cezar. *Estilística e Discurso: estudos produtivos sobre texto e expressividade*. Rio de Janeiro: AltaBooks, 2018.

_____. *Fonética, Fonologia e Ortografia: estudos fono-ortográficos do português*. Rio de Janeiro: Alta Books, 2018.

_____. *Língua Portuguesa: Semântica e Estilística*. Curitiba: IESDE, 2009.

_____. *Morfologia: estudos lexicais em perspectiva sincrônica*. Rio de Janeiro: Alta Books, 2018.

_____. *Nomenclatura Gramatical Brasileira: 50 anos depois*. São Paulo: Parábola, 2009.

_____. *Sintaxe: estudos descritivos da frase para o texto*. Rio de Janeiro: Alta Books, 2018.

HJELMSLEV, Louis. *Prolegómenos a uma Teoría del Lenguaje*. Madrid: Gredos, 1971.

HUMBOLDT, Wilhelm von. "Forma das Línguas." In: HEIDERMANN, Werner & WEININGER, Markus J., orgs. *Humboldt. Linguagem, Literatura, Bildung*. Florianópolis: UFSC, 2006, p. 94-119.

HURFORD, James R. & HEASLEY, Brendan. *Curso de Semântica*. Canoas-RS: Ed. ULBRA, 2004.

ILARI, Rodolfo. *Introdução à Semântica: brincando com a gramática*. São Paulo: Contexto, 2001.

_____. *Introdução ao Estudo do Léxico: brincando com as palavras*. São Paulo: Contexto, 2002.

_____ & GERALDI, João Wanderley. *Semântica*. São Paulo: Ática, 1995.

KATZ, Jerrold J. *The Metaphysics of Meaning*. Massachusetts: The MIT Press, 1992.

_____. *Semantic Theory*. New York: Harper & Row, 1972.

KOCH. Ingedore Villaça. *O Texto e a Construção dos Sentidos*. São Paulo: Contexto, 1997.

KÖVECSES, Zoltán. "Metaphor and Emotion." In: JR, GIBBS. Raymond W., ed. *The Cambridge handbook of metaphor and thought*. Cambridge: CUP, 2008.

KRIEGER, Maria da Graça & FINATTO, Maria José Bocorny. *Introdução à Terminologia: teoria e prática*. São Paulo: Contexto, 2004.

LAKOFF, George & JOHNSON, Mark. *Metaphors We Live By*. Chicago & London: The University of Chicago Press, 1984.

LANCE, Mark Norris & O'LEARY-HAWTHORNE, John. *The Grammar of Meaning*. Cambridge: CUP, 1997.

LANDAU, Sidney I. *Dictionaries: the art and craft of lexicography*. Cambridge: CUP, 2001.

LEECH, Geoffrey. *Semántica*. Madrid: Alianza,1985.

LIEFRINK, Frans. *Semantico-Syntax*. Londres: Longman, 1973.

LIZCANO, Emmánuel. *Metáforas Que Nos Piensan: sobre ciencia, democracia y otras poderosas ficciones*. Madrid, Bajo Cero, 2006.

LOBATO, Lúcia M.P., org. *A Semântica na Linguística Moderna: o léxico*. Rio de Janeiro: Francisco Alves, 1977.

LOPES, Ana Cristina M. & RIO-TORTO, Graça. *Semântica*. Lisboa: Caminho, 2007.

LOPES, Edward. *Fundamentos da Linguística Contemporânea*. São Paulo: Cultrix, 1976.

LUFT, Lya. "A Força das Palavras." In: *Ponto de vista*. Revista Veja, 14 de julho de 2004, p. 20.

LYONS, John. *Introdução à Linguística Teórica*. São Paulo: Cia. Edit. Nacional, 1979.

_____. *Linguagem e Linguística*. Rio de Janeiro: Jorge Zahar, 1982.

_____. *Semántica Lingüística: una introducción*. Barcelona: Paidós, 1997.

MARCUSCHI, Luiz Antônio. "O Léxico: lista, rede ou cognição social?" In: NEGRI, Lígia *et alii*. *Sentido e Significação: em torno da obra de Rodolfo Ilari*. São Paulo: Contexto, 2004, p. 263-84.

MARQUES, Maria Helena Duarte. *Estudos Semânticos*. Rio de Janeiro: Grifo, 1976.

_____. *Iniciação à Semântica*. Rio de Janeiro: Jorge Zahar, 1990.

MARTINET, André. *Elementos de Linguística Geral*. Lisboa: Livraria Sá da Costa, 1971.

MEILLET, Antoine. *Linguistique Historique et Linguistique Générale*. Paris & Genève: Champion & Slatkine, 1982.

MELO, Gladstone Chaves de. *Dicionários Portugueses*. Rio de Janeiro: Ministério de Educação e Saúde, 1947.

MONNERAT, Rosane. "Adequação Vocabular: por que NEGRO e não PRETO?" In: JÚDICE, Norimar et alii, orgs. *Português em Debate*. Niterói: EdUFF, 1999.

MORGAN, Jerry L. "Linguistics: the relation of Pragmatics to Semantics and Syntax." In: *Annual Review of Anthropology*. London: 1977, p. 57-67.

NEVES, Maria Helena de Moura. *Gramática de Usos do Português*. São Paulo: Unesp, 2000.

OLIVEIRA, Roberta Pires de. *Semântica Formal*. Campinas-SP: Mercado das Letras, 2001.

PAGLIARO, Antonino. *A Vida do Sinal*. Lisboa: Fundação Calouste Gulbenkian, 1983.

PALMER, Frank Robert. *A Semântica*. Lisboa: Edições 70, 1979.

PAUL, Hermann. *Princípios Fundamentais de História da Língua*. Lisboa: Fundação Calouste Gulbenkian, 1970.

PÉNINOU, Georges. "Le Oui, le Nom et le Caractère." In: *Communications*, 17. Paris: Seuil, 1971.

POTTIER, Bernard. *Linguística Geral: teoria e descrição*. Rio de Janeiro: Presença, 1978.

_____. *Sémantique Générale*. Paris: PUF, 1992.

RAY, Alain. *Le Lexique: images et modèles; du dictionnaire à la lexicologie*. Paris: Armand Colin, 1977.

RECTOR, Monica & YUNES, Eliana. *Manual de Semântica*. Rio de Janeiro: Ao Livro Técnico, 1980.

RENNÓ, Carlos, org. *Gilberto Gil: todas as letras*. São Paulo: Cia das Letras, 2003.

ROHLFS, Gerhard. *Estudios sobre el Léxico Románico*. Madrid: Gredos, 1979.

SAPIR, Edward. *Linguística como Ciência*. Rio de Janeiro: Livraria Acadêmica, 1969.

SARDINHA, Tony Berber. *Linguística de Corpus*. São Paulo: Manole, 2004.

SAUSSURE, Ferdinand de. *Curso de Linguística Geral*. São Paulo: Cultrix, 1972.

SCHAFF, Adam. *Introdução à Semântica*. Rio de Janeiro: Civilização Brasileira, 1968.

SEARLE, John. "Indirect Speech Acts." In: COLE, P. & MORGAN, J. L., ed. *Syntax and Semantics*. New York: Academic Press, 1977, v. 3.

SILVA JÚNIOR, Pacheco da. *Noções de Semântica*. Rio de Janeiro: Livr. Francisco Alves, 1903.

SILVA NETO, Serafim da. *Manual de Filologia Portuguesa*. Rio de Janeiro & Brasília: Presença & INL, 1988.

SOUZA, Luiz Marques de. *Roteiros de Semântica e Pragmática: teoria e prática*. Rio de Janeiro: Ed. do Autor, 1984.

TAMBA-MECZ, Irène. *La Sémantique*. Paris: PUF, 1998.

TAUNAY, Affonso de E. *Insuficiência e Deficiência dos Grandes Dicionários Portugueses*. Tours: Arrault & Cia., 1928.

ULLMANN, Stephen. *Semântica: uma introdução à ciência do significado*. Lisboa: Fundação Calouste Gulbenkian, 1970.

VALENTE, André. "Aspectos Semânticos em Charges e Cartuns." In: AZEREDO, José Carlos de, org. *Letras & Comunicação: uma parceria no ensino de Língua Portuguesa*. Petrópolis-RJ: Vozes, 2001.

_____. *A Linguagem Nossa de Cada Dia*. Petrópolis-RJ: Vozes, 1997.

VANOYE, Francis. *Usos da Linguagem: problemas e técnicas na produção oral e escrita*. São Paulo: Martins Fontes, 1991.

VENDRYES, Joseph. *El Lenguaje: introduccion lingüística a la historia*. México: Union Tipografica Editorial Hispano Americana, 1967.

VIANA, Gonçalves. *Apostilas aos Dicionários Portugueses*. Lisboa: Livraria Clássica, 1906.

VILELA, Mário. *Estruturas Léxicas do Português*. Coimbra: Almedina, 1979.

_____. *Estudos de Lexicologia do Português*. Coimbra: Almedina, 1994.

VILLAR, Mauro de Salles. "Dicionário Houaiss: léxico e atualidade." In: HENRIQUES, Claudio Cezar & PEREIRA, Maria Teresa G., orgs. *Língua e Transdisciplinaridade: rumos, conexões, sentidos*. São Paulo: Contexto, 2002, p. 195-208.

VOGT, Carlos. *O Intervalo Semântico*. São Paulo: Ática, 1977.

WELKER, Herbert Andreas. *Dicionários: uma pequena introdução à lexicografia*. Brasília: Thesaurus, 2005.

_____. *Panorama Geral da Lexicografia Pedagógica*. Brasília: Thesaurus, 2008.

KUNST
GRÁFICA

Este livro foi impresso nas oficinas da
Gráfica Kunst, em Petrópolis/RJ